政府质量工作社会公众满意度调查报告（2017年）

王贇松　巫小波　◎主　审

李　艳　◎副主审

冯　蕾　孙　妮　赵曙光◎著

中国质检出版社

中国标准出版社

北　京

图书在版编目(CIP)数据

政府质量工作社会公众满意度调查报告.2017年/冯蕾，孙妮，赵曙光著.—北京:中国质检出版社，2018.8

ISBN 978-7-5026-4650-9

Ⅰ.①政…　Ⅱ.①冯…②孙…③赵…　Ⅲ.①国家行政机关—工作—公众—生活满意度—调查报告—中国—2017　Ⅳ.①D630.1

中国版本图书馆CIP数据核字（2018）第198684号

中国质检出版社
中国标准出版社　出版发行

北京市朝阳区和平里西街甲2号（100029）
北京市西城区三里河北街16号（100045）

网址：www.spc.net.cn

总编室：(010) 68533533　发行中心：(010) 51780238

读者服务部：(010) 68523946

中国标准出版社秦皇岛印刷厂印刷

各地新华书店经销

*

开本 787×1092　1/16　印张 12.75　字数 281千字

2018年8月第一版　　2018年8月第一次印刷

*

定价 49.00 元

前言

质量强则国家强，质量兴则民族兴。中共中央、国务院在《关于开展质量提升行动的指导意见》（中发〔2017〕24号）中提出，要下最大气力抓全面提高质量，推动我国经济发展进入质量时代。质量问题是当前经济社会发展的重大战略问题，质量提升是满足人民群众需求和增强国家综合实力的突破口，扎实开展质量提升行动是贯彻落实党的十九大精神的重要举措。为全面贯彻习近平新时代中国特色社会主义思想和党的十九大精神，紧扣高质量发展这个根本要求，本调查从社会公众视角出发，对政府质量工作满意度进行调查评测，研究社会公众对政府部门工作的评价和期望，为政府部门履行好市场监管、社会管理、公众服务等职责提供参考。

政府质量工作社会满意度调查严格遵守《质量工作考核办法》（国办发〔2013〕47号）提出的"坚持客观公正、科学管理、突出重点、统筹兼顾、因地制宜的原则"，让公众通过生活中的实践经验和真实体验，从产品质量、工程质量、服务质量、环境质量和质量意识五大方面进行评测，评测内容涵盖食品药品质量、农产品质量、消费品质量、进口产品质量、特种设备质量、建筑工程质量、交通工程质量、生产性服务质量、生活性服务质量、水环境质量、大气质量、质量投诉、信息公开与宣传、质量提升14项分项指标，通过调查评测找出进步与不足，为政府不断提升质量工作提供客观、中立、科学的参考意见。

2017年，政府质量工作社会满意度调查范围仅限于我国大陆31个省（自治区、直辖市），包括北京、天津、河北、山西、内蒙古、辽宁、吉林、黑龙江、上海、江苏、浙江、安徽、福建、江西、山东、河南、湖北、湖南、广东、广西、海南、重庆、四川、贵州、云南、西藏、陕西、甘肃、青海、宁夏、新疆，不包括香港、澳门和台湾地区。

参与本报告撰写的人员还有：武少鹏、廖景行、黄菊秀、黄冰明、毛培、刘红喜、张运红、翁武明、牛海姣、张洪云、张显谈、陈涛等。

编者

2018年7月

目　录

第一章　调查背景

党的十九大胜利召开，当前中国面临的主要矛盾是人民日益增长的美好生活需要和不平衡、不充分的发展之间的矛盾，解决这一矛盾的突破点是坚持高质量发展实施质量强国战略。质量强国战略作为习近平新时代中国特色社会主义思想的重要组成部分，是百年大计，体现在政治、经济、文化、社会、生态等领域全方位的质量提升与发展。当前国家治理体系深化改革和治理能力提升，是新时代中国特色社会主义的国家治理现代化建设的重要内容，政府质量工作关系着国家转型、国计民生、国家形象以及党的执政基础，开展政府质量工作考核利于政府从不同视角洞察自身工作情况，不断提高宏微观管理职能，提供高质量的政府服务和制度供给。

2017 年，共组织两轮政府质量工作公众满意度调查，采用分层多阶 PPS 抽样方法，以社区/村入户的形式开展，执行工作于 2017 年 3 月开始，至 2017 年 10 月结束，历时 7 个月。调查范围包含全国大陆 31 个省（区、市）的 1395 个社区（村），各省的最低样本量满足“95%的置信度和 5%的误差限”的统计精度要求，对人口规模较大的省份，在最小样本量的基础上，按比例增加样本量，共回收 44884 个有效样本。调查内容涵盖产品质量、工程质量、服务质量、环境质量以及居民质量意识 5 个方面。同时，政府质量工作公众满意度调查综合运用逻辑检验、数据复核、现场抽查等方法进行质量控制，以保障调查的质量和数据的真实性。

本报告对我国政府质量工作居民满意度进行深入研究，并从地理区域划分、经济发展水平、受访人群特征等不同的维度进行分析，同时对 2014—2017 年度政府质量工作满意度进行了分析比较，指出了质量发展改进方向，公正、客观地为我国质量发展提出政策建议。调查结果显示，2017 年，政府质量工作社会满意度得分为 61.53 分（分数范围为 0～100 分），自 2014 年开始连续四年稳步增长。其中，工程质量分项得分最高，为 66.48 分，质量意识分项次之，得分为 63.63 分，环境质量满意度得分最低，为 55.82 分。值得关注的是，公众对环境质量的满意度持续四年在产品质量、工程质量、服务质量、环境质量以及居民质量意识 5 个分项中排名末位，公众主要是对水质量不满意，但是环境质量分值较 2014 年增长超过 25%，涨幅显著。

通过开展政府质量工作公众满意度调查可以有效连接质量管理部门和社会公众，将人民群众对政府在产品质量、工程质量、服务质量、环境质量、质量意识五大方面的成效与不足进行直观反映，有利于做到权为民所用、利为民所谋、情为民所系，为政府下一步质量提升与改进工作提供建议，为政府质量工作考核结果提供不同角度的参考支撑，促进政府不断提升质量工作。

第二章　政府质量工作满意度全国情况

一、政府质量工作满意度总体情况

2017年全国政府质量工作满意度总分为61.53分（分数范围0～100分，50分为基准线，后同）。其中工程质量得分最高，为66.48分，连续四年保持分数最高；环境质量分数为55.82分，自2014年以来连续四年得分在产品质量、工程质量、服务质量、环境质量、质量意识5个方面中得分最低，政府质量工作在环境治理方面有待进一步改善。见图2-1。

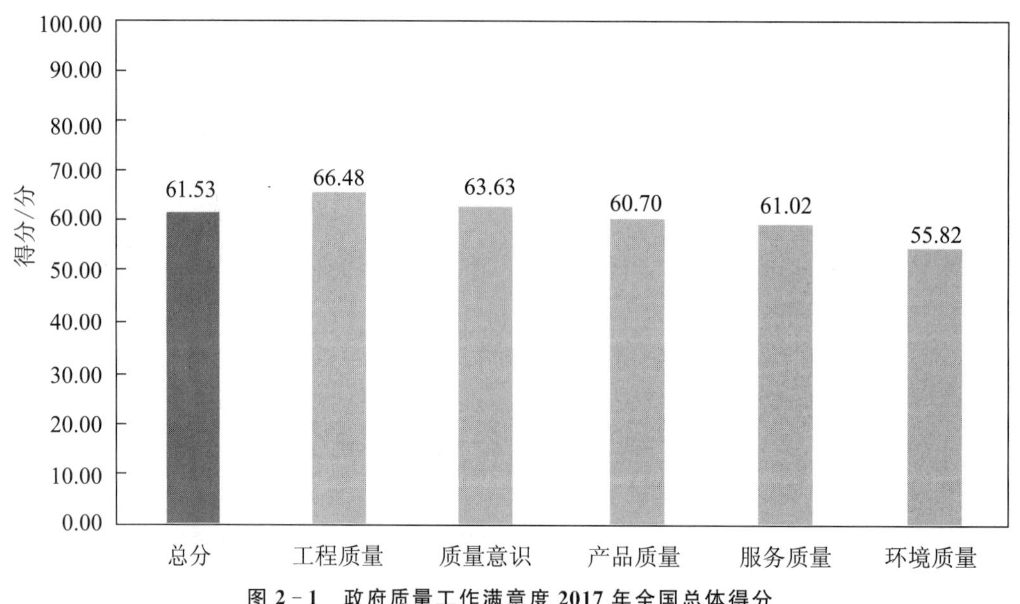

图2-1　政府质量工作满意度2017年全国总体得分

二、政府质量工作满意度分项指标情况

1. 产品质量

在产品质量方面，进口产品质量的满意度最高为67.75分，质量满意度最低的是药品质量（51.67分），农产品质量位列倒数第二（56.13分），食品质量（57.25分）倒数第

三（图 2-2）。在产品质量满意度全国评价分布方面，进口产品质量评价“不太满意”和“很不满意”的只有 8.0%，而药品质量评价“不太满意”和“很不满意”的有 22.5%，农产品质量评价“不太满意”和“很不满意”的有 20.5%，进口产品质量与国内产品质量的满意度形成了鲜明的反差，值得我国制造业和质量监督机构深思。见图 2-3。

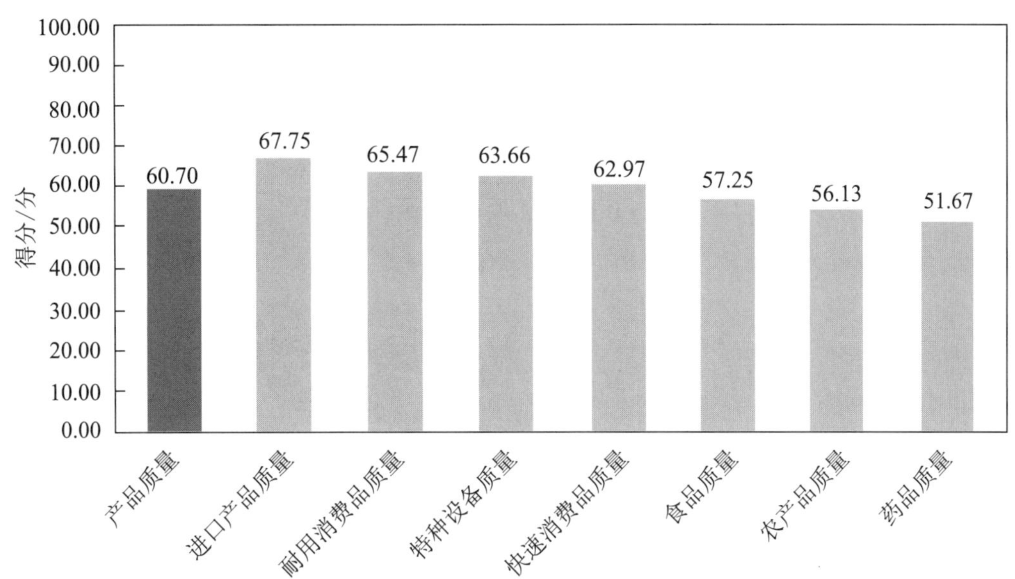

图 2-2　产品质量满意度全国总体得分

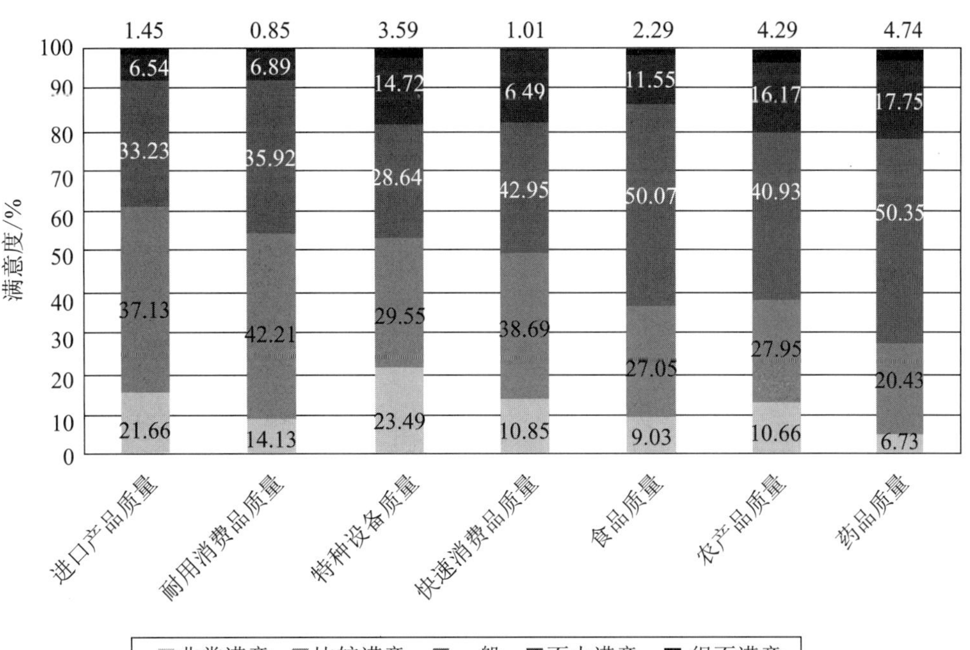

图 2-3　产品质量满意度全国评价分布

对于影响各类产品质量的主要因素进行了调查分析，居民对各类产品质量不满意项目见图 2－4。

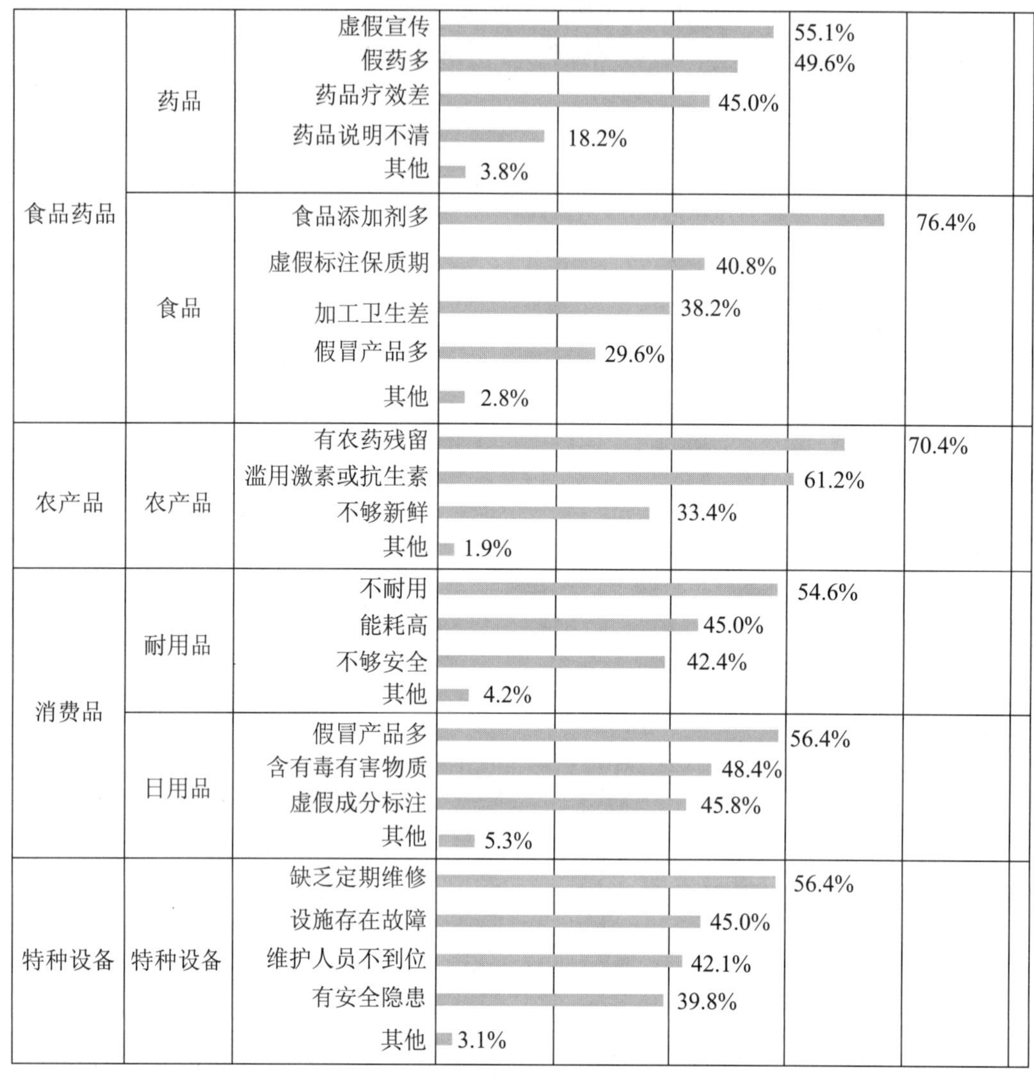

图 2－4　影响各类产品质量的主要因素

在药品质量方面，55.1％的居民认为药品的虚假宣传多，49.6％的居民认为假药过多，45.0％的居民认为药品疗效差，这是造成居民对药品质量不满意的 3 个主要原因。此外，有 18.2％的居民认为药品说明不清楚，给居民用药造成了一定的不便。

同时，通过对食品质量不满意调查题目分析得知，在不满意的居民中，76.4％的居民认为食品添加剂多，40.8％的居民认为存在虚假标注保质期，38.2％的居民认为食品加工卫生差，这是造成居民对食品质量不满意的 3 个最主要原因，此外，分别有 29.6％的居民认为食品质量方面存在假冒产品多的现象。

在农产品质量方面，农药残留和滥用激素抗生素是导致居民对农产品质量不满意的两大主要因素，有70.4%的居民认为农药残留是对农产品质量不满意的首要因素；有61.2%的居民认为农产品生产过程中存在着滥用激素或抗生素的现象；第三大因素源于农产品不够新鲜，比例为33.4%。

在消费品质量方面，研究中对消费品按照产品的使用时限区分为耐用品和日用品两个维度。在耐用品方面，54.6%的居民认为耐用品不够"耐用"，这是导致居民不满意的主要因素；随着居民环保意识及节约意识，45.0%的居民认为耐用品能耗较高；此外耐用品的安全性也是居民比较关注的，有42.4%的居民认为在消费耐用品过程中缺乏安全性。在日用品质量方面，56.4%的居民认为日用品消费过程中，假冒产品多，这是造成居民对日用品质量满意度低的首要因素。日常用品含有毒有害物质（48.4%）、虚假成分标注（45.8%）分列二、三位。

在特种设备质量方面，五成多（56.4%）的居民认为特种设备缺乏定期维修，这是影响居民对特种设备质量满意度评价的最大因素，45.0%的居民认为设备设施存在故障，42.1%的居民认为特种设备维护人员不到位，39.8%的居民认为特种设备存在安全隐患（图2-4）。

在食品质量方面，调查发现51.5%的居民对乳制品的质量不满意，45.7%的人对饼干、膨化食品的质量不满意，42.5%的居民对速冻食品的质量不满意，36.1%的居民对软饮料的质量不满意。见图2-5。

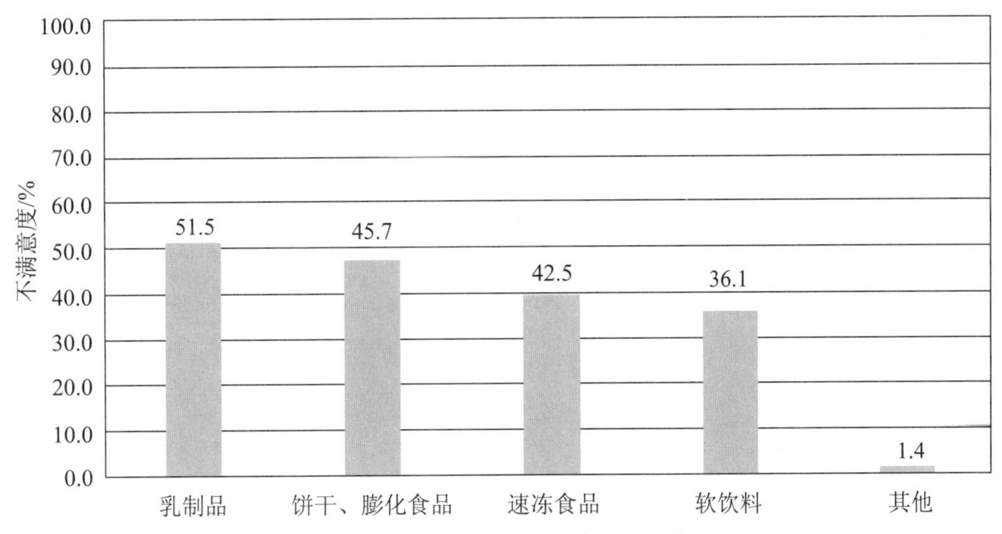

图2-5　受访者不满意的食品类型

在农产品质量方面，有57.3%的居民对蔬菜的质量不满意，49.4%的居民对水果的质量不满意，45.5%的居民对肉类的质量不满意，31.8%的居民对粮食产品不满意，25.3%的居民对水产品质量不满意。见图2-6。

随着国外游、海淘、代购等行业的迅速发展，购买进口商品的渠道越来越多，购买进口商品的居民越来越多。其中21.66%的居民对进口商品非常满意，37.13%的居民感到比较满意，33.23%的居民感觉一般，7.99%的居民对进口商品不满意。对进口商品不满意的居民中，有 56.7%的居民对进口产品中的食品质量不满意，38.2%的居民对家居用品的质量不满意，37.1%的居民对数码电器不满意，25.3%的居民对日化用品不满意，22.8%的居民对汽车不满意，9.1%的居民对服装箱包不满意（图 2－7）。

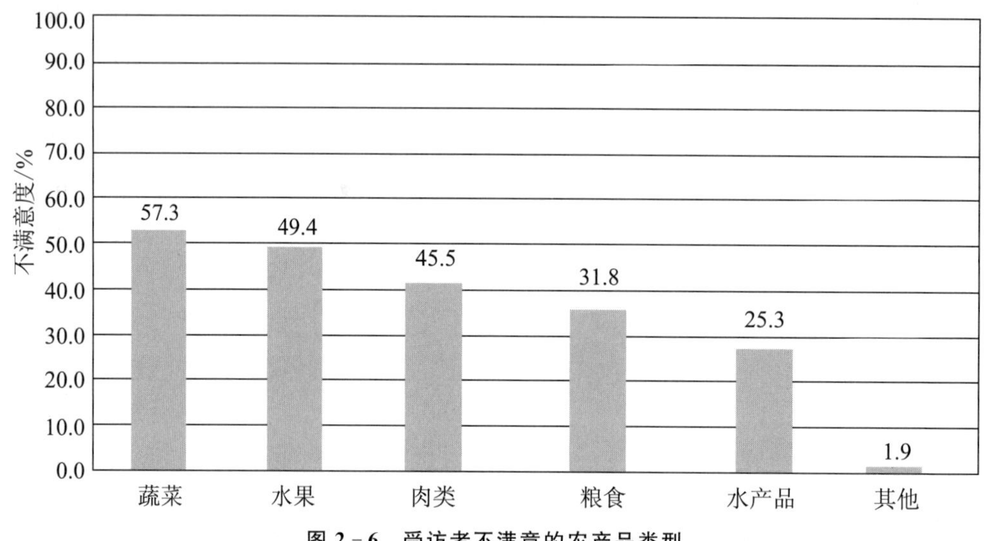

图 2－6　受访者不满意的农产品类型

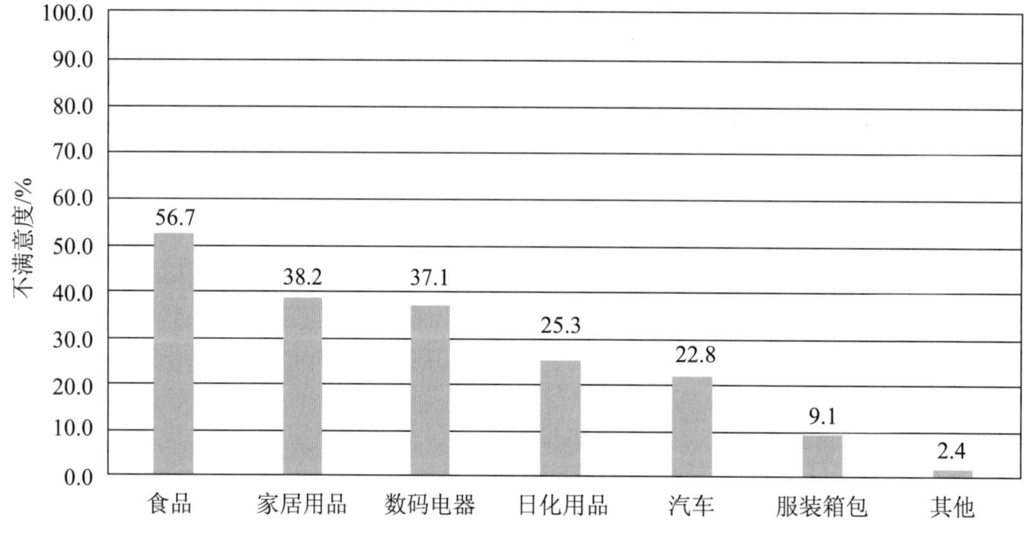

图 2－7　受访者不满意的进口商品类型

2. 工程质量

在工程质量方面，2017 年工程质量得分为 66.48 分。其中，住宅建筑质量满意度为 66.21 分，交通建设工程质量满意度为 66.75 分，交通建设工程比住宅质量满意度高 0.54 分（图 2－8）。住宅筑质量评价“比较满意”和“非常满意”的有 61.7%，交通建设工程

质量评价“比较满意”和“非常满意”的有61.1%（图2-9）。

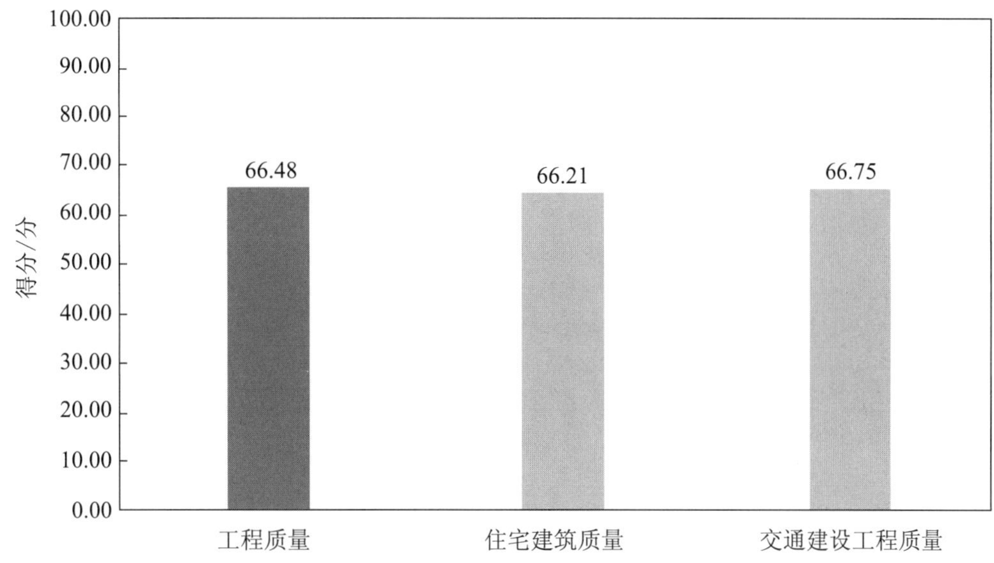

图2-8 工程质量满意度全国总体得分

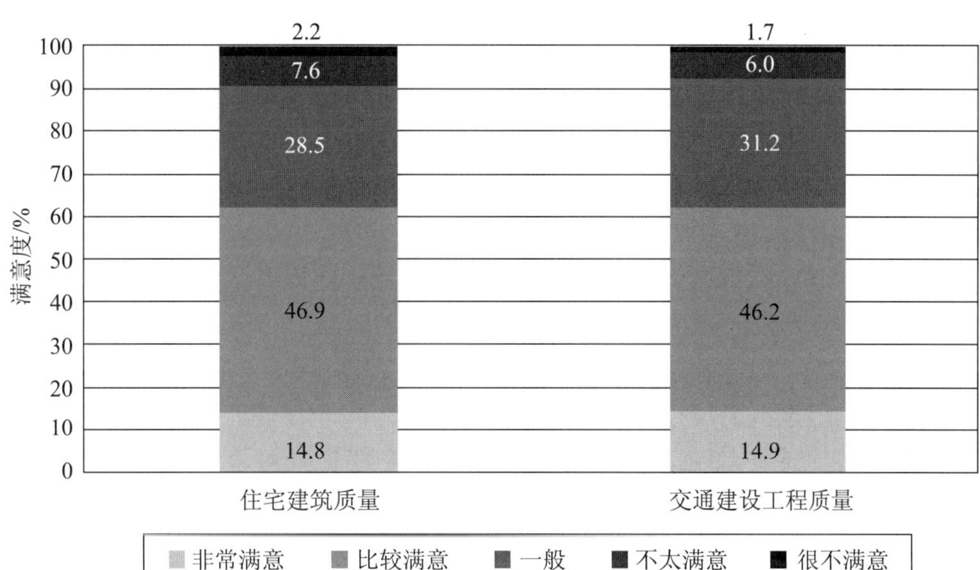

图2-9 2017年工程质量满意度全国评价分布

随着居民节能减排意识以及对住宅安全性要求的提高，对建筑工程质量不满意的居民中，有60.0%的居民因为居住房屋隔音、隔热效果差而不满意，成为住宅建筑质量不满意的首要因素；有50.6%的居民因为消防通道缺失或堵塞而不满意，46.7%的居民因为房屋存在漏水、裂缝等质量问题而不满意，40.1%的居民因为房屋存在安全隐患而不满意。未来，建议政府对棚户区改造、老房旧房改造的力度应该适度加大，以提高居民对住宅建筑质量的满意度。

对交通建设工程质量不满意的居民中，有 61.9%的居民认为交通建设主体结构质量差，56.1%的居民因为交通建设工程存在偷工减料现象而不满意，交通建设主体结构和建设中的偷工减料成为居民最不满意的两项因素。有 40.9%的居民因为指示标识不清而不满意，36.8%的居民因为存在安全隐患而不满意（图 2－10）。未来，政府在交通建设工程的过程中涉及的建前设计、建中监督以及建后验收等各个环节需要加大力气。

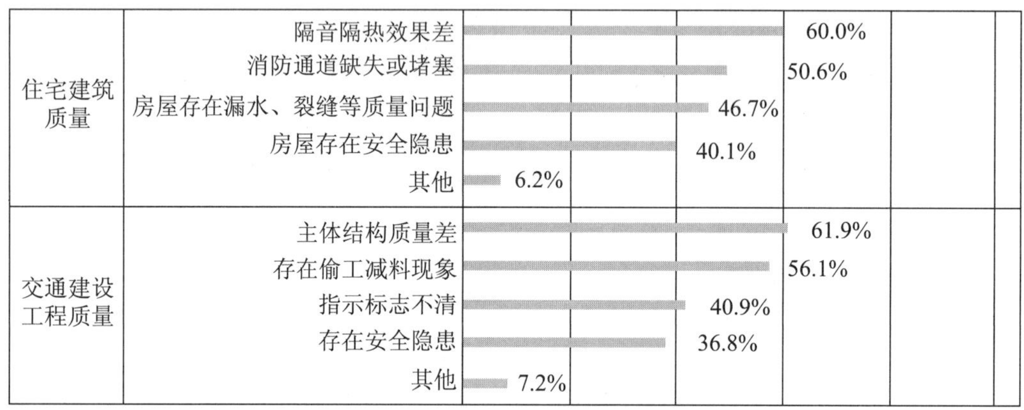

图 2－10　影响工程质量的因素

3. 服务质量

在服务质量方面，分为生产服务和生活服务两大类别共 16 项分项指标。“生产服务”从短途公共交通、长途公共交通、通讯和网络服务、银行服务、保险服务、电子商务服务、物流及快递服务等 7 个方面进行评价，“生活服务”从中小学教育、医疗服务、养老服务、公共事业服务、旅游服务、公共文体服务、家政服务、家庭装修业服务、售后服务等 9 个方面进行评价，其中售后服务满意度调查自 2016 年新增（图 2－11）。

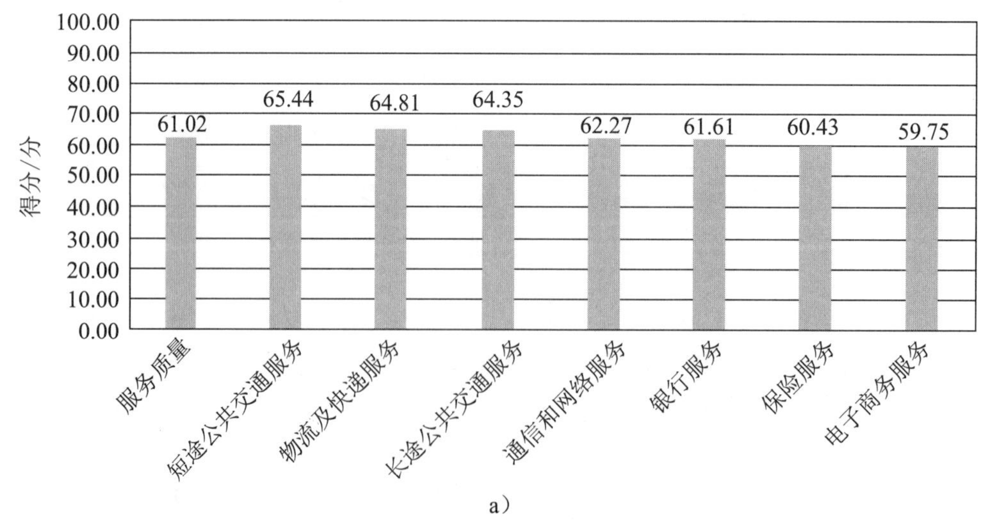

a）

图 2－11　服务质量满意度全国总体得分

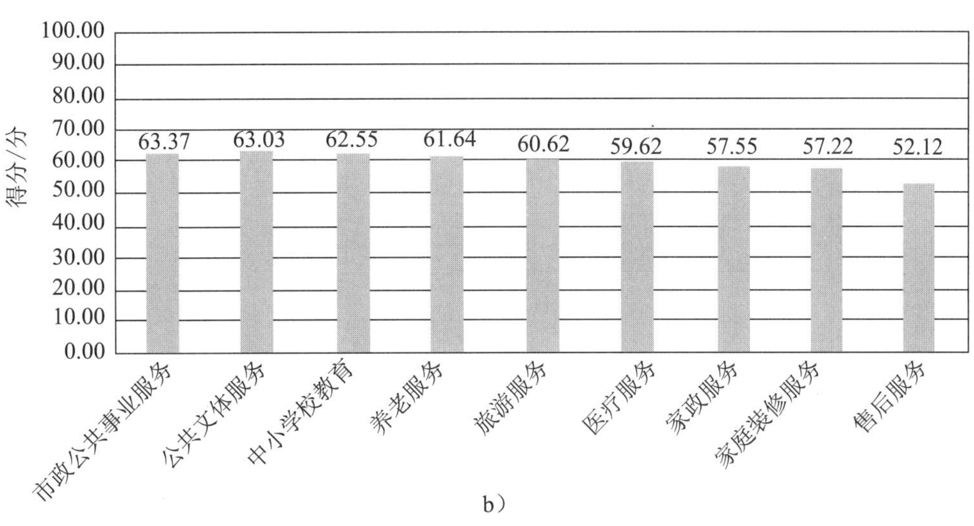

b）

图 2－11　服务质量满意度全国总体得分（续）

在生产服务中，满意度最高的是短途公共交通服务（65.44 分），评价“比较满意”和“非常满意”的有 57.8%；其次是物流及快递服务（64.81 分），其中评价“比较满意”和“非常满意”的有 55.4%。满意度最低的是电子商务服务（59.75 分），其中评价“比较满意”和“非常满意”的有 32.8%，和短途公共交通服务相差约 25 个百分点（图2－12）；在生活服务中，满意度最高的是市政公共事业服务（63.37）其中评价“比较满意”和“非常满意”的有 52.8%；其次是公共文体服务（63.03 分），其中评价“比较满意”和“非常满意”的有 52.2%。满意度最低的是售后服务（52.82 分），其中评价“比较满意”和“非常满意”的是 31.5%，和市政公共事业服务相差二十多个百分点（图 2－13）。

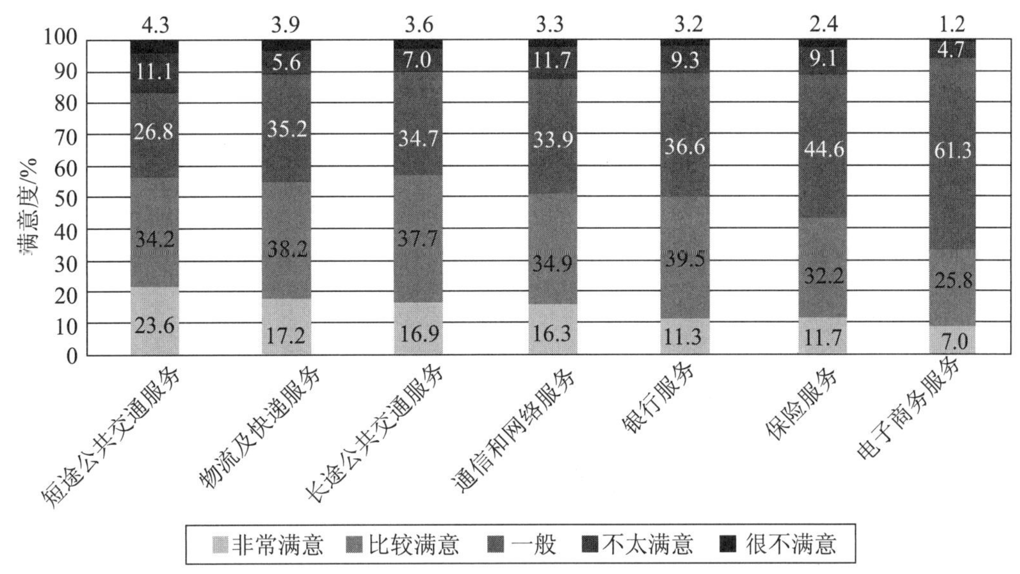

图 2－12　生产服务质量满意度全国评价分布

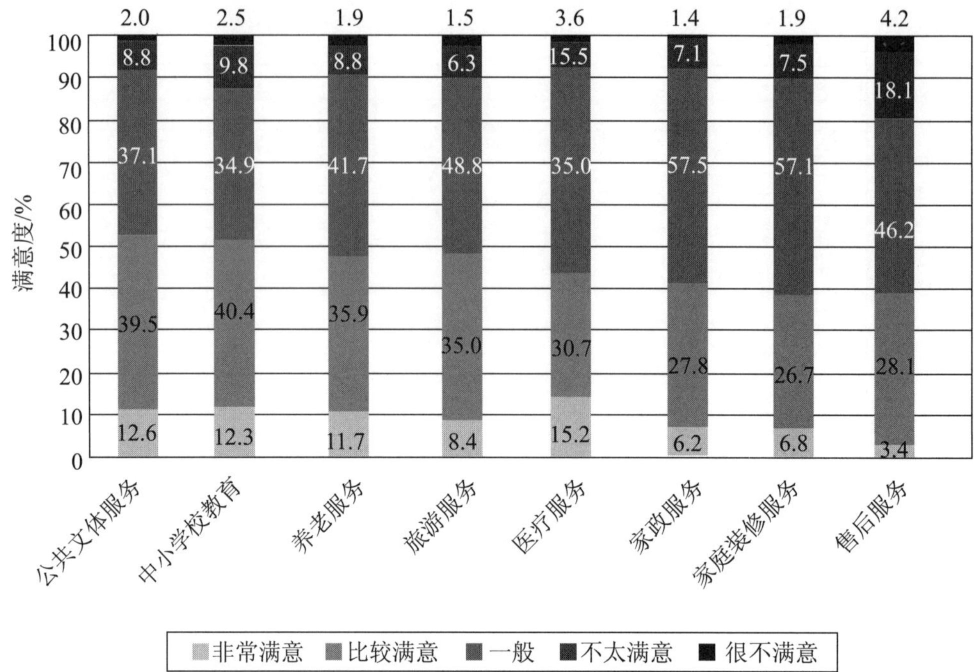

图 2－13　生活服务质量满意度全国评价分布

（1）生产服务质量

在短途交通服务方面，不满意的居民中有 48.1％的居民认为等待时间较长，43.6％的居民认为过于拥挤，40.2％的居民认为不够便捷，这是影响居民对短途交通服务质量不满意的三大主要因素。此外，卫生条件差（30.0％）、消防设施缺失（21.1％）也在一定程度上影响居民对短途交通服务质量的评价。

在长途交通服务质量方面，不满意的居民中五成多（51.7％）的居民对工作人员的服务态度不满意，其次 47.6％的居民因为长途交通不准点、经常延误感到不满意，这是长途交通服务质量不满意的两大主要因素。同时，38.5％的居民认为价格太高、35.1％的居民认为长途交通服务存在安全隐患。

在通信网络服务质量方面，网络速度和信息安全是居民对通信网络服务不满意的两大主要因素，对服务质量不满意的居民中，53.3％的居民因为网络速度慢而不满意，51.4％的居民因为信息不安全而不满意。另外，41.1％的居民因为信号强度差而不满意，39.8％的居民因为资费过高而不满意。

研究结果显示，对银行服务质量不满意的人群中，59.3％的居民认为在银行办理业务时等待时间长，这是导致银行服务质量最不满意的原因。其次，56.1％的居民认为银行服务态度差，53.3％的居民认为银行的网点分布不合理，45.2％的居民认为 ATM 可靠性差。未来银行业在移动金融、智能银行、网点设置等方面的研发和规划建设能力需要进一步提高，以提高用户体验满意度。

在保险质量服务方面，夸大收益和理赔困难是居民不满意的两大主要因素。对保险服务不满意的居民中，56.1%的居民认为保险公司在销售时夸大收益，55.4%的居民认为保险理赔困难。同时，46.1%的居民反映保险公司的骚扰电话太多。此外，有44.0%的居民反映保险从业人员素质较为低下，35.2%的居民认为保险业务退保较为困难。随着我国人口结构的变化，人口红利逐渐消失，未来保险行业对社会保障的支撑将与日俱增，保险行业即将迎来发展良机，为保障保险行业的健康发展，中国银行保险监督管理委员会对保险销售、理赔等方面应该加强规范和管理。

在电子商务服务质量方面，居民最关心商品质量和商家诚信。通过调查发现，对电子商务不满意的居民中，75.8%的居民因为商品质量而不满意，68.6%的居民是因为商家的诚信问题而不满意，61.9%的居民因交易安全性而不满意，40.4%的居民因为服务态度不满意。质量强国战略和国家品牌计划的执行，将从根本上提高商品质量。但是，商家诚信建设与法制法规建设、道德修养、社会风气息息相关。

在物流快递服务质量方面，准确性、及时性以及送货员态度是大家比较关注的3个方面。对物流快递服务不满意的居民中，60.5%的居民感觉送达位置不准确，58.7%的居民认为快递员态度差，56.5%的居民认为货物送达不及时，40.4%的居民因为物品损伤而不满意（图2-14）。

（2）生活服务质量

在中小学教育服务方面，随着社会对孩子教育的重视度增长，居民对孩子教育的要求越来越高，被调查居民主要对教育资源分布不均和教师素质不满意。不满意的居民中65.6%的居民认为教育资源分配不均，同时，有60.1%的居民认为教师素质低；此外，46.9%的居民认为校园环境差（46.9%），36.8%的居民认为学生缺少人身保护。

在医疗服务质量方面，“看病难”和“看病贵”仍是医疗服务方面的主要问题。调查结果显示，对医疗服务不满意的居民中，66.4%的居民对就医便捷性不满意，57.9%的居民认为医疗收费不合理，55.9%的居民对医务人员素质不满意，此外，医疗水平和就医环境也是居民关注的重点。

在养老服务质量方面，未富先老即将成为我国的现实问题，老龄人口的快速增长并没有给我国政府和社会为养老服务预留足够的准备时间，养老服务方面将会出现越来越多的挑战。对养老服务不满意的居民中，73.6%的居民认为养老服务短缺，73.3%的居民认为护理设施不足，47.0%的居民认为护理人员素质低，45.8%的居民认为养老收费不合理。我国处于人口结构变化过程中，政府和社会各方在人口老龄化问题需要从制度体系、资源配置、思想观念等各个方面提前做好应对措施。

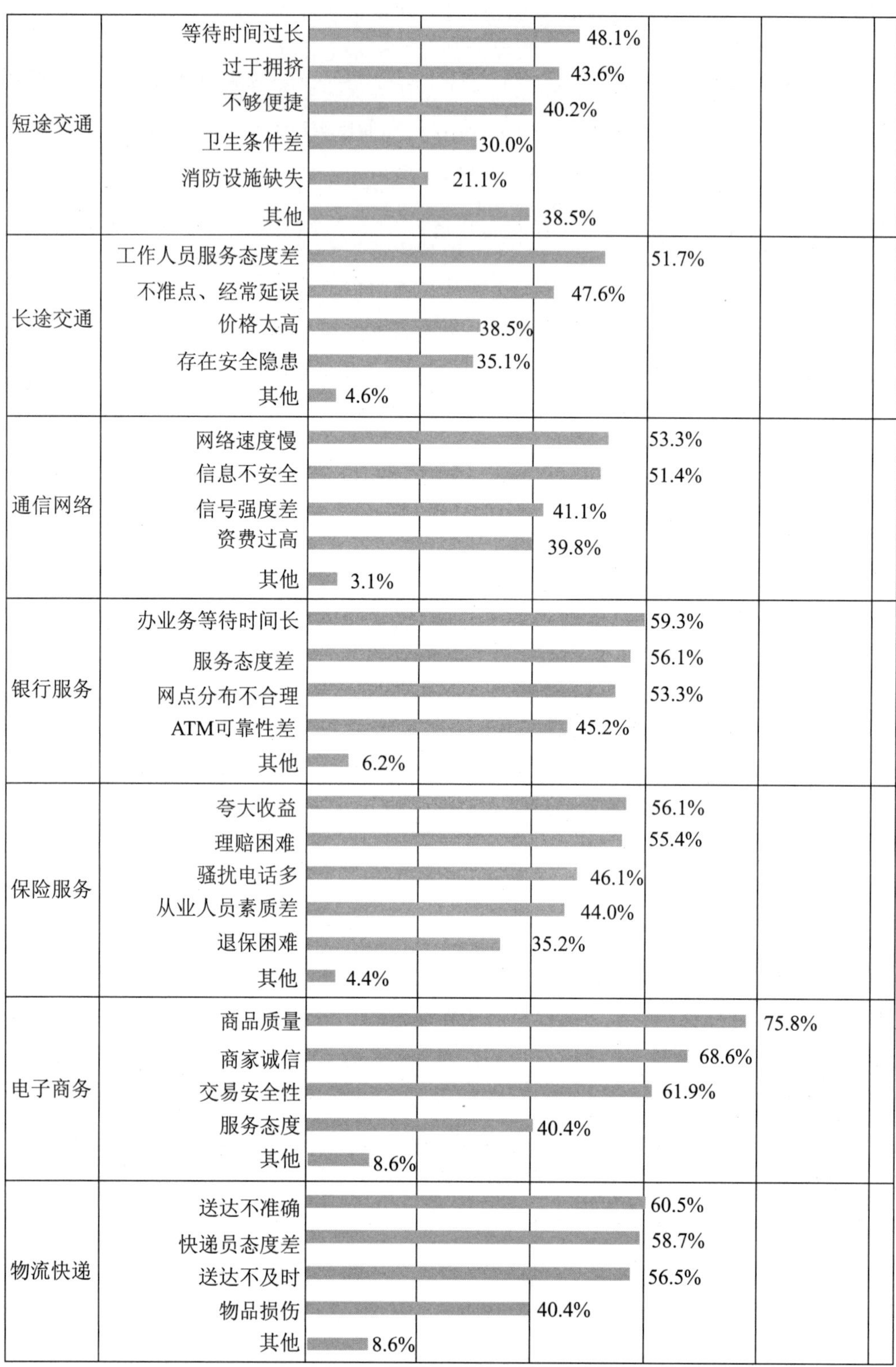

图 2－14 影响各类生产服务质量的因素

在供水、管道燃气等公共事业服务质量方面，服务便利性和安全保障是居民关注的焦点。对公共事业服务不满意的居民中，74.3%的居民认为服务便利性不足，58.4%的居民认为安全保障不够。此外，有46.9%的居民对公共事业服务态度不满意，43.4%的居民对收费定价不满意。

“绿水青山就是金山银山”，随着人民经济和生活水平的提高，旅游服务需求不断增长。对旅游服务质量不满意的居民中，67.3%的居民对旅游硬件设施不满意，63.0%对旅游景区卫生不满意，55.5%的居民对旅游相关的便民服务不满意，40.6%的居民对旅游服务人员态度不满意。随着经济转型的大潮，各地旅游景区建设如雨后春笋，但与旅游景区的建设相适应的管理能力需要不断提高。

随着物质生活水平的提高，马斯洛需求理论中的精神需求进一步体现。在文化、体育服务质量方面，居民对文化体育场馆和活动的需求不断提高。对公共文体服务不满意的居民中，81.3%的居民认为居住地缺少图书馆、体育馆等设施，68.6%的居民认为缺少有组织的文体活动，42.2%的居民反映当地的公共设施被长期占用，39.5%的居民认为当地缺少公益宣传。

随着独生子女政策影响下的“60后”父母一代变老，以及经济水平的增长，家政服务需求不断增长。对家政服务质量不满意的居民中，超过八成（81.9%）的居民因为服务人员素质差而不满意，77.8%的居民因为家政市场秩序混乱而不满意，74.4%的居民因为服务监管缺位而不满意，51.8%的居民认为家政服务缺少规范。

与居民居住环境息息相关的家庭住宅装修服务是服务业的重要组成部门。老百姓对家庭装修的收费和质量方面最为关注。对家庭装修服务质量不满意的居民中，75.9%的居民认为家庭装修收费不合理，65.5%的居民因为家庭装修过程中存在偷工减料等现象而不满意，53.6%的居民因为装修人员私自变更修建项目而不满意，46.5%的居民因为施工人员技术差而不满意。

对售后服务不满意的居民中，56.5%的居民因为售后服务响应慢、态度差而不满意，49.8%的居民因为收费混乱、不透明而不满意，49.6%的居民因为服务内容与实际不符而不满意，19.4%的居民反映有些产品和项目根本没有售后服务（图2－15）。

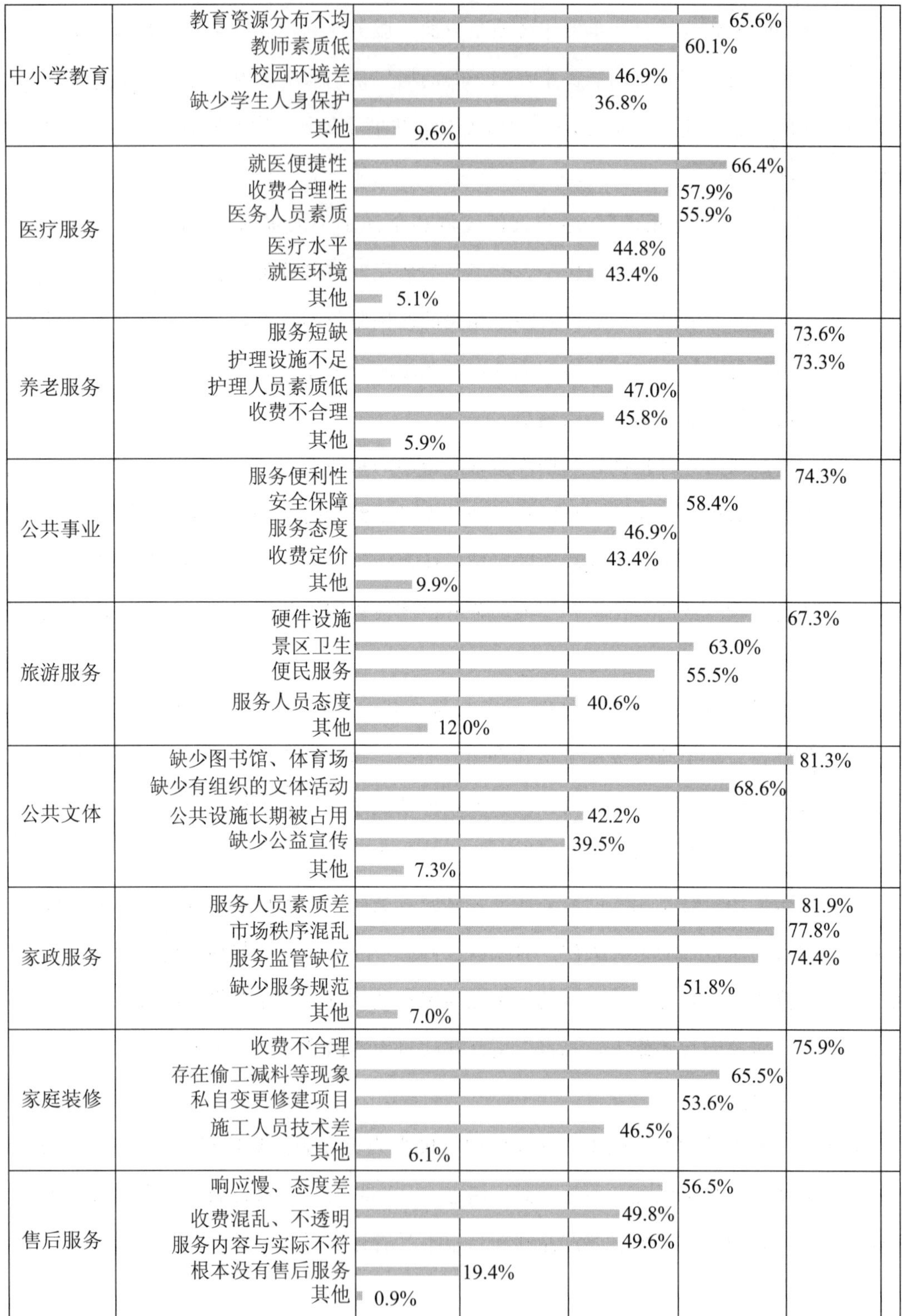

图 2-15 影响各类生活服务质量的因素

4. 环境质量

在环境质量方面，2017 年，环境质量得分为 55.82 分。大气质量（58.40 分）优于水环境质量（53.25 分），两者均超过了基准线（50 分）（图 2－16）。居民对大气质量评价“不太满意”和“很不满意”的占被调查居民总数的 17.6%；对水环境质量评价“不太满意”和“很不满意”的占比为 24.0%（图 2－17）。

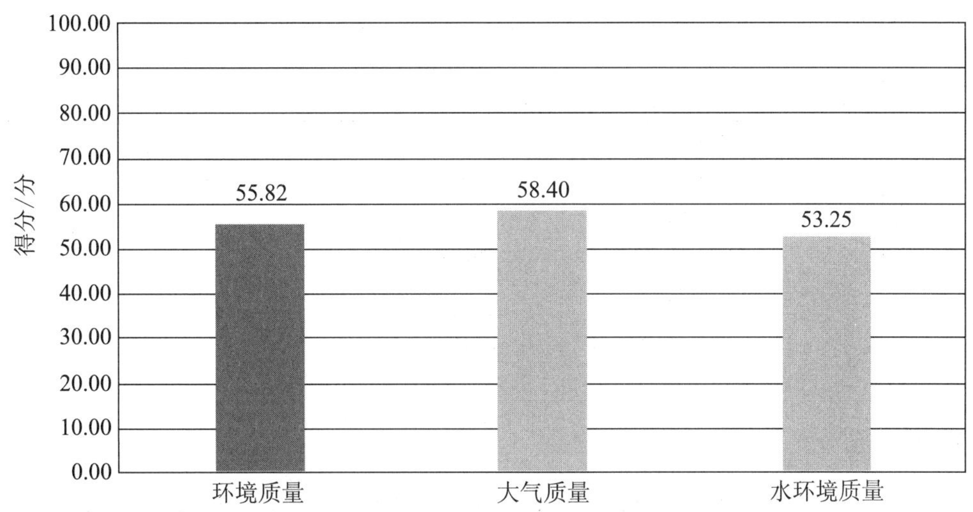

图 2－16　环境质量满意度全国总体得分

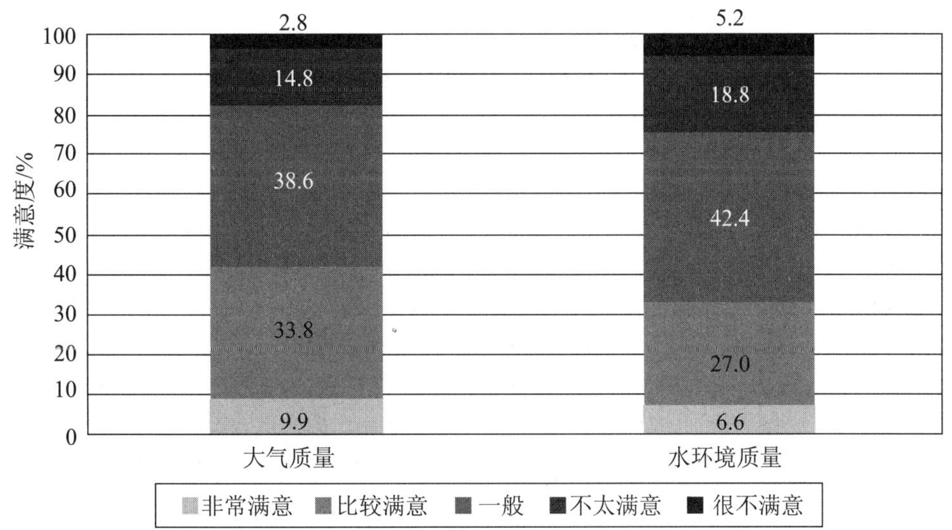

图 2－17　环境质量满意度全国评价分布

对水环境质量不满意的居民中，72.9%的居民认为工业污染影响水质环境，62.8%的居民认为生活垃圾处置不当影响水质环境，37.4%的居民因为农业用药及养殖影响水环境，28.3%的居民认为生物污染影响水质环境。政府相关部门对工业污染和生活垃圾处置应该加大监管力度。

对大气环境不满意的居民中，69.3%的居民认为工业废气影响大气环境质量，66.3%的居民认为汽车尾气影响大气环境质量，36.4%的居民认为生活废气排放影响大气环境质量，24.7%认为秸秆燃烧影响大气环境质量（图 2－18）。

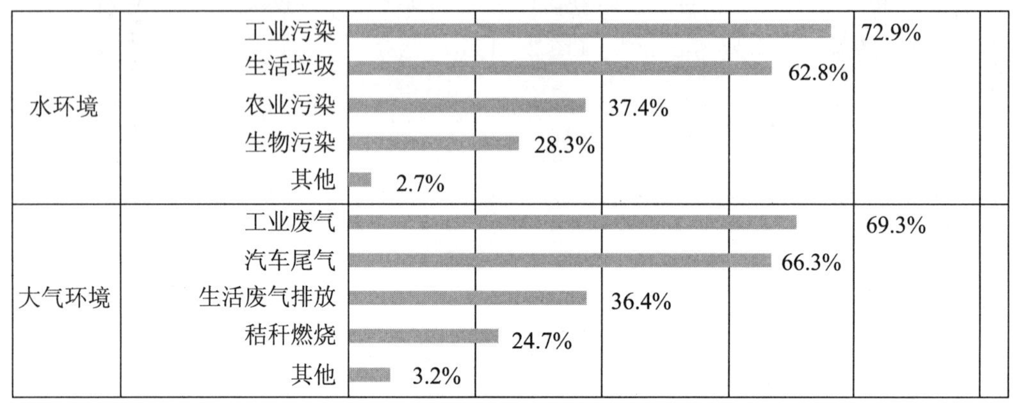

图 2－18　影响各类环境质量的因素

5. 质量意识

在质量意识方面，居民满意度最高的是服务质量提升（68.78 分），得分最低的是质量投诉处理（54.57 分），见图 2－19。对质量投诉处理感到“不太满意”和“非常不满意”的有 37.3%（图 2－20）。

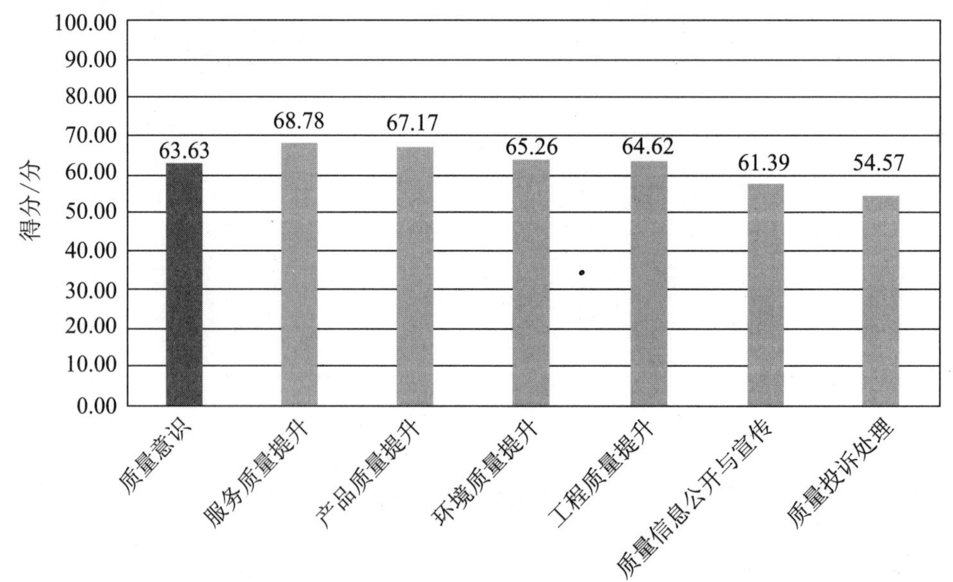

图 2－19　质量意识全国总体得分

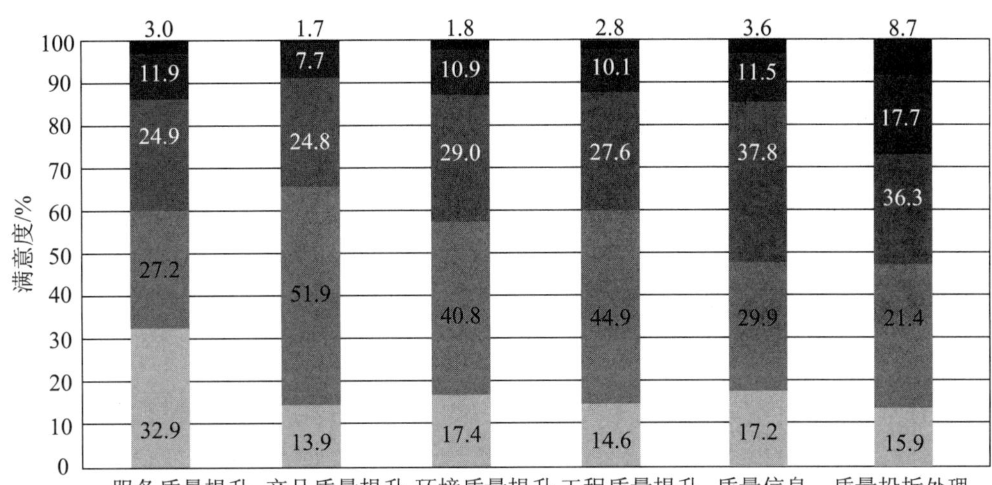

图 2-20 质量提升满意度全国评价分布

居民不进行质量投诉的原因，66.6%的居民是因为嫌麻烦，49.2%是因为不知道投诉途径，47.2%的居民因为预计得不到好的处理结果，还有19.0%的居民是怕受到打击报复（图2-21）。

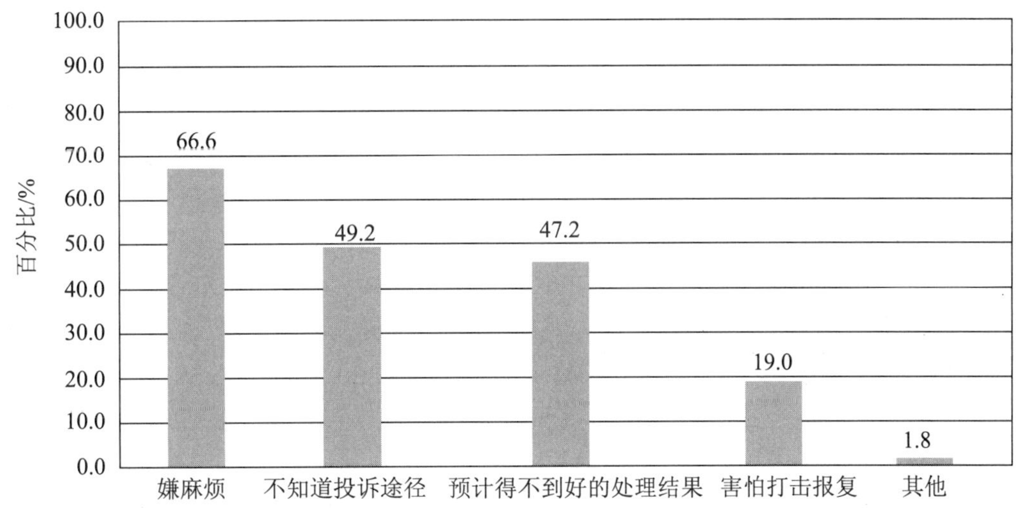

图 2-21 受访者不进行质量投诉的原因

通过对居民投诉举报处理结果不满意的原因分析发现，不满意的居民中，80.5%是由于等待结果时间太长，62.6%的居民因为投诉举报各个部门相互推诿而不满意，53.2%的居民因为没有得到处理结果而不满意，38.5%是由于没有得到应有的赔偿（图2-22）。由此可见，提高效率、明确职责、简化手续、及时反馈是促成居民遇到问题并积极进行投诉举报的关键。

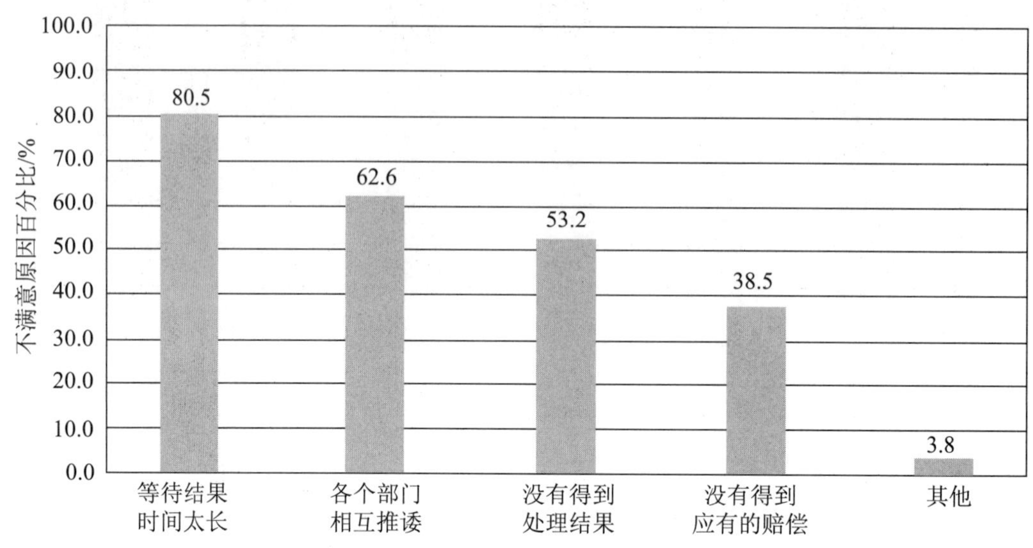

图 2－22　受访者对质量投诉不满意的原因

通过对居民在政府质量宣传和信息公开方面的调查发现，不满意的居民中，62.7％的居民认为宣传或公开信息渠道少，受惠群众少；56.1％的居民认为宣传活动少、且规模较小；40.0％的居民认为质量安全信息公开不及时、不准确（图 2－23）。

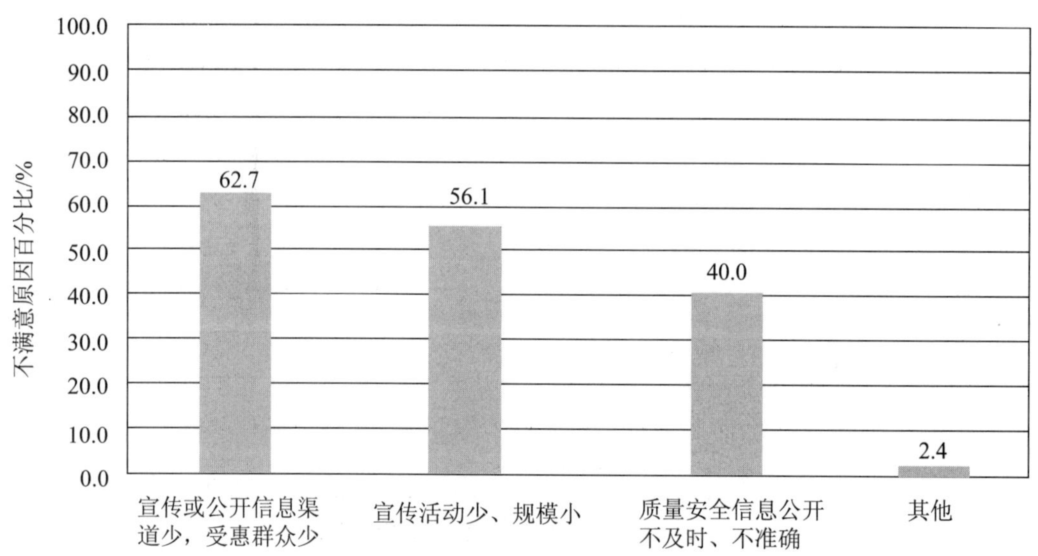

图 2－23　受访者对政府质量宣传和信息公开不满意的原因

三、结果分析

2017 年，全国政府质量工作满意度调查的总体 61.89 分，自 2014 年开展调查以来逐年上升。产品质量、工程质量、服务质量、环境质量、质量意识 5 个方面较 2016 年相比均有提升。其中，工程质量满意度评分已连续 4 年独占鳌头，需继续保持良好势头；而环境质量持续 4 年得分最低；“绿水青山就是金山银山”，要建设人与自然和谐共生的现代化需要政府在环境治理方面长期持续性的投入各种资源。2017 年，政府质量工作各分项指标情况如下：

工程质量方面得分最高，为 66.48 分，与往年相比逐年稳步提高。其中民用的住宅建筑质量得分为 66.21 分，公共交通建设工程质量得分为 66.75 分；评价“比较满意”和“非常满意”的人数也均超过六成，只有不到一成的受访者表示“不太满意”或“很不满意”。自国务院 2015 年提出《国务院关于进一步做好城镇棚户区和城乡危房改造及配套基础设施建设有关工作的意见》（国发〔2015〕37 号），以及农村旧危房改造和厕所改造等政策的推进，政府对居民住宅的投入力度明显加大，是居民在住宅方面的满意度提升的重要因素。自 2014 年，国家住房城乡建设部关于印发《建筑工程五方责任主体项目负责人质量终身责任追究暂行办法》的通知（建质〔2014〕124 号），强化质量责任追究，社会各界质量责任意识不断提高，工程建设质量得到有效保证，是居民对公共交通建设工程质量满意度提升的重要因素。

在质量意识方面，满意度评价得分为 63.63 分，受访者对政府在质量提升方面的努力比较肯定，满意度评分位居第二。其中，服务质量提升满意度最高，有 60.1％的受访者感到“非常满意”和“比较满意”，有 13.9％的受访者感到“不太满意”和“很不满意”（图 2－24）。对于质量投诉处理感到不满意的居民较多，有 26.4％的受访者感到“不太满意”和“很不满意”。面对出现质量问题的产品，消费者作为弱势群体，主观意识上普遍不愿意进行质量投诉，不满意的居民中有将近七成的居民认为质量投诉很麻烦，既费时又费力；有近半的居民不知道投诉途径，政府针对居民遇到质量问题时的引导和公开宣传不足；有四成多的居民认为质量投诉预计得不到好的处理结果，投诉问题没有被处理好；还有近两成不满意居民是因为投诉举报怕被打击报复。政府部门应该做好质量意识宣传，提高公众维权意识，整合投诉举报渠道，积极采取“互联网＋”开展政务工作，建设质量投诉绿色通道，让居民遇到问题投诉举报更方便、更快捷、可追踪、可反馈，同时做好举报人的安全保障工作，从而使公众更加积极主动参与到质量监管之中，让广大民众参与质量强国战略，通过政府监管和大众参与逐渐提高我国产品总体质量。

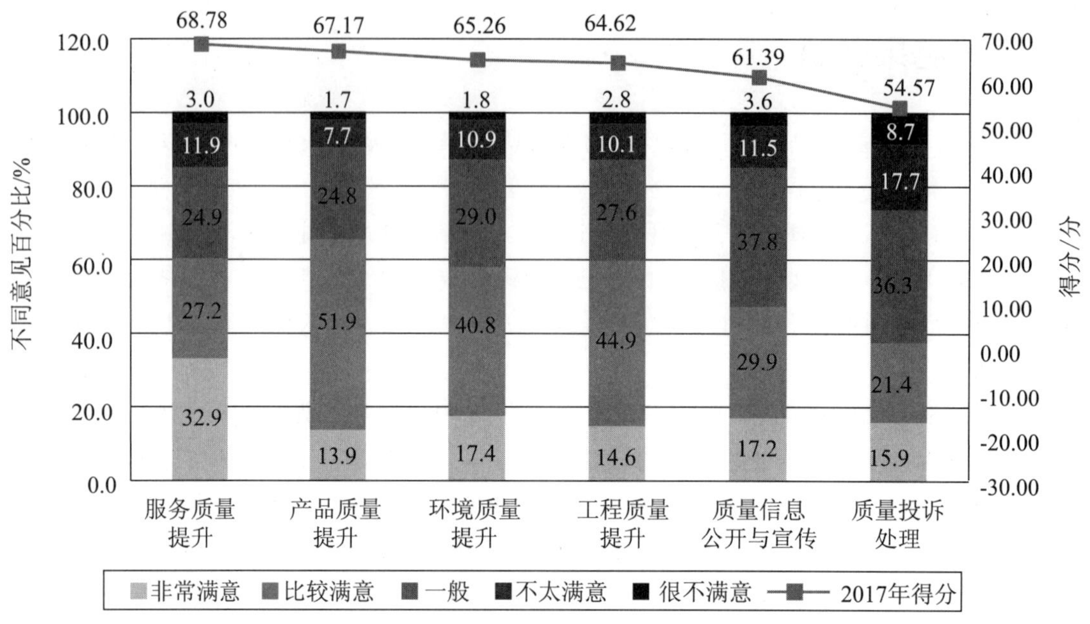

图 2－24　受访者质量意识相关项得分及不同意见占比情况

产品质量在满意度指标中位列第三，其中药品、农产品和食品质量满意度评价比较低。药品质量评价“不太满意”和“很不满意”的超过两成，药品质量不满意的居民中，五成以上居民认为药品虚假宣传过多，近五成的居民认为假药多、药品疗效差。居民对农产品不满意主要原因是农药残留和激素抗生素滥用，其中，七成居民因为农产品农药残留不满意，六成居民因为农产品滥用激素抗生素而不满意。对食品质量不满意的居民中，七成多居民认为食品添加剂过多，四成居民认为食品存在虚假标注保质期问题。产品质量中，居民对进口产品质量的满意度最高，国产商品与国际品牌商品的质量差距明显，“匠心精神”和国家品牌建设任重而道远。

服务质量方面，2017 年，短途公共交通服务首次得分最高，超越了物流及快递服务。随着“共享经济”和“数字经济”的快速发展，滴滴、优步等打车软件迅速壮大，摩拜单车、OfO 等短途骑行工具弥补了“最后一公里”的短板，居民对短途公共交通服务满意度明显提高。电子商务无处不在，物流及快递服务与百姓的生活密不可分，物流及快递服务满意度在服务质量中排名第二。虽然物流快递服务存在送达不准确、不及时的问题，但是随着国家交通设施的不断完备、无人机和无人驾驶技术的逐渐成熟以及各大物流公司智能机器人的发展，快递从火车、汽车、电动车等传统运送方式将逐步向航空物流、机器人物流等现代化方式转变，未来快递服务的送达将会更加准确、及时。生活服务方面，随着消费者维权意识的提高和消费观念的变化，消费者们不再只关注产品本身，售后服务成为产品质量的衡量尺度，售后服务在服务质量满意度中得分最低，对售后服务不满意的居民中有五成多的居民认为售后服务响应慢、服务人员态度差，近半居民认为售后服务收费混乱、不透明或服务内容与承诺不符。售后服务与产品质量关系紧密，政府在售后服务的标准规范制定和监督管理方面应该加大力度。生活服务中，除了售后服务之外，家庭装修和医疗服务满意度也比较低。家庭装修方面，居民主要是因为装修的价格不合理、施工过程中存在偷工减料而不满意。医疗服务方面，居民主要是因为“看病难”“看病贵”而不满意，随着“健康中国战略”的推进以及医疗改革的深入实施，未来居民医疗服务方面将逐步得到改善。

综观产品质量、工程质量、服务质量、环境质量和质量意识五方面，环境质量在各大满意度指标中位居末位，与工程质量满意度相差十多分，环境质量在各项质量社会满意度中成了名副其实的短板，居民对环境质量的不满意原因主要是废水废气等工业排放，同时影响到了大气和水资源的质量。水利部 2016 年 1 月《地下水动态月报》显示全国浅层地下水普遍“水质较差”，而浅层地下水的污染与地表水的污染存在“相互影响”的关系，水利部的调查结果曾一度引发国人对水资源的担忧。水环境质量满意度调查发现，“不太满意”和“很不满意”的居民占比近四分之一，水质量主要由工业废弃物、垃圾掩埋以及农业种植养殖污染引发，我国水质量满意度现状堪忧，政府在水治理方面的工作将长期面临严峻挑战。大气质量是生存生活之根本，被调查的居民认为工业废气污染是主要因素，汽车尾气的影响仅次于工业废气。准确分析大气污染源，针对空气污染的源头进行精准治理能快速有效提高大气质量。北京 2016 年冬季的“爆表”雾霾天气曾引发“逃离北京”的各种评论和调侃高潮，但随着工业去产能、重污染天气限制工业生产、“煤改电”“煤改气”等一系列措施使治理空气污染的成效显著，值得各地参考。

第三章　政府质量工作满意度 2014—2017 年变化趋势

一、2014—2017 年总体情况变化趋势

2017 年，全国政府质量工作满意度总分为 61.53 分，自 2014 年以来得分逐年提升，比 2016 年的 60.58 分提高 1.6%，较 2014 年的 54.39 分提高了 13%。产品质量、工程质量、服务质量、环境质量和质量意识的得分自 2014 年开始至 2017 年也都呈逐年稳步增长态势，体现了政府质量工作的有效性。其中，工程质量连续 4 年得分均为各分项指标中的最高项，从 2014 年的 59.19 分到 2017 年的 66.48 分，提升了 12%；环境质量是连续 4 年得分均为最低的分项，2017 年得分为 55.82 分，比 2014 年提升幅度超过了 25%，是所有分项指标中进步最显著的（图 3－1）。

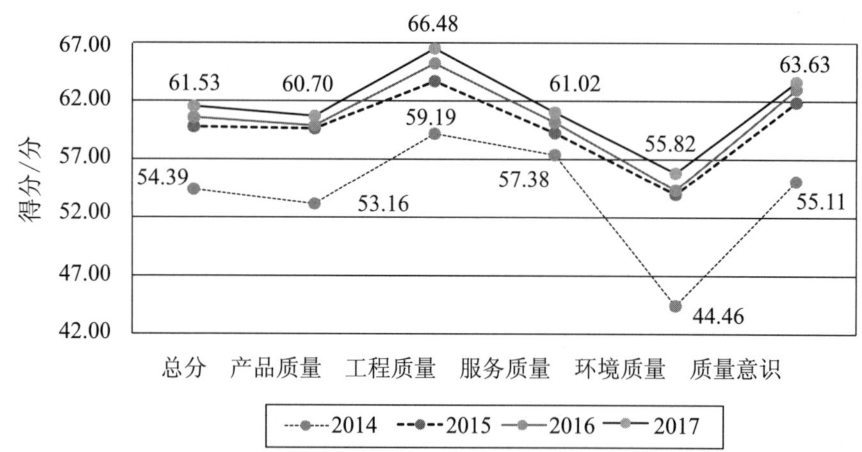

图 3－1　2014—2017 年政府质量工作满意度总体得分

二、2014—2017 年分指标变化趋势

1. 产品质量

在产品质量方面，2014—2017 年，产品质量满意度总分从 2014 年的 53.16 分上升到 2017 年的 60.70 分，总体趋势越来越好。进口产品质量连续 4 年满意度最高，2014 年为

63.92分，2015年为66.71分，2016年为66.89分，2017年为67.75分（图3-2）。对进口产品质量评价“比较满意”和“非常满意”的4年均超过了60%（图3-3，图3-4，图3-5，图3-6）。

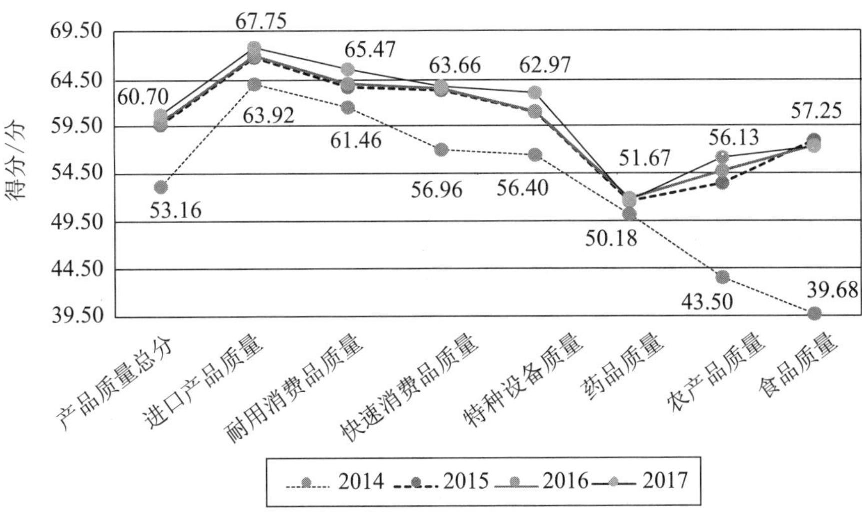

图3-2 2014—2017年产品质量满意度全国总体得分

2014年，公众对农产品质量和食品质量的满意度最低，农产品质量43.50分，食品质量39.68分，均低于基准线。农产品质量评价“不太满意”和“很不满意”的高达45.6%，不满意的主要因素是有农药残留。食品质量评价“不太满意”和“很不满意”的高达49.5%，接近半数，不满意的主要原因是食品添加剂多（图3-3）。

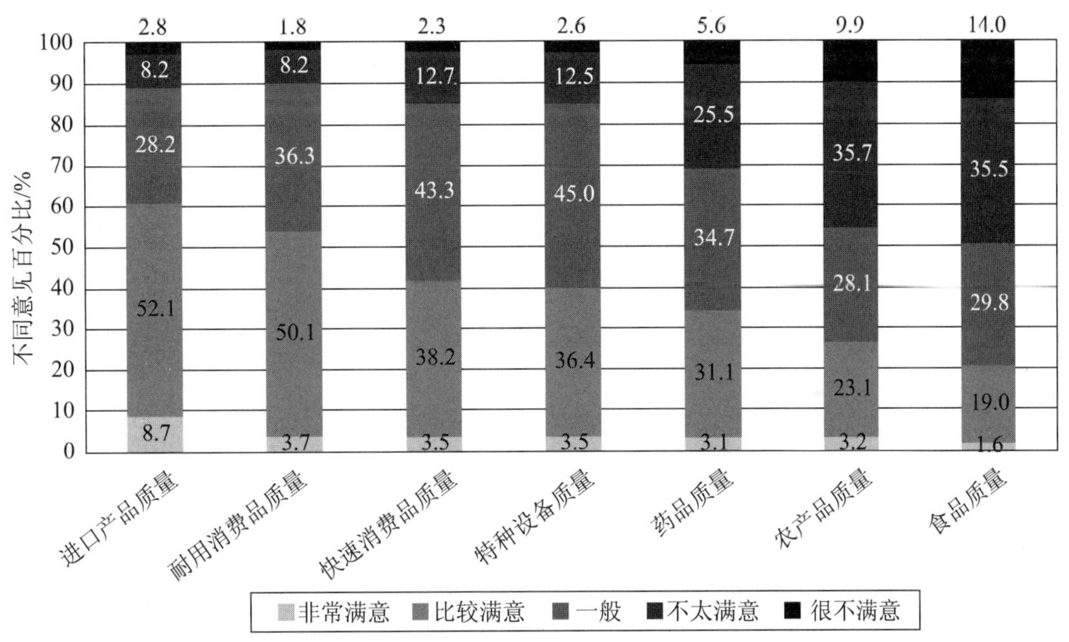

图3-3 2014年产品质量满意度全国评价分布

2015 年，质量满意度最低的是药品质量（51.57 分），农产品质量倒数第二（53.43 分），不过均已达到了基准线。药品质量评价“不太满意”和“很不满意”的有 22.6%，五成多居民认为药品疗效差；农产品质量评价“不太满意”和“很不满意”的有 20.7%，比 2014 年下降了近 25%，农产品质量不满意的最主要原因依旧是有农药残留；食品质量满意度提升最高，从 2014 年的 39.68 分提升到 57.89 分，提升幅度高达 45.9%，评价“比较满意”和“非常满意”的，从 2014 年的 20.6%上升到 2015 年的 42.4%，进步显著（图 3-4）。

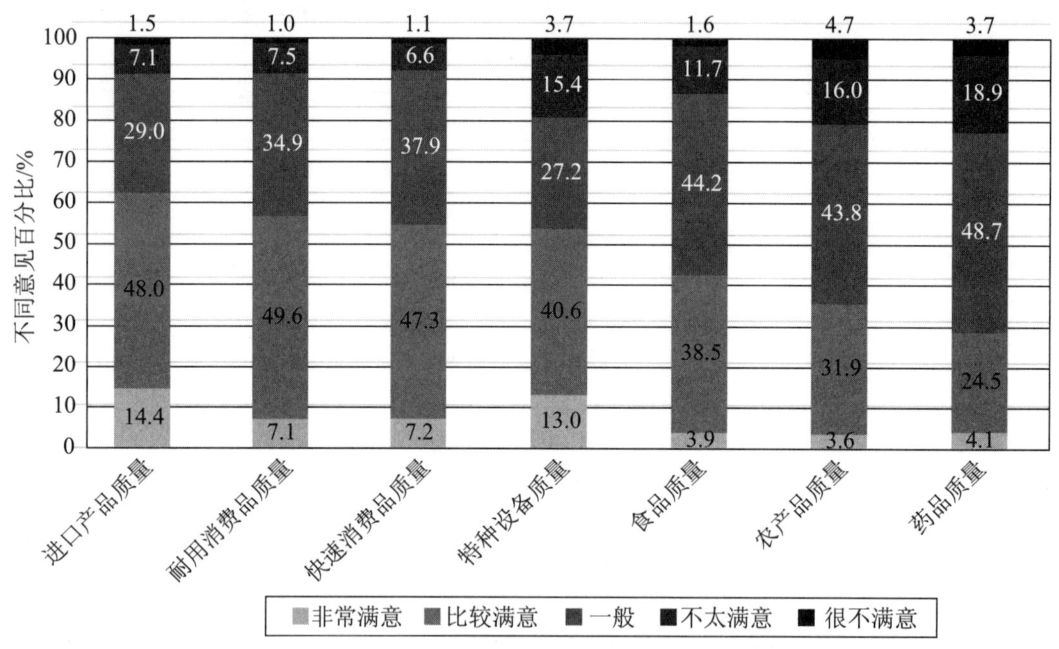

图 3-4　2015 年产品质量满意度全国评价分布

2016 年，质量满意度最低的仍然是药品质量（51.85 分）和农产品质量（54.72 分），不过在保持 2015 年的水平上略有提升（图 3-2）。药品质量评价“不太满意”和“很不满意”的有 21.6%，比 2015 年提升了 1 个百分点，不满意主要原因是药品疗效差；农产品质量评价“不太满意”和“很不满意”的有 20.6%，和 2015 年基本持平，不满意主要原因是有农药残留；值得注意的是食品质量满意度 2015 年是 57.89 分，2016 年是 57.35 分，是所有产品质量分项中唯一略有下降的。评价“不太满意”和“很不满意”的，从 2015 年的 13.3%上升到 2016 年的 13.7%（图 3-5），虽然只增加了 0.4 个百分点，但是这一趋势需要加以警惕，不能掉以轻心。

2017 年，质量满意度比较低的是药品质量（51.67 分）、农产品质量（56.13 分）和食品质量（57.25 分），药品和农产品质量在产品质量中连续 3 年得分倒数，农产品质量得分 2015—2017 年逐年提升，但是药品质量和食品质量得分比 2016 年略有下降（图 3-2）。药品质量评价“不太满意”和“很不满意”的有 22.5%，与 2016 年持平，不满意主要原因

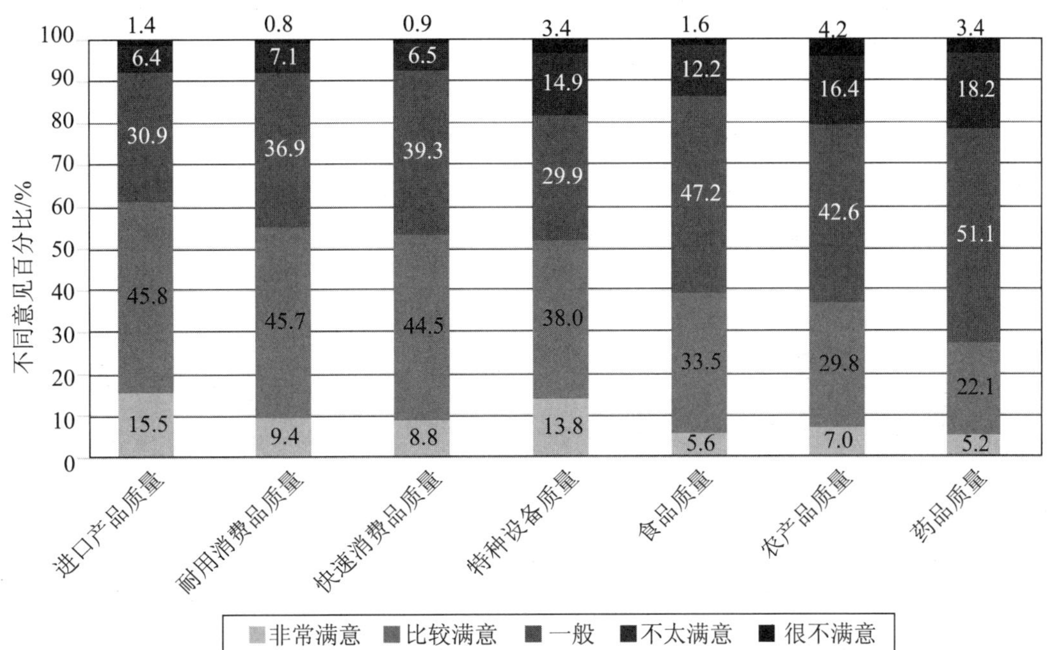

图3-5　2016年产品质量满意度全国评价分布

是虚假宣传过多；农产品质量评价“不太满意”和“很不满意”的有20.46%（图3-6），和2016年基本持平，不满意主要原因是农药残留和滥用激素抗生素；值得注意的是食品质量满意度2015年是57.89分，2016年是57.35分，2017年是57.25分，连续3年下降，民以食为天，让百姓吃得放心、吃得满意需要政府加强监管。

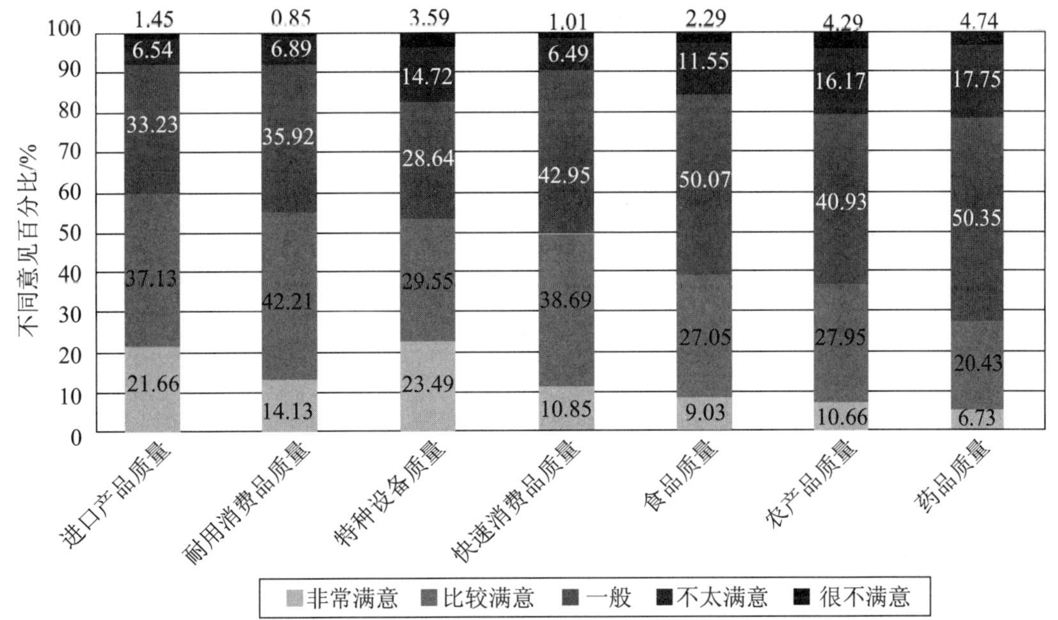

图3-6　2017年产品质量满意度全国评价分布

2. 工程质量

在工程质量方面，从 2014 年到 2017 年，工程质量满意度总分由 59.19 分连续 4 年稳步增长到 66.48 分。2014 年满意度最高的是公共建筑质量（62.70 分），评价“比较满意”和“非常满意”的有 56.1%；自 2015 年开始调查范围排除公共建筑质量满意度。交通建设工程质量满意度从 2014 年的 57.97 分提升到 2017 年的 66.75 分，提升幅度为 15.1%；2017 年，住宅建筑质量满意度为，66.21 分，比 2014 年的 56.89 分提升了 16.4%，提升幅度高于交通建设工程质量满意度（图 3－7）。

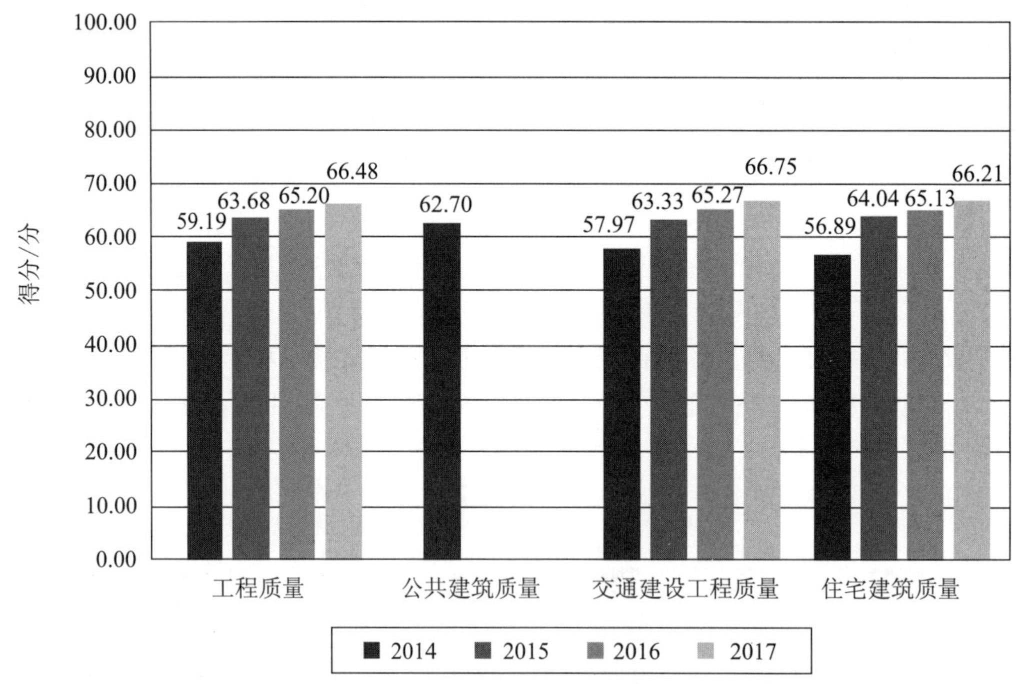

图 3－7　2014—2017 年工程质量满意度全国总体得分

2014 年，居民对住宅建筑质量满意度低于交通建设工程质量。被调查居民中对住宅建筑质量评价“比较满意”和“非常满意”的占 42.9%，对交通建设工程质量评价“比较满意”和“非常满意”的占 47%，接近半数（图 3－8）。

2015 年则相反，居民对住宅建筑质量满意度高于交通建设工程质量。对住宅建筑质量评价“比较满意”和“非常满意”的占总调查人数的 61.2%，对交通建设工程质量评价“比较满意”和“非常满意”的占 58.4%（图 3－9）。

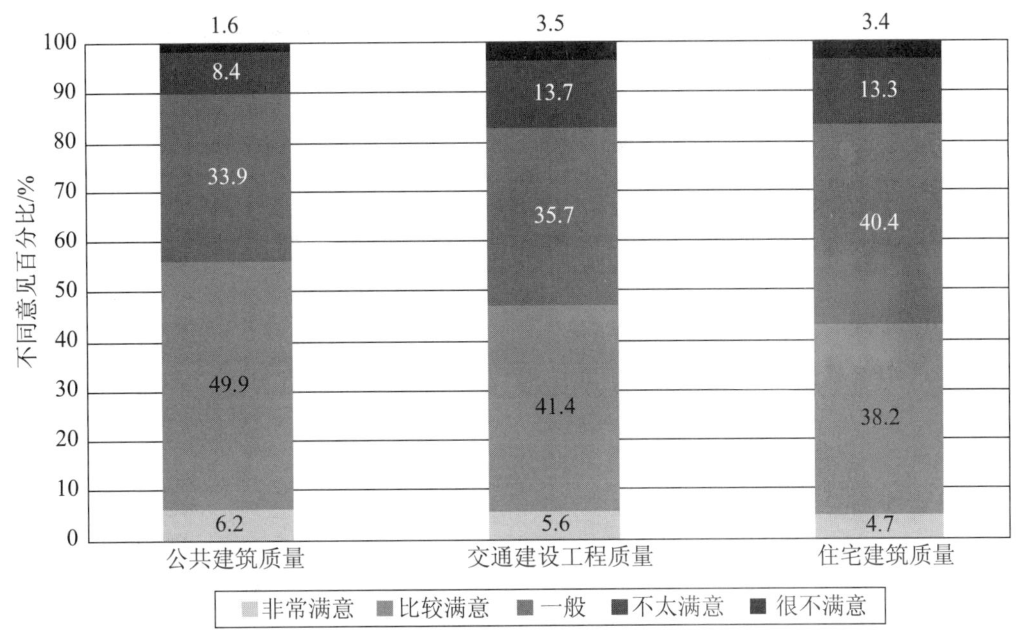

图3-8　2014年工程质量满意度全国评价分布

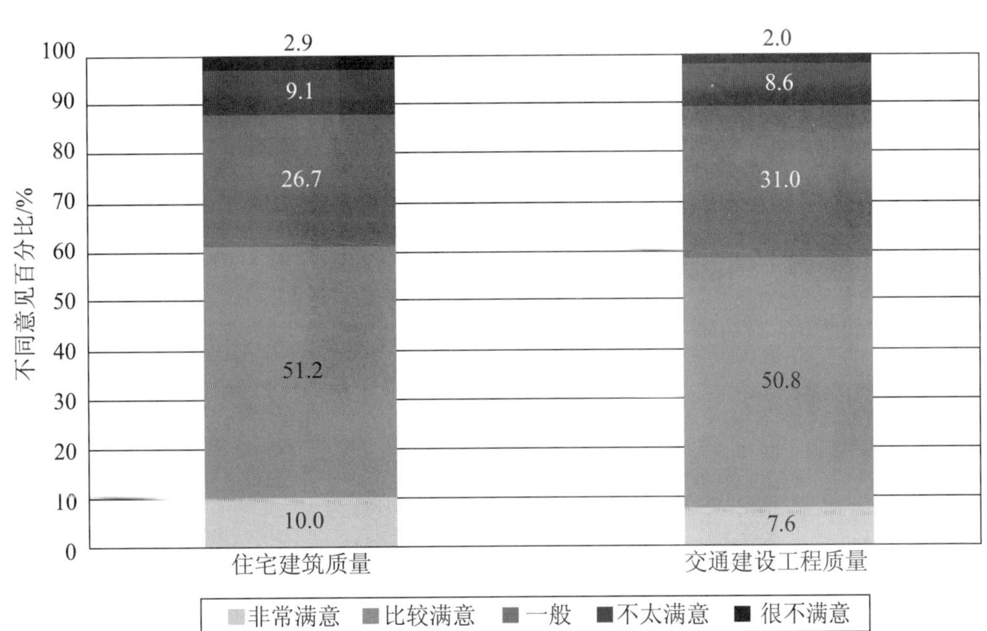

图3-9　2015年工程质量满意度全国评价分布

2016年，居民对住宅建筑质量满意度（65.13分）和交通建设工程质量满意度（65.27分）基本持平，居民对住宅建筑质量评价“比较满意”和“非常满意”的占总调查人数的62.0%，对交通建设工程质量评价“比较满意”和“非常满意”占61.5%（图3-10）。

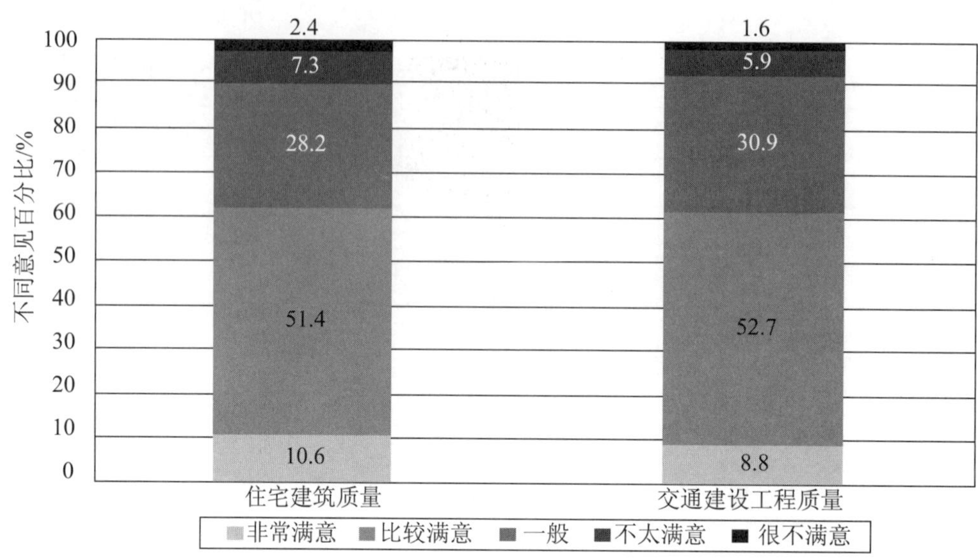

图 3－10　2016 年工程质量满意度全国评价分布

2017 年，居民对住宅建筑质量满意度（66.21 分）和交通建设工程质量满意度（66.75 分）基本持平，居民对住宅建筑质量评价“比较满意”和“非常满意”的占总调查人数的 61.7%，对交通建设工程质量评价“比较满意”和“非常满意”的占 61.1%（图 3－11）。

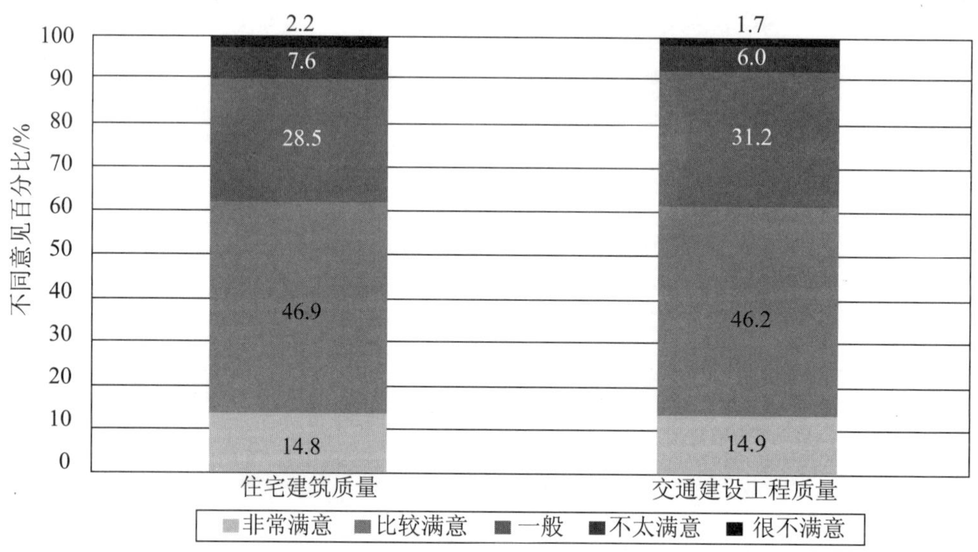

图 3－11　2017 年工程质量满意度全国评价分布

3. 服务质量

在服务质量方面，从 2014 年到 2017 年，服务质量满意度总分由 57.38 分连续 4 年稳步增长到 61.02 分。2014 年，只考察了旅游服务、通信服务、公共交通服务 3 项服务的质量满意度；2015 年，我们对服务质量满意度调查范围做了大幅度的扩展，分为生产服务和生活服务两大类别共 15 项分指标。“生产服务”从短途公共交通、长途公共交通、通信和网络服务、银行服务、保险服务、电子商务服务、物流及快递服务等 7 个方面进行评价，“生活服务”从中小学教育、医疗服务、养老服务、公共事业服务、旅游服务、公共文体服务、家政服务、家庭装修业服务等 8 个方面进行评价；2016 年，调查范围在 2015 年的基础上，生活服务类别中新增加一项——“售后服务”调查。因此，本报告重点考察 2015—2017 年这 3 年的指标数值变化情况（图 3-12）。

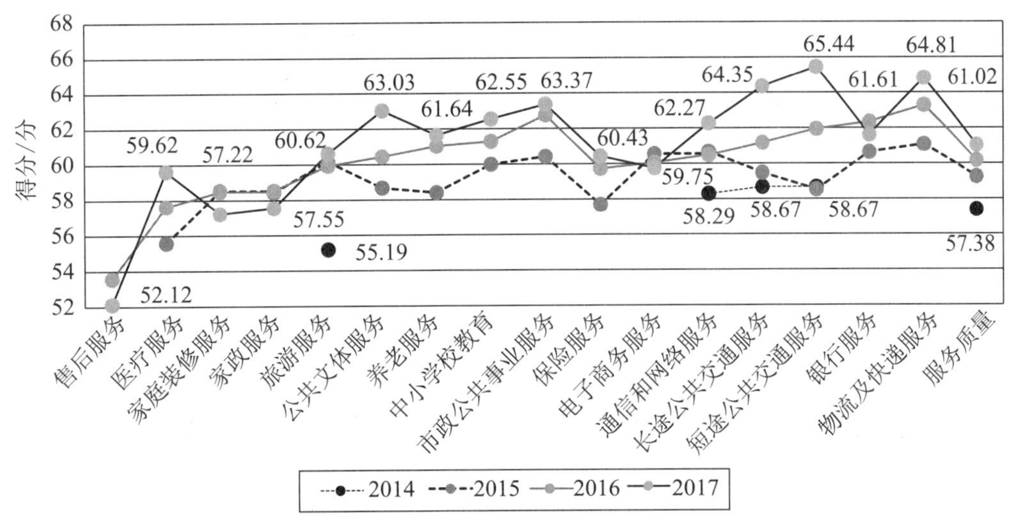

图 3-12　2014—2017 年服务质量满意度全国总体得分

2014 年，服务质量满意度最高的是公共交通服务质量（58.67 分），评价“比较满意”和“非常满意”的有 49.7%（图 3-13）。

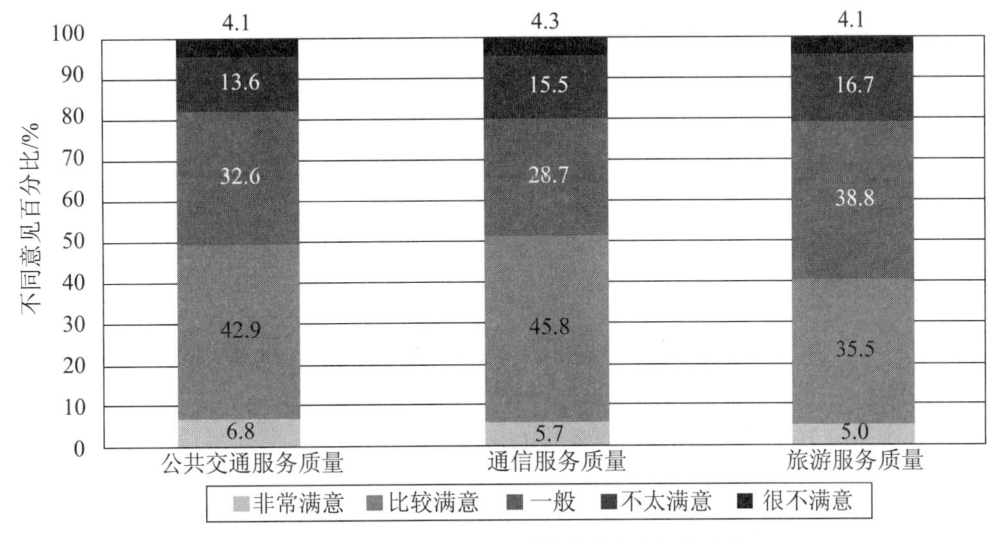

图 3-13　2014 年服务质量满意度全国评价分布

2015 年，在生产服务中，质量满意度最高的是物流及快递服务（61.08 分），其中评价“比较满意”和“非常满意”的有 51.8%。满意度最低的是保险服务（57.69 分），其中评价“比较满意”和“非常满意”的有 40.3%，和物流快递相差 10 个百分点；在生活服务中，满意度最高的是市政公共事业服务（60.42 分），其中评价“比较满意”和“非常满意”的有 49.5%。满意度最低的是医疗服务（55.57 分），其中评价“比较满意”和“非常满意”的也是 40.3%，和市政公共事业服务相差 9 个百分点（图 3-14）。

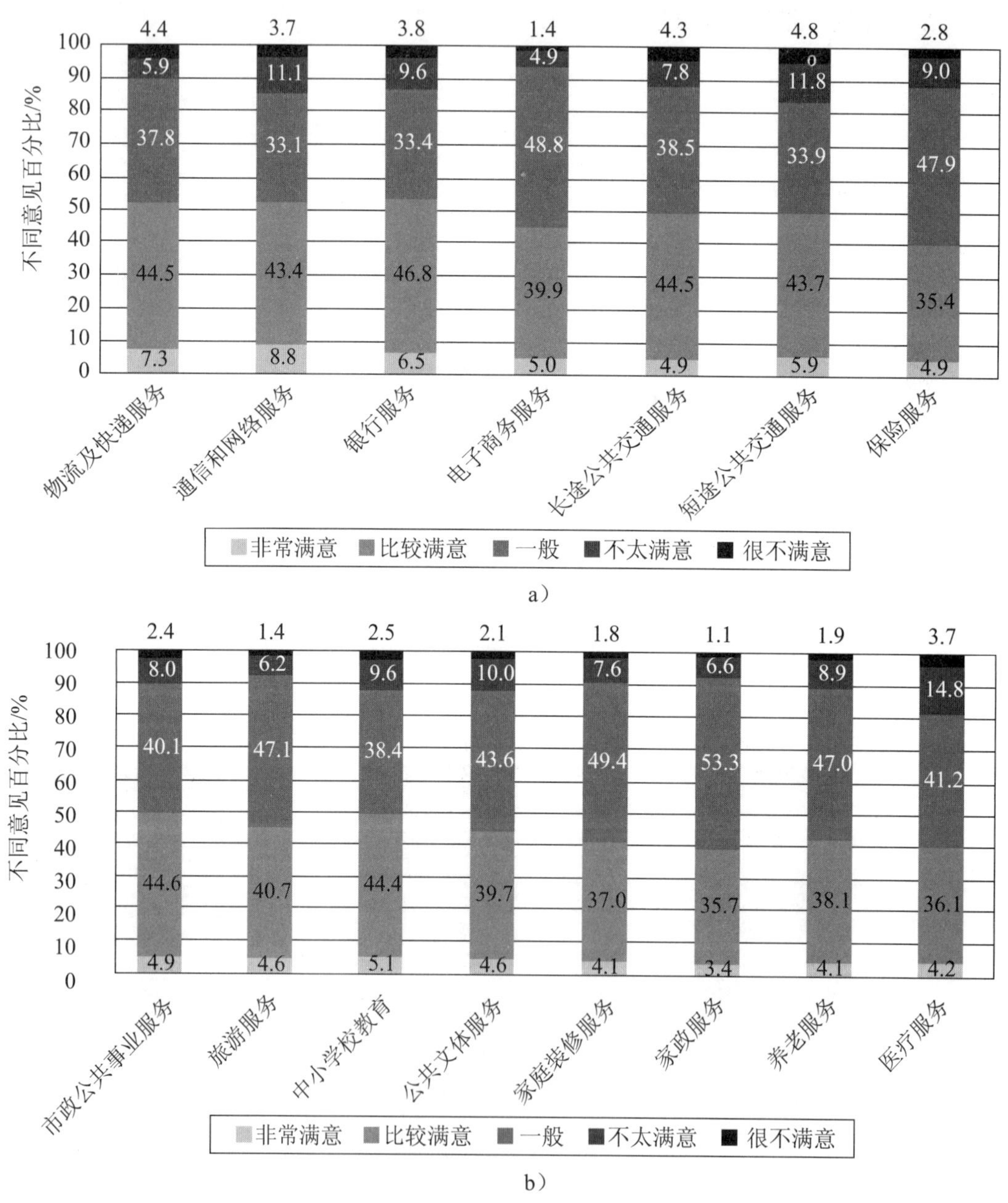

图 3-14 2015 年服务质量满意度全国评价分布

2016年，生产服务质量满意度最高的依然是物流及快递服务，为63.28分，其中评价“比较满意”和“非常满意”的有53.6%，比2015年略有提升。满意度最低的依然是保险服务，但是分数比2015年有所提升，为59.72分，其中评价“比较满意”和“非常满意”的有43.1%，比2015年提升了近3个百分点，呈现出改善的趋势；在生活服务中，满意度最高的还是市政公共事业服务（62.76分），其中评价“比较满意”和“非常满意”的有54.4%，比2015年有所提升。满意度最低的是新增加的售后服务，为53.55分，其中评价“比较满意”和“非常满意”的是34.8%。2016年的医疗服务是57.63分，虽然位居倒数第二，但是比2015年有所提升，其中评价“比较满意”和“非常满意”的有44.5%，比2015年增加了4个百分点（图3-15）。

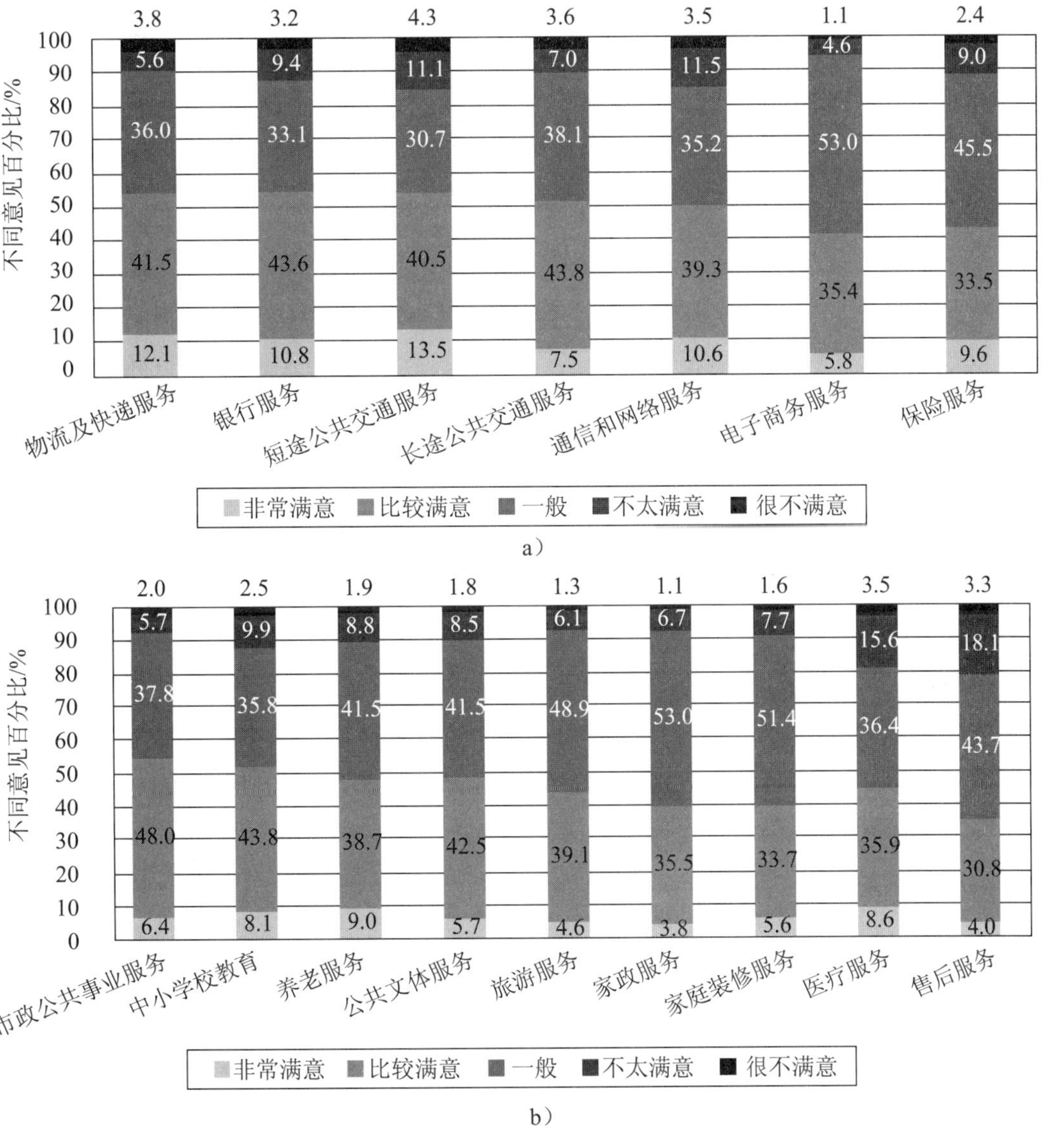

图3-15　2016年服务质量满意度全国评价分布

2017 年，生产服务质量满意度最高是短途公共交通服务（65.44 分），居民对此评价“比较满意”和“非常满意”的有 57.8%；物流及快递服务（64.81 分）退居第二，其中评价“比较满意”和“非常满意”的有 55.4%，比 2016 年略有提升。满意度最低的是电子商务服务（59.75 分），受访者评价“比较满意”和“非常满意”的占比是 32.8%。生活服务质量满意度中，满意度得分最高的是市政公共事业服务（63.37 分），其次是公共文体服务（63.03 分），得分最低的是售后服务（52.12 分），其次是家庭装修服务（57.22 分），然后是家政服务（57.55 分）。（图 3－12，图 3－16）。

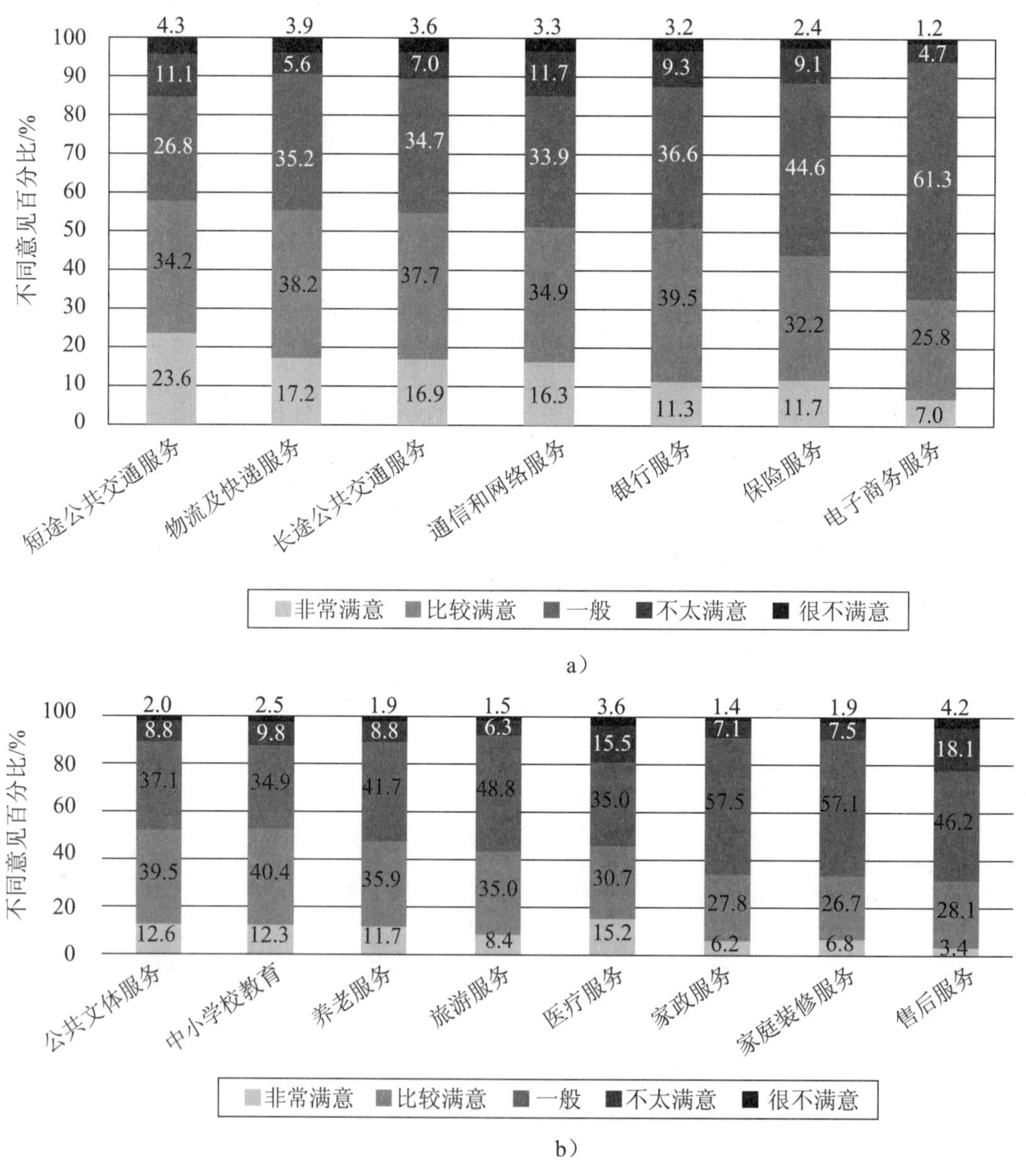

a）

b）

图 3－16　2017 年服务质量满意度全国评价分布

4. 环境质量

空气和水乃人类生活之根本，绿水青山是新时代中国特色社会主义建设过程中生态文明建设的基础，环境质量是健康中国战略的基石。在环境质量方面，2014—2017年，环境质量满意度总分由2014年的44.46分（基准水平为50分）连续3年稳步增长到55.82分。在2014年，无论是大气质量还是水环境质量，都未达到50分的基准线，其中水环境质量更是低到只有42.87分；在2017年，两者的质量满意度都超过了50分（图3-17）。

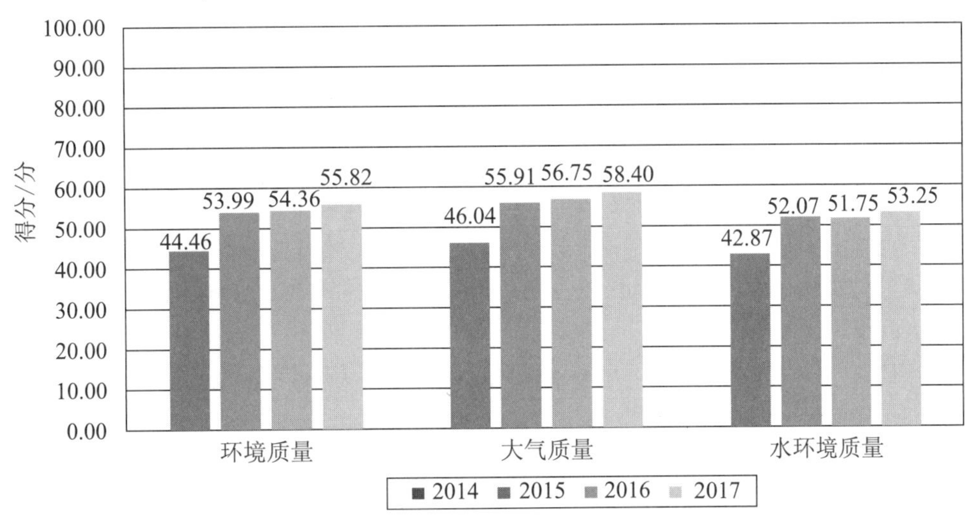

图3-17　2014—2017年环境质量满意度全国总体得分

2014年，公众对大气质量评价“不太满意”和“很不满意”的高达39.4%，受访者不满意的最主要原因是工业废气；水环境质量评价“不太满意”和“很不满意”的高达44.4%，受访者认为生活垃圾是污染水质的主要原因（图3-18）。

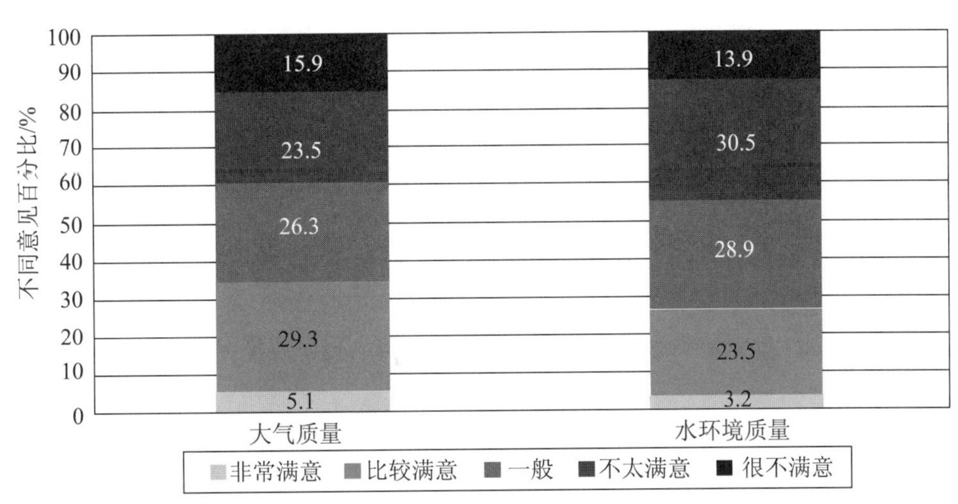

图3-18　2014年环境质量满意度全国评价分布

2015 年，对大气质量和水环境质量满意度的评价均较 2014 年有显著提升：大气质量评价“不太满意”和“很不满意”的有 19.2%，比 2014 年下降了 22 个百分点，不满意的主要原因是汽车尾气和工业废气；水环境质量评价“不太满意”和“很不满意”的有 21.8%，比 2014 年下降了近 23 个百分点，进步显著，生活垃圾和工业污染依旧是造成水质差的主要原因（图 3－19）。

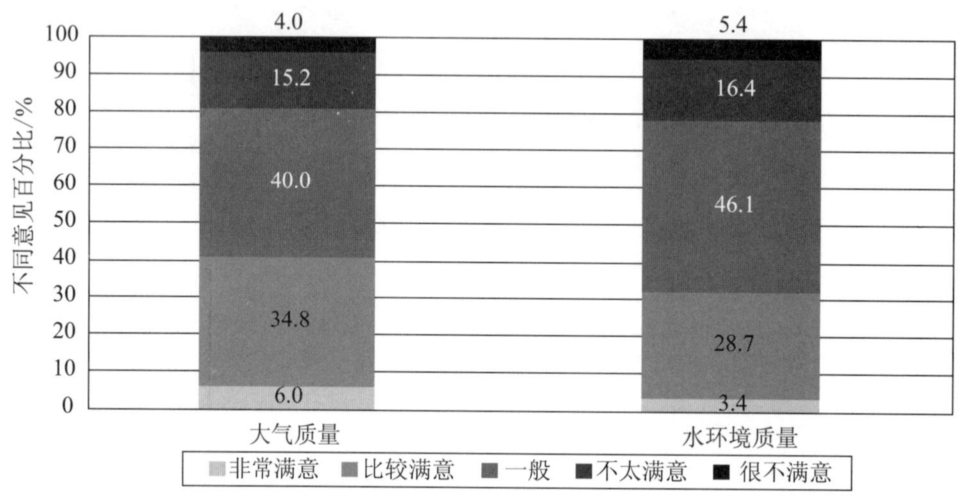

图 3－19　2015 年环境质量满意度全国评价分布

2016 年，对大气质量满意度的评价比 2015 年略有提高，达到 56.75 分，“不太满意”和“很不满意”的有 17.5%，比 2015 年减少了 1.7 个百分点，受访者对于工业废气和汽车尾气表示不满意；对水环境质量满意度的评价和 2015 年略有下降，“不太满意”和“很不满意”的有 24.0%，比 2015 年增加了 2.2 个百分点，不满意的最主要原因为工业污染。看来政府在下大力气整治雾霾等大气污染后，受访民众开始更加关心水环境的污染情况，见图 3－20。

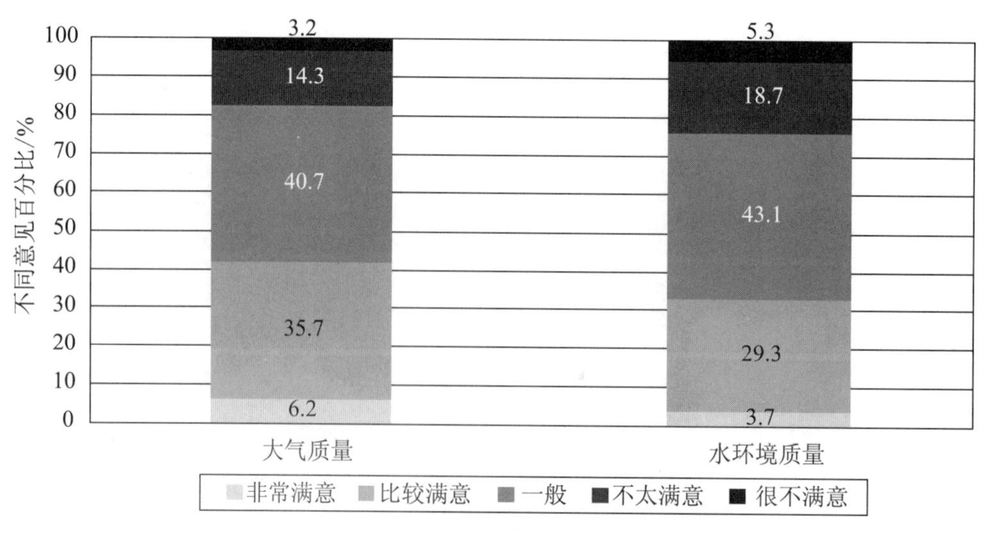

图 3－20　2016 年环境质量满意度全国评价分布

2017年，居民对大气质量满意度的评价比2015年有所提高，达到58.4分，“不太满意”和“很不满意”的有17.6%，受访者主要对工业废气和汽车尾气表示不满意；对水环境质量满意度的评价为53.25分，“不太满意”和“很不满意”的有24.0%，不满意的最主要原因为工业污染和生活垃圾处理污染。生态文明建设和健康中国战略的实施需要各地政府站在更高的站位和更长远的眼光去审时度势，平衡好经济发展和环境保护，拿出铁腕精神保护和维持碧水蓝天，见图3-21。

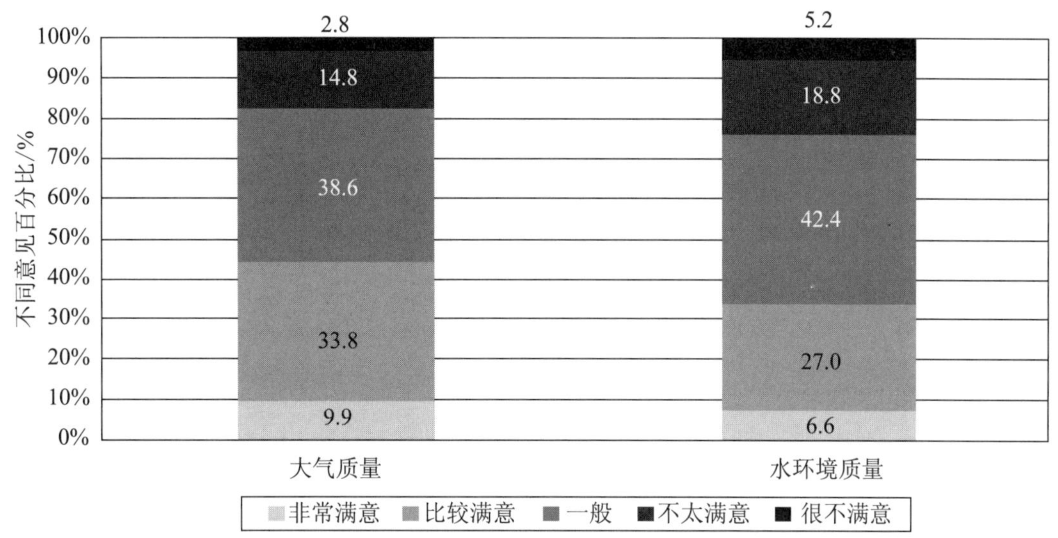

图3-21 2017年环境质量满意度全国评价分布

5. 质量意识

在质量意识方面，2014—2017年，质量意识总分由55.11分连续4年稳步增长到63.63分。受访者认为服务质量和质量信息公开与宣传连续4年稳步提升，值得注意的是，2017年，质量投诉处理得分从2016年的57.56分降到54.57分，为近3年来最低（图3-22）。

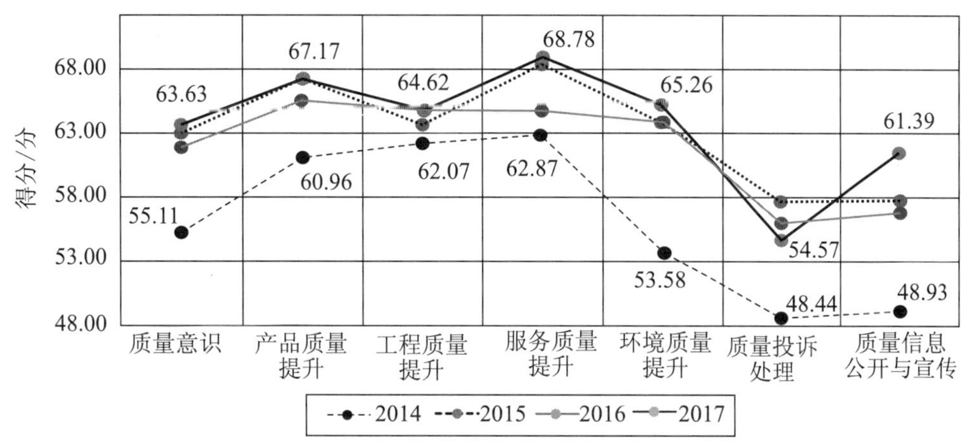

图3-22 2014—2017年质量意识全国总体得分

2014 年，满意度最高的是服务质量提升（62.87 分），评价“比较满意”和“非常满意”的高达 54.3%，超过半数；满意度最低的是质量投诉处理（48.44 分），未达到基准线。对质量投诉处理感到“不太满意”和“非常不满意”的有 32.8%，超过了三成；除此之外，质量信息公开与宣传（48.93 分）也未达到基准线（图 3－22、图 3－23）。

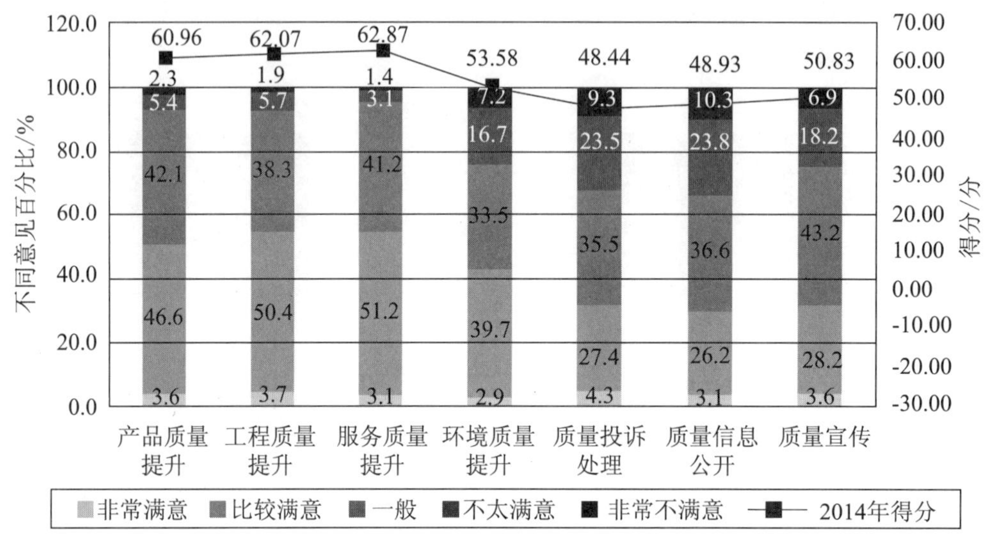

图 3－23　2014 年质量提升全国评价分布

2015 年，满意度最高的是产品质量提升（65.55 分），比 2014 年的 60.96 分提升了 7.5%；满意度最低的还是质量投诉处理（55.90 分），但是比 2014 年提升了 15.4%，提升幅度很大。对质量投诉处理感到“不太满意”和“非常不满意”的有 25.8%，比 2014 年减少了 7 个百分点；质量信息公开与宣传得分为 56.77 分，也比 2014 年大幅提升了 16%，取得较大进步（图 3－22、图 3－24）。

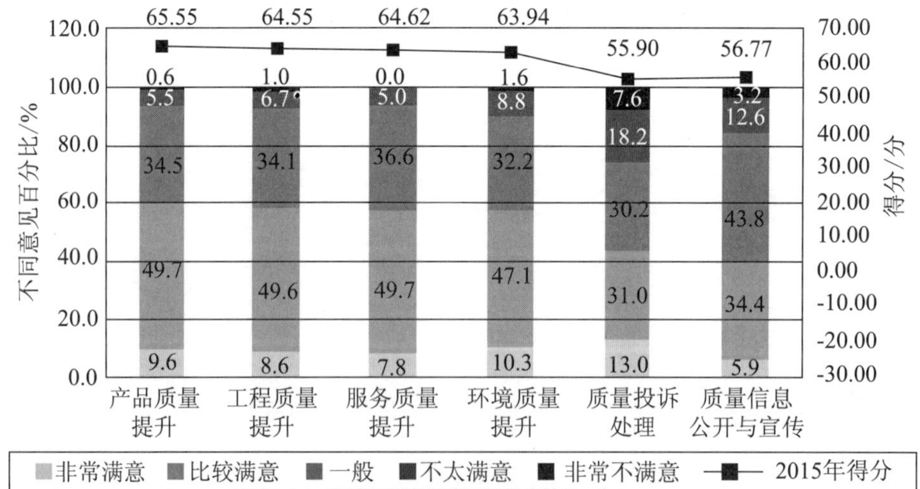

图 3－24　2015 年质量提升全国评价分布

2016 年，满意度最高的是服务质量提升（68.23 分），比 2015 年有了进一步的提升；满意度最低的还是质量投诉处理（57.56 分），但是比 2015 年有所提升。对质量投诉处理感到“不太满意”和“非常不满意”的有 26.2%，比 2015 年略微增加了 0.4 个百分点；质量信息公开与宣传得分为 57.63 分，也比 2015 年有所进步（图 3－22、图 3－25）。

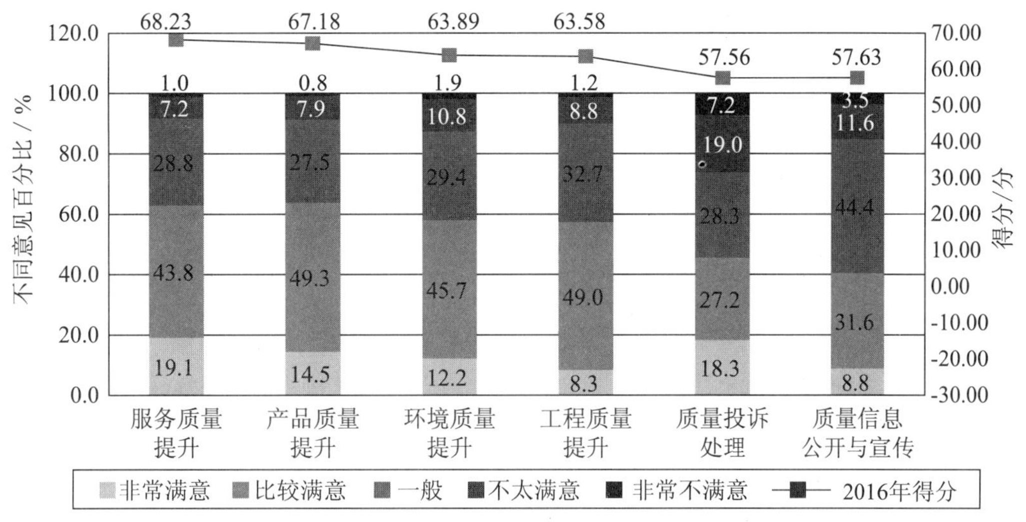

图 3－25　2016 年质量提升全国评价分布

2017 年，满意度最高的是服务质量提升（68.78 分），比 2015 年和 2016 年有了进一步的提升；满意度最低的还是质量投诉处理（54.57 分），是近 3 年中最低分。对质量投诉处理感到“不太满意”和“非常不满意”的有 26.4%，主要是因为投诉等待结果太长、各个部门相互推诿以及投诉举报没有得到相应的处理结果；质量信息公开与宣传得分为 61.39 分，比往年有所进步（图 3－26）。

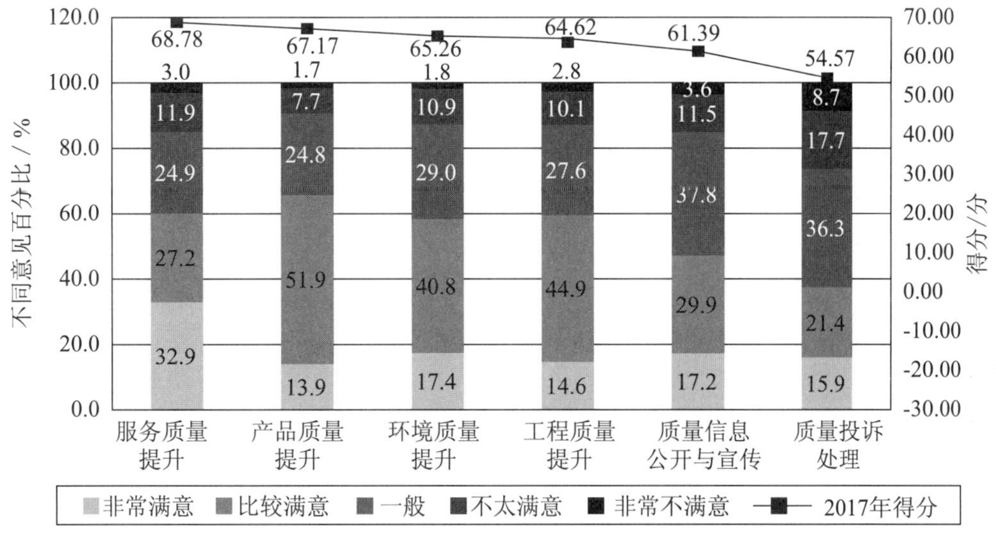

图 3－26　2017 年质量投诉、信息公开与宣传全国评价分布

三、结果分析

我国经济已由高速增长阶段转向高质量发展阶段，政府质量工作涉及人、财、物以及技术与政策支持等方方面面，需要投入大量细致的工作，各省政府要始终坚持以人民为中心的发展思想，从我国国情出发，尽力而为、量力而行，把人民群众最关切最烦心的事一件一件解决好，不断提升广大民众对政府质量工作的满意度，确保人民生活随着国家发展一年比一年更好。

（一）政府质量工作社会满意度 4 年稳步提升

2014—2017 年，各项质量满意度指标均连续 4 年平稳上升。其中，工程质量满意度指标得分连续 4 年最高，2017 年，工程质量方面各分项指标评价“非常满意”和“比较满意”的居民均超过了 60%。环境质量满意度指标虽然连续 4 年居于末位，但是从 2014 年到 2017 年环境质量满意度得分提升幅度超过了 25%，进步显著。2014—2017 年各项质量满意度指标提升幅度方面，2014—2015 年各项质量满意度指标提升巨大，尤其是环境质量满意度提升幅度超过了 21%；而 2015—2017 年两年期间各项质量满意度指标只是略有提高，各项质量满意度指标得分每年提升幅度均不足 2%，甚至出现“质量投诉处理”等细化指标出现满意度下降的情况。政府质量工作虽然取得了一定成效，但是 2014—2017 年各项质量满意度指标提升幅度出现减缓趋势，政府在现有工作成果基础上实现质量满意度稳定提升，仍然面临挑战。

（二）质量工作提升依然面临挑战

2014—2017 年，居民连续 4 年内对政府质量工作中不满意的主要是药品质量、食品质量、农产品质量、大气环境、水环境、售后服务、质量投诉处理。

药品质量方面，居民主要因为药品虚假宣传、假药多和疗效差的问题而不满意；食品质量方面，主要因为食品添加剂多而不满意；而对农产品不满意的主要因素为有农药残留和滥用激素或抗生素。民以食为天，食品、药品、农产品是关系民生的大事，保障食品、药品和农产品质量安全是老百姓最基本的要求。质量安全作为食品、药品和农产品质量监督的关键环节，各级政府应该不断强化食品、药品和农产品的质量监督工作。政府相关部门应该对“鸿茅药酒”等药品进行虚假宣传以及投放大量广告进行夸大药品疗效的企业、食品加工不符合食品安全的企业、农产品使用剧毒农药及滥用激素和抗生素的行为，进行严格监管和处罚，增加企业违法成本，让企业不敢违法。

生态文明建设是中华民族永续发展的千年大计，政府着力提高环境治理力度，广大居民对环境质量的关注度不断提高。受访者连续 4 年对环境质量的满意度最差，对大气环境不满意的主要原因是工业废气污染和汽车尾气，对水环境质量不满意的主要原因是工业污染和生活垃圾。我国经济已由高速增长阶段转向高质量发展阶段，我国正处于转变发展方式、优化经济结构、转换增长动力的攻关期，过去农业、工业和制造业粗放式发展对环境造成了严重污染，“癌症村”等污染恶果逐渐显现。随着十九大的胜利召开，“绿水青山就是金山银山”的理念正在树立，京津冀、长江经济带、雄安新区等重视生态文明建设的城市发展规划的实施，将逐渐带动全国的环境保护意识和环境治理能力不断提高，随着环境治理效果的不断体现，未来居民对环境治理的满意度将会逐渐改善。

据国家统计局的数据，近年来，各地区各部门坚持新发展理念，大力实施创新驱动发展战略，以供给侧结构性改革为主线，推进产业结构转型升级，服务业保持较快发展，规模持续扩大。2017 年，我国服务业增加值 427032 亿元，占 GDP 的比重为 51.6%，超过第二产业 11.1 百分点，成为我国第一大产业。服务业占比的不断提升，是我国经济结构重大变革的体现，售后服务受关注的程度也逐渐上升。受访居民对售后服务不满意，主要原因是响应慢、态度差、收费混乱不透明、服务内容与承诺不符。售后服务与商品质量息息相关，政府相关部门在售后服务方面的法律法规的制定，起步相对比较晚。2006 年，中华人民共和国商务部颁布了国内贸易行业标准 SB/T 10401—2006《商品售后服务评价体系》，其是我国第一部售后服务评价标准。2011 年 12 月 30 日，由中国商业联合会组织起草，国家质量监督检验检疫总局、国家标准化管理委员于会颁布了 GB/T 27922—2011《商品售后服务评价体系》，2012 年 2 月 1 日起实施，该标准由国家商务部归口。售后服务相关规章制度的落实需要经过实践检验，才能不断深入企业和居民等生产生活中。

除了与居民日常生活息息相关能够直观感受到的产品质量、环境质量和售后服务质量，质量投诉处理也是受访者连续 4 年评价不满意的项目。居民对质量投诉处理不满意的主要原因是嫌麻烦、不知道投诉举报途径以及预计得不到好的处理结果。随着“互联网+”发展战略的实施，政务信息化和数字化的发展势在必行，各级政府应该尽快借助互联网、大数据以及人工智能等先进科技技术，整合投诉渠道和平台，加大宣传力度，让居民对质量问题的投诉和处理更简捷，切实提高广大居民对政府质量工作的满意度。

在未来几年，本研究将继续调查各地受访者对政府质量工作的满意度，密切关注各项调查指标的发展趋势，发布公平、公正的调查结果，给政府提升质量工作提供有力参考。

第四章　政府质量工作满意度地理差异分析

本章按照我国传统的七大地理分区，“一带一路”，京津冀、长三角、珠三角三大经济发展区，对不同区域的产品质量、工程质量、服务质量、环境质量以及质量意识五大分项指标 2017 年的得分进行分析。

一、七大地理区域分析

将全国大陆地区 31 个省、自治区、直辖市根据地理区域划分为东北、华北、华东、华中、华南、西北、西南七大区域。其中各区域包括的省、自治区、直辖市为：

东北：黑龙江、吉林、辽宁（3 省）

华北：北京、天津、河北、山西（2 省 2 市）

华东：山东、江苏、上海、浙江、安徽、江西、福建（6 省 1 市）

华中：河南、湖北、湖南（3 省）

华南：广东、广西、海南（2 省 1 区）

西北：内蒙古、陕西、甘肃、宁夏、青海、新疆（3 省 3 区）

西南：重庆、四川、西藏、云南、贵州（3 省 1 市 1 区）

根据上述七大区域的划分，分别考察各区域及居民对政府质量工作满意度的情况，均采用加权平均法来计算各区域的总体分数和分指标分数。

通过对七大区域居民对政府质量工作的满意度调查发现，2017 年，华东地区居民满意度分数最高，达到 64.13 分，华南地区（62.48 分）排名第二，西南地区（61.35 分）第三，华北地区（60.74 分）第四，西北地区（60.46 分）第五，华中地区（58.75 分）第六，东北地区（58.71 分）倒数第一。

在考察各区域分项指标后发现：

华东地区各项指标和总分均高于全国平均水平，见图 4 - 1a)，其中，产品质量、工程质量、服务质量和质量意识得分在七大区域中排名第一，优势明显；

华南地区质量满意度总分（62.48 分），高于全国平均水平，排名第二。其中，环境质量（59.92 分）在七大区域排名第一，产品质量、工程质量、服务质量和质量意识均略高于全国平均水平，见图 4 - 1b)；

西南地区质量满意度总分（61.35 分）与全国平均水平（61.53 分）相当，排名第三，但是环境质量和质量意识均高于全国平均水平，总分低于全国平均水平主要是受产品质量

（59.40分）、工程质量（66.30分）和服务质量（59.06分）低于全国平均水平的影响，见图4－1c）；

华北地区质量满意度总分（60.74分）略低于全国平均水平（61.53分），排名第四，但是环境质量满意度（49.70分）尚未达到基准线，低于全国平均水平（55.82分）大约6分，严重拉低了华北地区的质量满意度总分，见图4－1d）；

西北地区质量满意度总分（60.46分）低于全国平均水平（61.53分），除了环境质量（57.17分）高于全国平均水平，产品质量（60.47分）、工程质量（63.58分）、服务质量（57.64分）和质量意识（61.96分）低于全国平均水平，见图4－1e）；

华中地区质量满意度总分（58.75分），排名第六，各项指标和总分均低于全国平均水平，见图4－1f）；

东北地区各项指标和总分均低于全国平均水平，排名倒数第一，见图4－1g）；

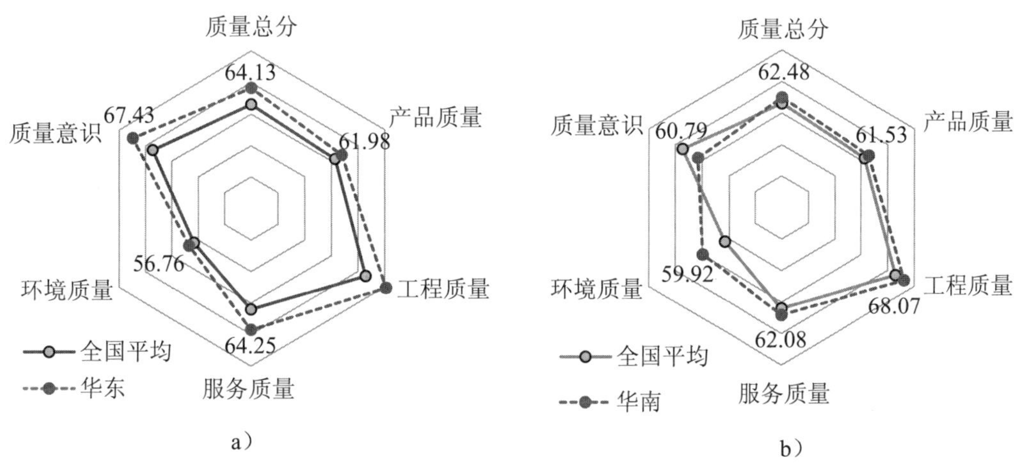

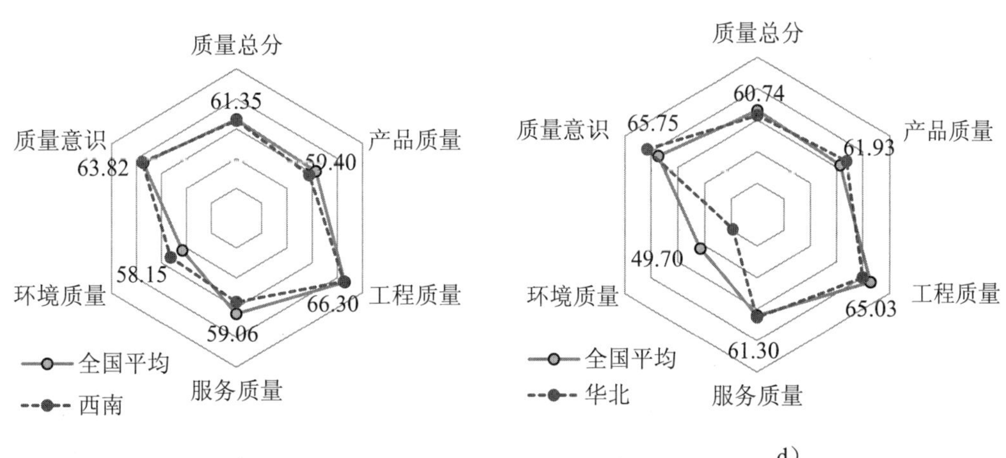

图4－1　2017年政府质量工作满意度七大区域各分项得分

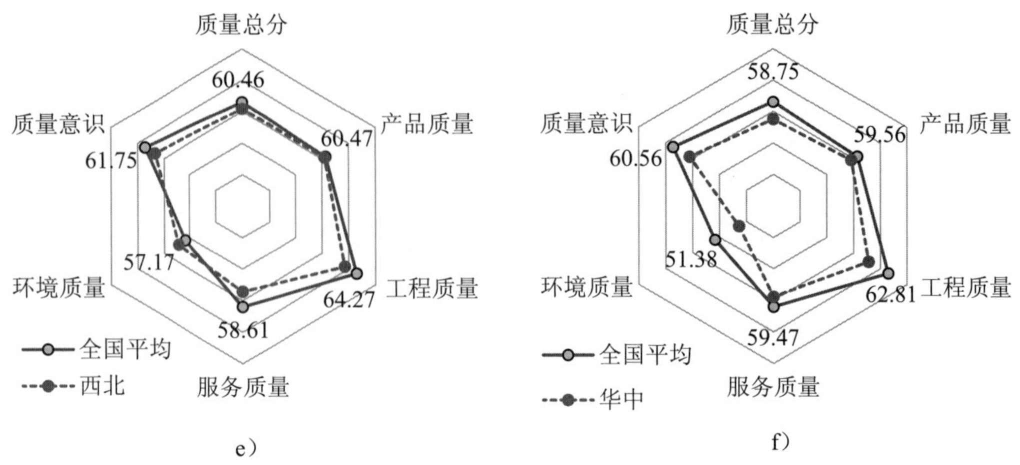

e）　　f）

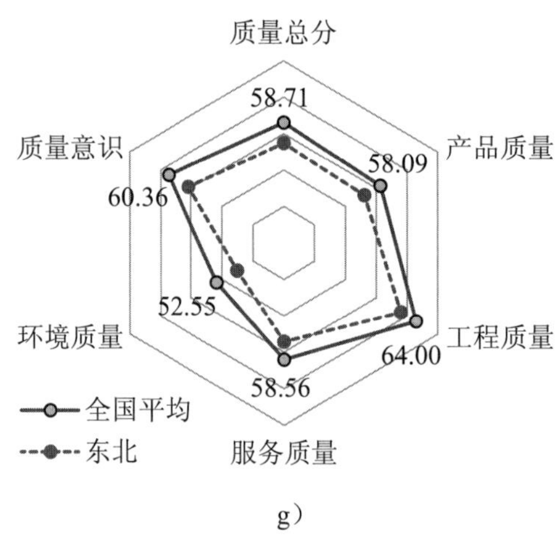

g）

图 4-1　2017 年政府质量工作满意度七大区域各分项得分（续）

1. 产品质量

七大区域居民对产品质量的满意度调查结果显示，2017 年，华东地区居民产品质量满意度得分为 61.98 分，排第一位；华北地区紧随其后，得分为 61.93 分，排名第二；华南地区 61.53 分，排名第三。产品质量满意度得分最低的是东北地区，58.09 分。西南地区（59.40 分）、华中地区（59.56 分）分别位列倒数第二和第三。

产品质量涵盖的各分项指标中，2017 年，药品质量满意度最高的是华北地区（57.31 分），最低的是东北地区（46.57 分，未超过基准线），西南地区（48.13 分）亦未超过基准线；农产品质量满意度最高的是西北地区，最低的是东北地区；食品质量满意度最高的是西北地区，最低的是华中地区；耐用消费品质量满意度最高的是华南地区，最低的是东北地区；快速消费品质量满意度最高的是华南地区，最低的是西北地区；进口产品质量满意度最高的是华东地区，最低的是西北地区；特种设备质量满意度最高的是华东地区，最低的是东北地区（表 4－1）。

表 4－1　2017 年产品质量满意度七大区域得分　　单位：分

地区	药品	农产品	食品	耐用消费品	快速消费品	进口产品	特种设备
东北	46.57	54.18	56.97	60.94	62.30	66.66	59.01
华北	57.31	55.13	56.49	65.63	66.14	67.79	65.00
华东	51.83	56.46	59.83	66.15	62.25	70.83	66.49
华南	51.33	56.23	56.19	70.07	64.94	68.14	63.82
华中	50.53	54.30	52.35	64.36	62.91	67.44	65.04
西北	54.43	59.83	60.18	63.72	61.00	64.33	59.80
西南	48.13	54.85	55.71	65.83	62.59	65.78	62.92

各地区居民对药品质量不满意的原因有所不同：西南、华南和华东地区居民主要是因为虚假宣传和假药多而不满意；西北地区居民主要是因为药品疗效差和假药多而不满意；华北地区主要是因为药品虚假宣传；华中和东北地区居民主要因为药品疗效差和虚假宣传而不满意（图 4－2）。

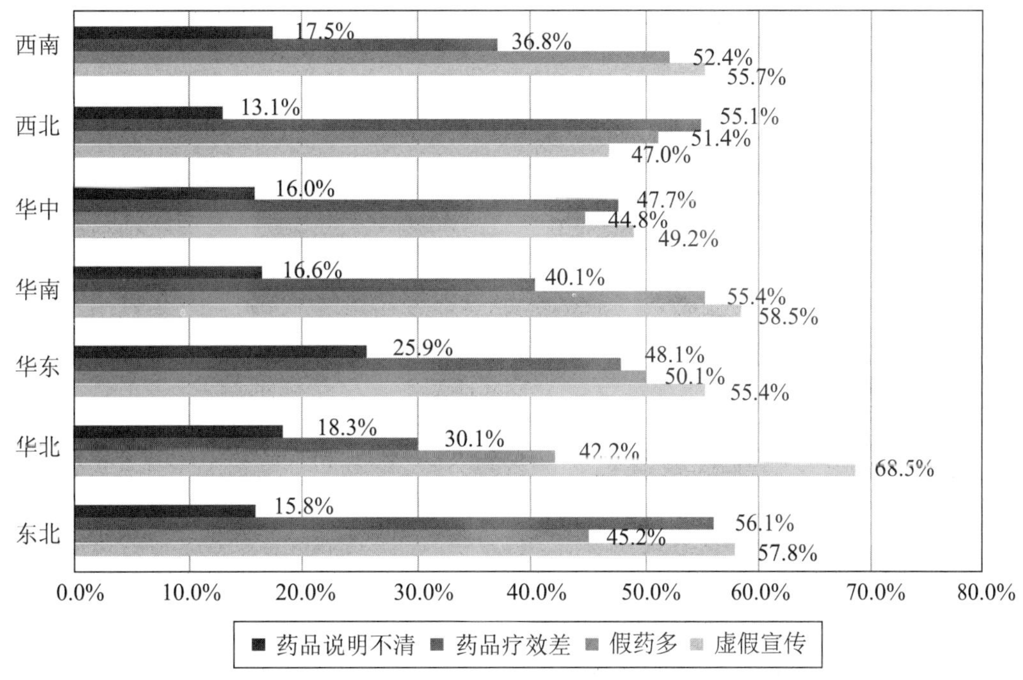

图 4－2　药品质量不满意原因

居民不满意的食品类型方面，7 个地区有所差异：西南、西北和华中地区居民主要对速冻食品和乳制品不满意，华南地区主要对速冻食品不满意，华东地区居民主要对饼干膨化食品不满意，华北地区居民主要对乳制品和饼干膨化食品不满意，东北地区主要对乳制品不满意（图 4－3）。全国七大地区对食品质量不满意原因一致：食品添加剂过多（图 4－4）。

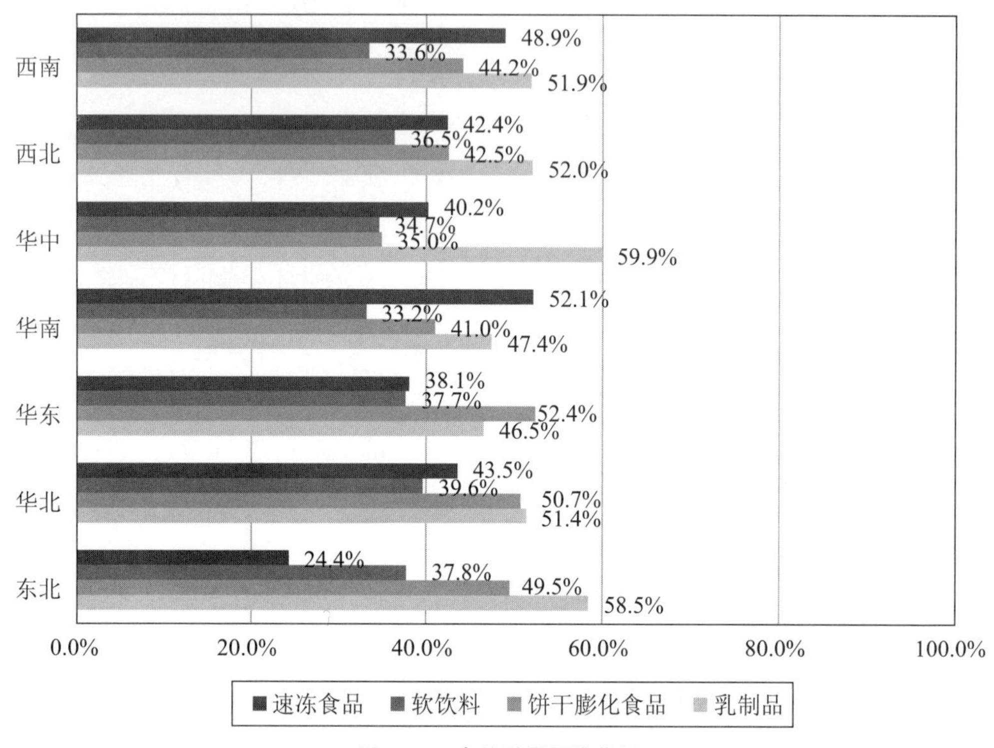

图 4－3　食品质量不满类型

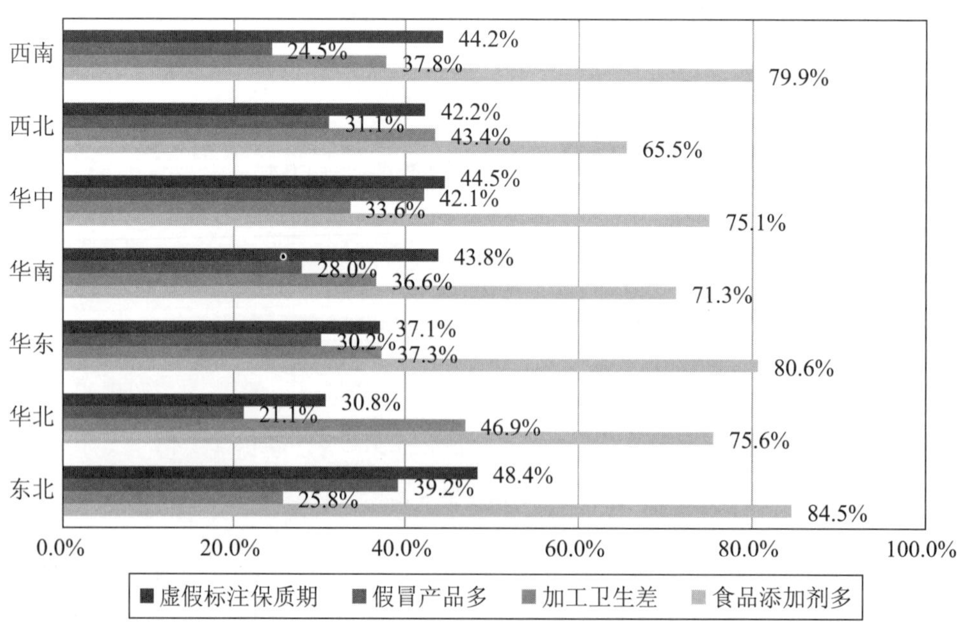

图 4－4　各地居民对食品质量不满意原因

农产品质量方面，由于气候、饮食习惯以及种植技术不同，不同地区居民对农产品不满意涉及不同的农产品类型，东北、华北地区居民主要对水果和蔬菜的满意度比较低；华南地区居民对肉类满意度最低，对蔬菜满意度低；华东、西南地区居民主要对蔬菜满意度低，其次对肉类和水果满意度低；西北地区居民主要对蔬菜不满意；华中地区居民主要对肉类和蔬菜不满意（图 4－5）。全国居民对农产品质量不满意的原因相同，都是因为农药残留和激素抗生素滥用。农产品种植过程中由于农药使用不规范导致农产品农药残留超标、养殖过程中滥用激素和抗生素导致肉类产品激素和抗生素残留，对居民的健康造成不良影响，随着居民健康养生观念的增强，居民对农产品质量要求越来越高，监管部门应该加强对农产品种植养殖的规范，加大检查力度，确保食品安全（图 4－6）。

在家用电器、手机电脑等耐用消费品质量方面，西南、西北、华中、华南、东北 5 个地区的居民主要是因为这些耐用消费品在使用过程中不耐用；华东地区居民主要是对耐用消费品的安全性和耐用性不满意；华北地区居民主要因为能耗高而不满意（图 4－7）。

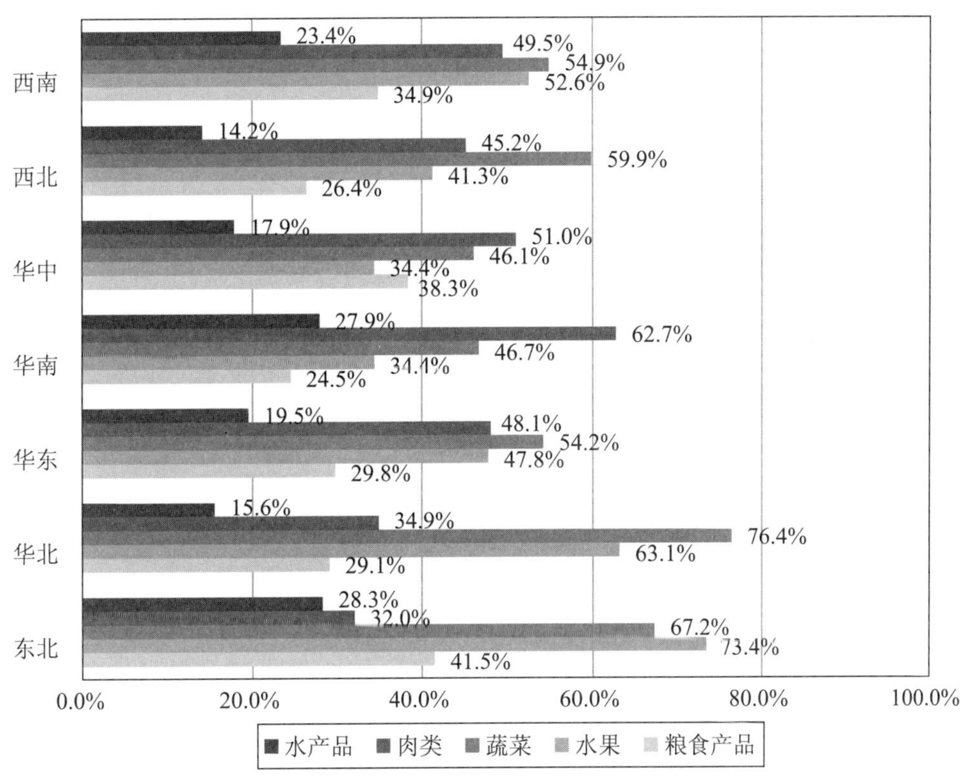

图 4－5 农产品质量不满类型

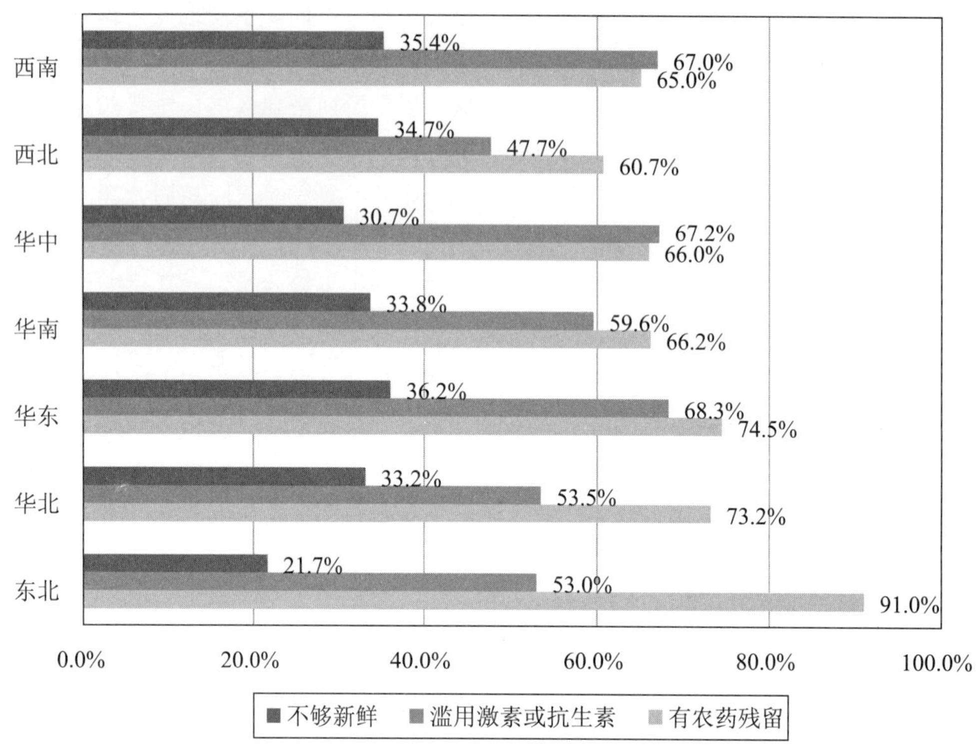

图 4－6　农产品质量不满意原因

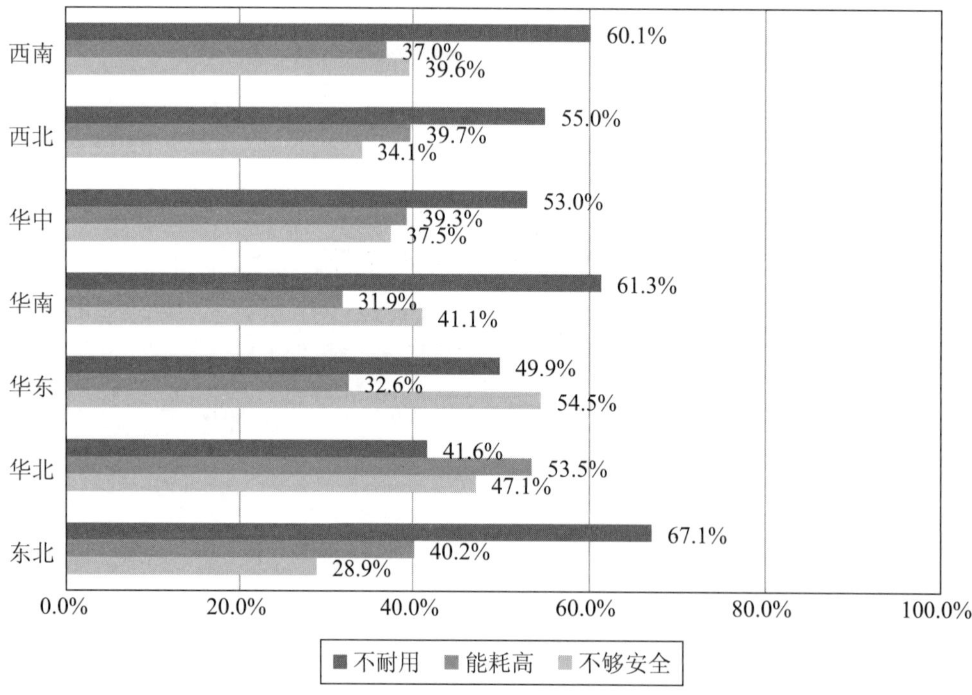

图 4－7　耐用消费品质量不满意原因

服装、日化等快速消费品质量方面，西南、西北、华中、华南和华北地区居民主要因为假冒产品多而不满意；华东地区居民主要因为快速消费品存在虚假成分标注和含有毒有害物质而不满意；东北地区居民主要因为快速消费品中假冒产品多以及含有毒、害物质而不满意（图 4-8）。

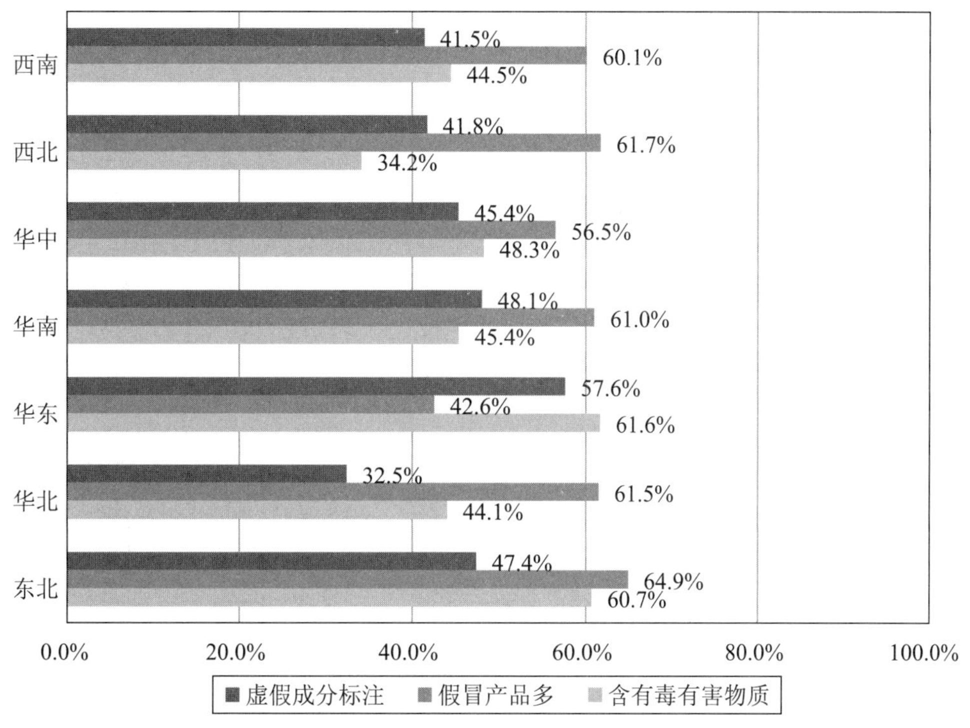

图 4-8　快速消费品质量不满意原因

健身器材、游乐场设施、公用电梯等特种设备质量方面，七大区域居民不满意原因存在共性，这些特种设备缺乏定期维修、存在设施故障（图 4-9）。随着城镇化进程的不断推进以及居民对美好生活的向往越来越强，特种设备的使用将越来越广泛，社会各界在特种设备使用过程中需要树立强烈的定期维修和保养意识，维修和监督责任主体需要明确。

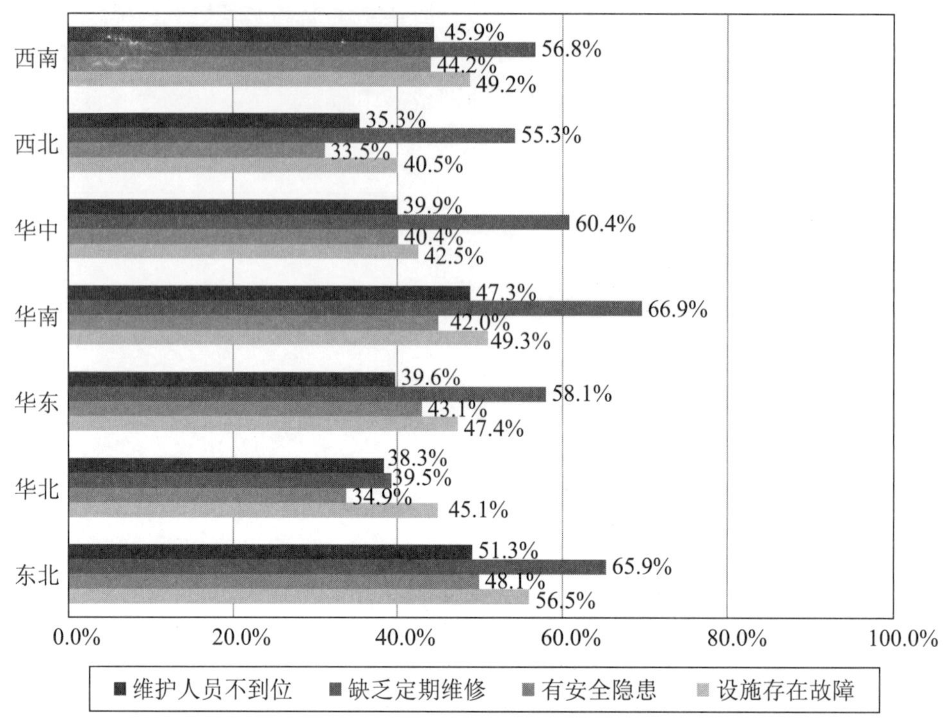

图 4-9 特种设备质量不满意原因

2. 工程质量

七大区域居民对工程质量满意度的调查结果显示，2017 年，华东地区居民工程质量满意度分数最高，达到 70.25 分，华南（68.07 分）和西南（66.30 分）地区紧随其后。工程质量满意度得分最低的是华中地区，62.81 分。东北（64.00 分）、西北（64.27 分）地区分别位列倒数第二、三。

工程质量社会满意度涵盖的各分项指标中，住宅建筑质量和交通建设工程质量满意度最高的都是华东地区；住宅建筑质量满意度最低的是西北地区；交通工程建设质量满意度最低的是华中地区（表 4-2）。

表 4-2 2017 年工程质量社会满意度七大区域得分 单位：分

地区	住宅建筑	交通建设工程
东北	61.29	63.51
华北	65.63	65.48
华东	68.47	69.58
华南	67.18	65.20

表 4-2（续）　　单位：分

地区	住宅建筑	交通建设工程
华中	64.56	61.12
西北	62.61	64.55
西南	63.69	64.31

居民对住宅建筑质量的不满意原因方面，随着政府近几年对城镇居民的棚户区改造和对农村居民危旧房改造力度逐渐加大，房屋裂缝漏水问题已经不是全国性居民不满意的主要因素，只是西南和华南等降水多地区居民不满意的首要因素；隔音隔热效果差是西北、华北和东北等低温区域居民的首要不满意因素；隔音隔热效果和消防通道方面是华中和华东地区居民的主要不满意因素（图 4-10）。

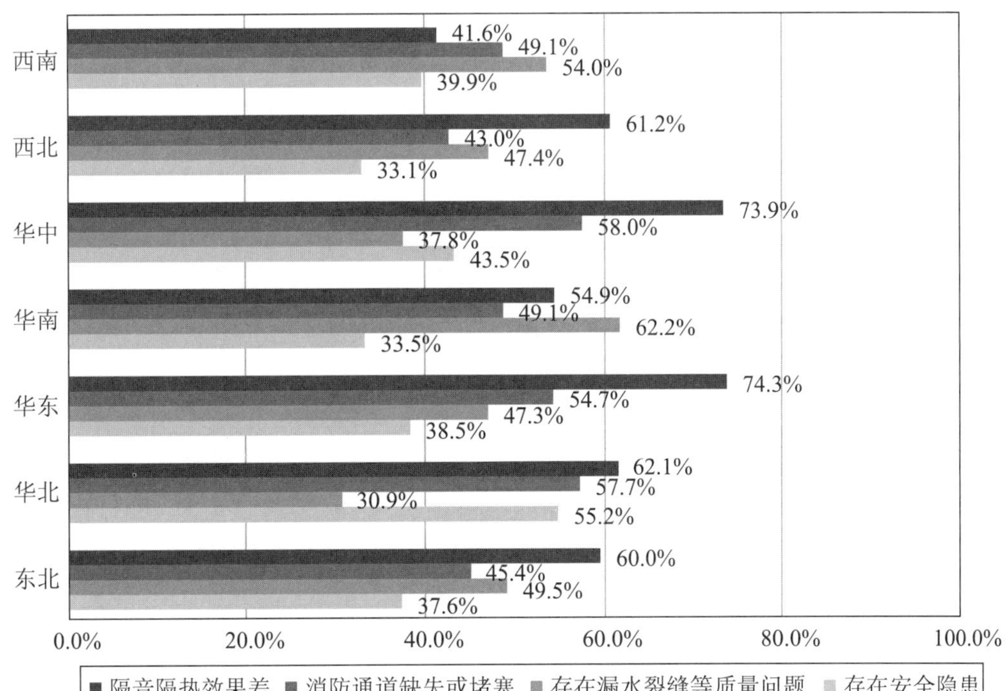

图 4-10　各区域居民对住宅建筑质量不满意的原因

交通建设工程质量方面，“建设过程中存在偷工减料现象”是华中、华南地区居民首要不满意的因素；“主体结构质量差”是西南、西北、华东、华北和东北地区居民首要不满意因素；交通建设中“指示标识不清”在华南和东北地区居民也是主要不满意因素（图 4-11）。

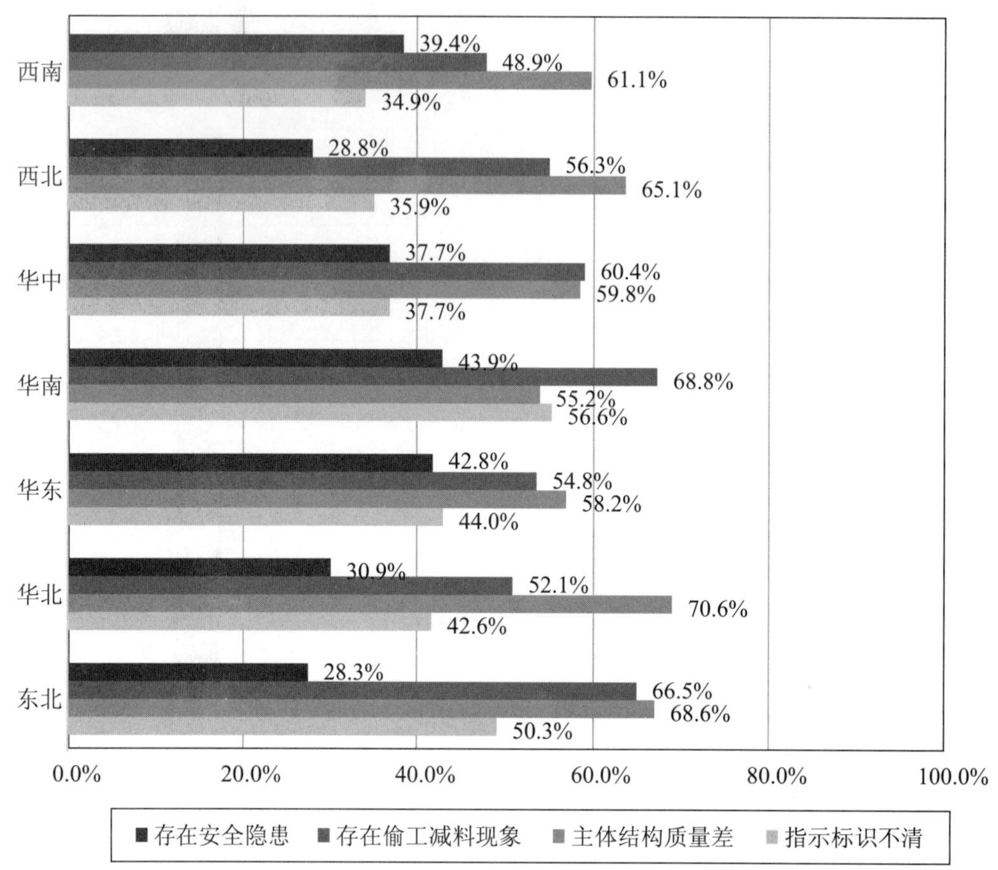

图 4－11　交通建设工程质量不满意原因

3. 服务质量

七大区域居民对服务质量满意度的调查结果显示，2017 年，华东地区居民服务质量满意度分数最高，达到 64.25 分，华南地区（62.08 分）和华北地区（61.30 分）紧随其后。服务质量满意度总分最低的是东北地区，58.56 分。西北地区（58.61 分）、西南地区（59.06 分）分别位列倒数二、三。

服务质量满意度中生产性服务质量满意度涵盖的各分项指标中，短途公交、长途公交、通信网络服务、银行服务、电子商务服务五个分项得分最高都是华东地区，保险服务、物流及快递服务得分最高的是华北地区；短途公交服务、银行服务和电子商务服务得分最低的是东北地区，长途交通服务得分最低的是西北地区，通信和网络服务得分最低的是西南地区，保险服务得分最低的是华中地区，物流及快递服务得分最低的是西北地区（表 4－3）。

表 4-3 2017 年生产性服务质量满意度七大区域得分 单位：分

地区	短途公交	长途公交	通讯和网络	银行	保险	电子商务	物流及快递
东北	58.97	59.78	61.66	57.63	60.30	55.85	64.35
华北	67.19	63.28	63.34	60.80	62.15	58.41	68.13
华东	70.23	69.08	68.28	64.66	60.22	61.67	68.09
华南	66.04	67.22	60.41	62.82	58.78	58.15	66.03
华中	65.32	63.51	58.37	61.18	58.31	56.06	65.45
西北	61.56	59.15	61.59	58.84	61.10	57.28	58.74
西南	63.07	63.53	57.25	61.52	61.92	55.92	61.71

服务质量满意度中生活性服务质量满意度涵盖的各分项指标中，中小学教育服务、医疗服务、养老服务、公共事业服务、旅游服务、公共文体服务、家政服务、家庭装修服务得分最高的都是华东地区，售后服务得分最高的是华北地区（表 4-4）。中小学教育和医疗服务得分最低的是西北地区，养老服务、公共文体服务和家庭装修服务得分最低的是东北地区，公共事业服务、旅游服务和家政服务得分最低的是西南地区，售后服务得分最低的是华中地区（表 4-4）。

表 4-4 2017 年生活性服务质量满意度七大区域得分 单位：分

地区	中小学教育	医疗	养老	公共事业	旅游	公共文体	家政	家庭装修	售后服务
东北	62.77	56.84	57.84	63.44	57.93	57.80	56.92	53.63	51.45
华北	60.49	59.77	63.73	62.34	60.42	64.37	56.97	56.44	55.44
华东	65.84	64.77	65.27	66.56	63.46	67.52	59.99	60.68	53.17
华南	63.11	61.97	63.42	65.92	61.68	66.34	58.28	59.48	55.09
华中	61.76	56.62	58.18	63.54	60.28	60.34	56.60	55.51	51.29
西北	60.44	56.37	58.39	60.29	59.65	59.61	56.43	56.11	54.20
西南	60.94	56.48	60.92	59.96	57.92	60.48	55.67	54.87	54.49

各地区居民对短途交通服务质量不满意的原因，西南、西北和华中地区居民主要因为等待时间长和过于拥挤而不满意；华南地区居民主要因为等待时间长而不满意，其次因为不够便捷和过于拥挤而不满意；华东地区居民对短途交通不满意的首要原因是等待时间过长，次要原因是不够便捷，第三原因是过于拥挤；华北地区居民首要不满意原因是不够便捷，次要原因是过于拥挤，第三原因是等待时间过长；东北地区居民不满意首要原因是等待时间过长，其次是过于拥挤，第三原因是不够便捷（图 4-12）。

各地居民对长途交通服务质量不满意方面，西南、西北、华中、华南和华北地区居民不满意的首要因素是工作人员态度差，次要原因是延误不准点；华东地区居民不满意首要因素是延误不准点，第二因素是工作人员态度差；东北地区居民不满意首要因素是价格太高，次要因素是延误不准点，第三因素是工作人员态度差（图 4-13）。

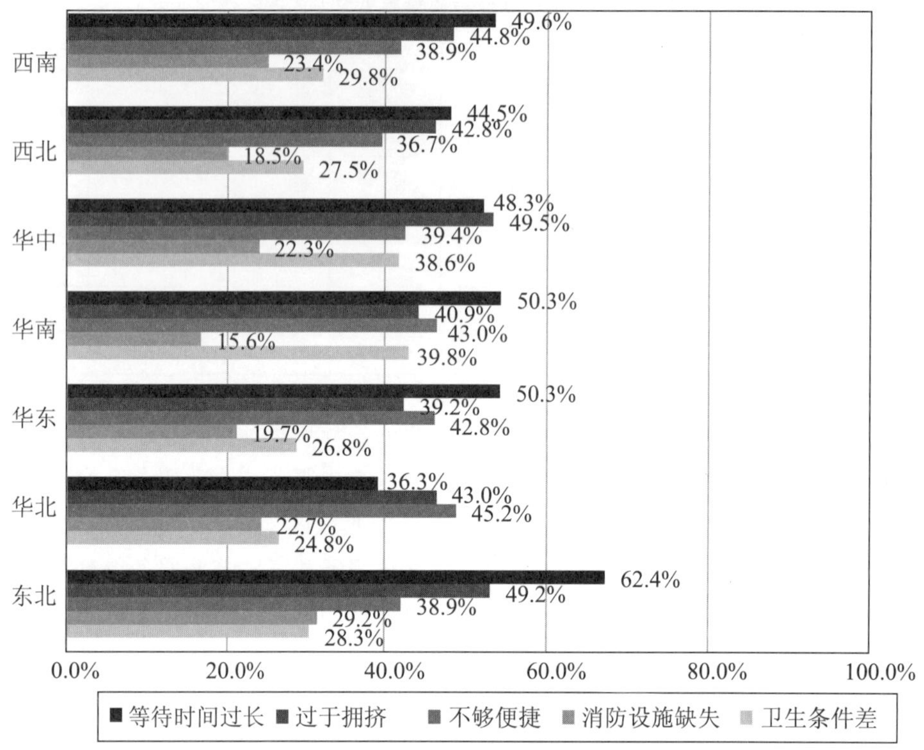

图 4－12　短途交通服务质量不满意原因

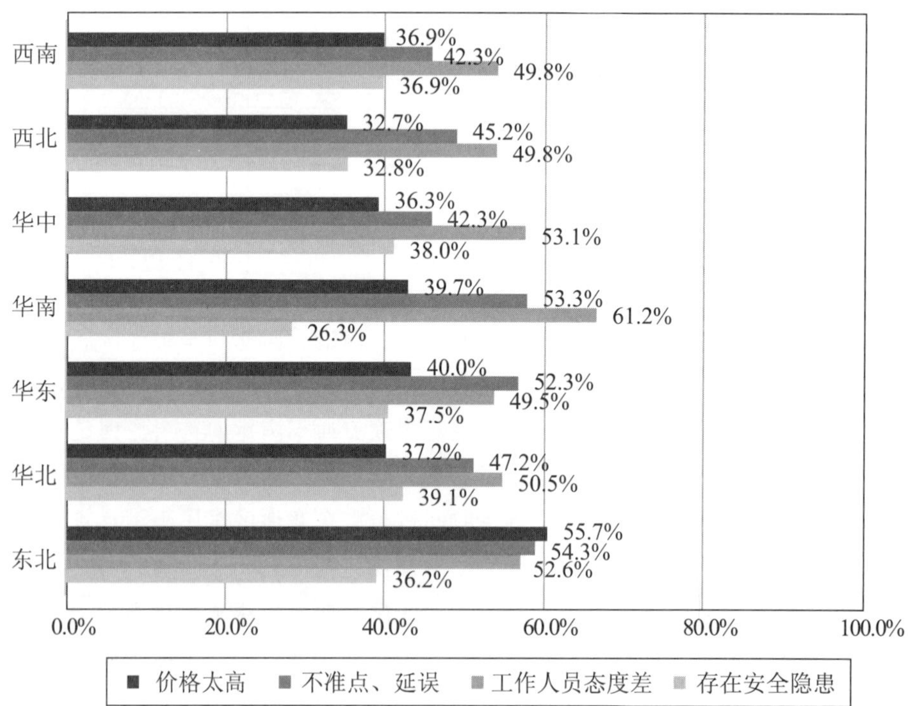

图 4－13　长途交通服务质量不满意原因

在通信网络服务质量不满的原因方面，华中、华南和东北地区居民不满意的首要因素是信息不安全，次要原因是网络速度慢；西南地区居民不满意的首要因素是信息不安全，次要因素是信号强度差，第三因素是网络速度慢；西北地区居民不满意的首要因素是网络速度慢、次要因素是信息不安全，第三因素是信号强度差；华东地区居民不满意首要因素是网络速度慢，次要因素是资费过高，第三因素是信息不安全；华北地区居民不满意首要因素是网络速度慢，次要因素是信息不安全，另外信号强度差和资费过高也是重要因素（图 4－14）。通信网络服务是发展“互联网＋”战略的基础，所以，最近几年政府要求通信网络服务“提网速、降费用”是非常有必要的，另外在信息安全性方面也是服务商应该注重的方面，国家应该建立完善的法律法规保障通信网络用户的信息安全。

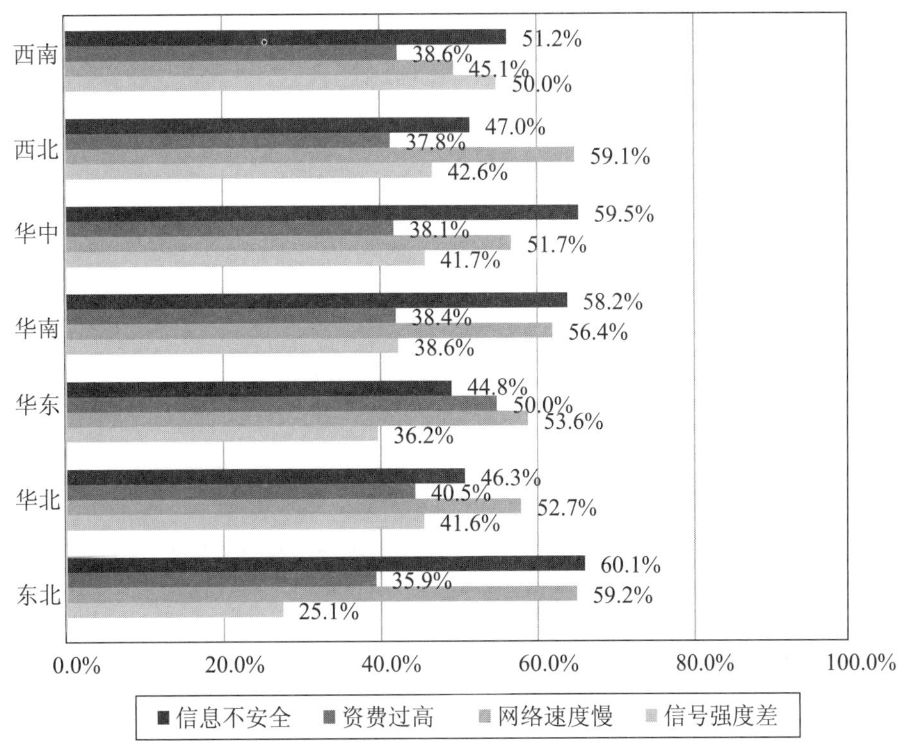

图 4－14 通信服务质量不满意原因

居民对银行服务质量不满意调查结果显示，西南、西北、华中和华南地区居民的首要不满意因素是办业务等待时间长；华东、华北和东北地区居民的首要不满意因素是银行网点分布不合理。随着银行业在信息科技方面的进步、智能网点的推广，居民办理业务将逐渐从柜面转向银行自助机具，等待时间会逐渐减少（图 4－15）。

居民对保险服务质量不满意主要是因为理赔困难和保险收益被夸大，2017 年西南、华南和华东地区居民不满意的首要原因是理赔困难；西北、华中、华北和东北地区居民不满意首要原因是夸大收益。随着保险行业的发展以及保险推销力度的增加，2017 年，各地区居民对保险销售人员骚扰电话不满意的占比较 2016 年增长明显（图 4－16）。

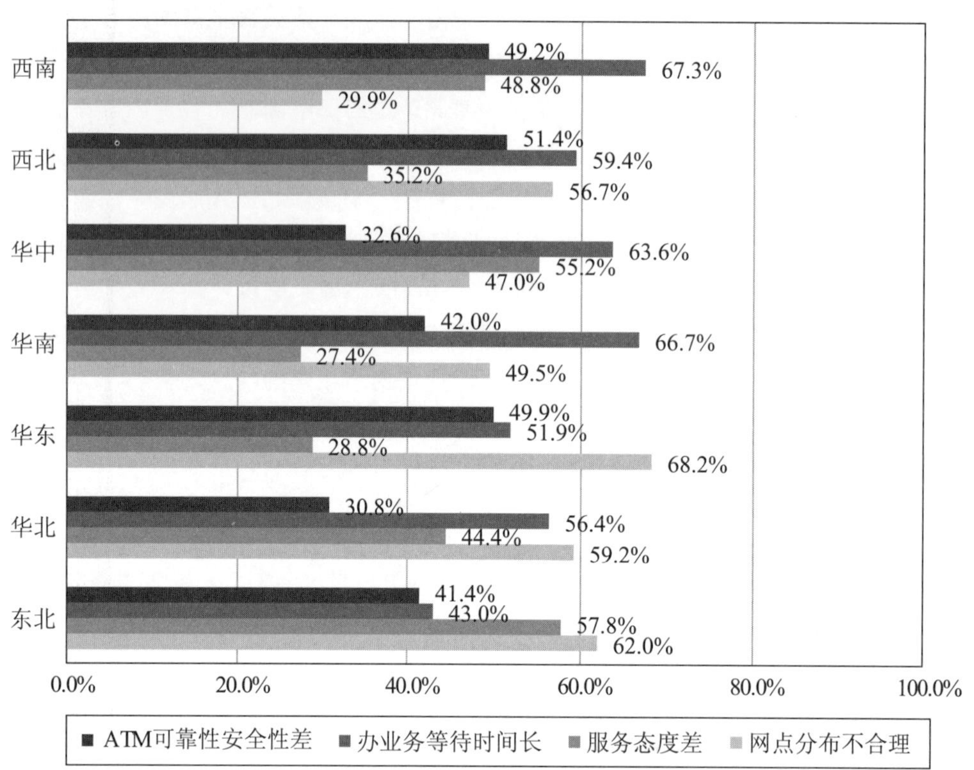

图 4－15　银行服务质量不满意原因

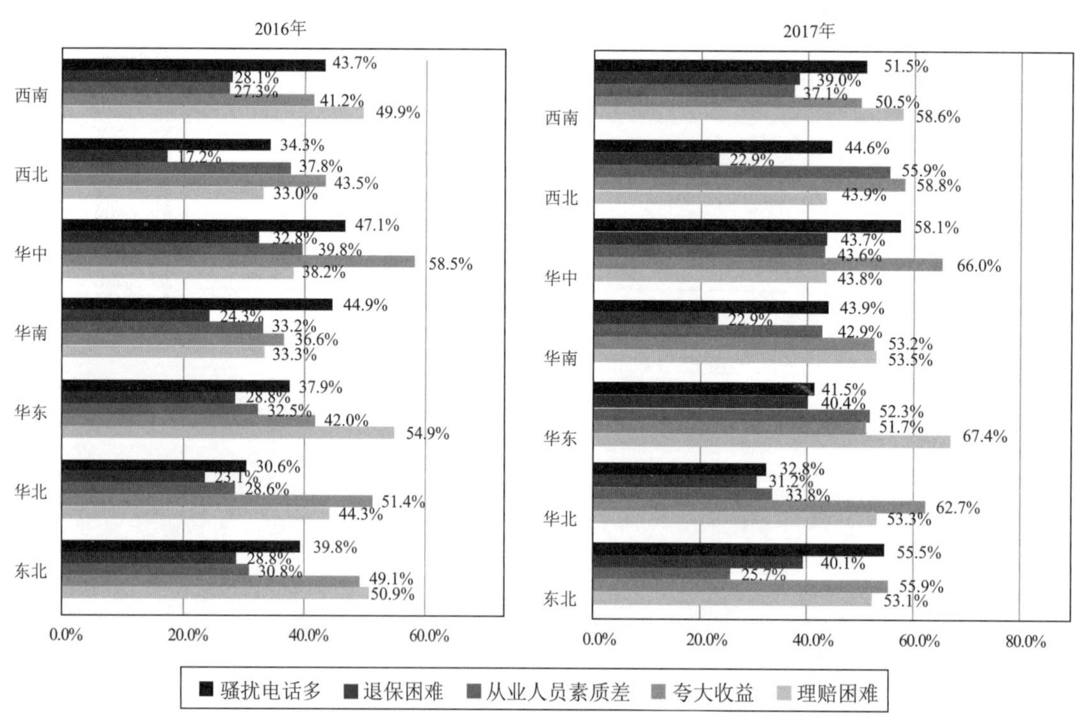

图 4－16　保险服务质量不满意原因

2017 年，居民对电子商务服务质量不满意方面的调查结果显示，西南、西北、华南和东北地区居民首要不满意因素是商品质量，次要因素是商家诚信不足；华中、华北地区居民首要不满意因素是商家诚信不足，次要因素是商品质量，第三因素是交易安全性；华东地区首要不满意因素是交易安全性，次要因素是商家诚信不足，第三因素是商品质量。随着居民生活方式转变，网络购物从城市到农村几乎无处不在，2017 年各地居民对商品质量问题和商家诚信不满意的占比较 2016 年有了明显增长，“质量第一”“诚实守信”理念在基层民众和商家中需要继续加强（图 4－17）。

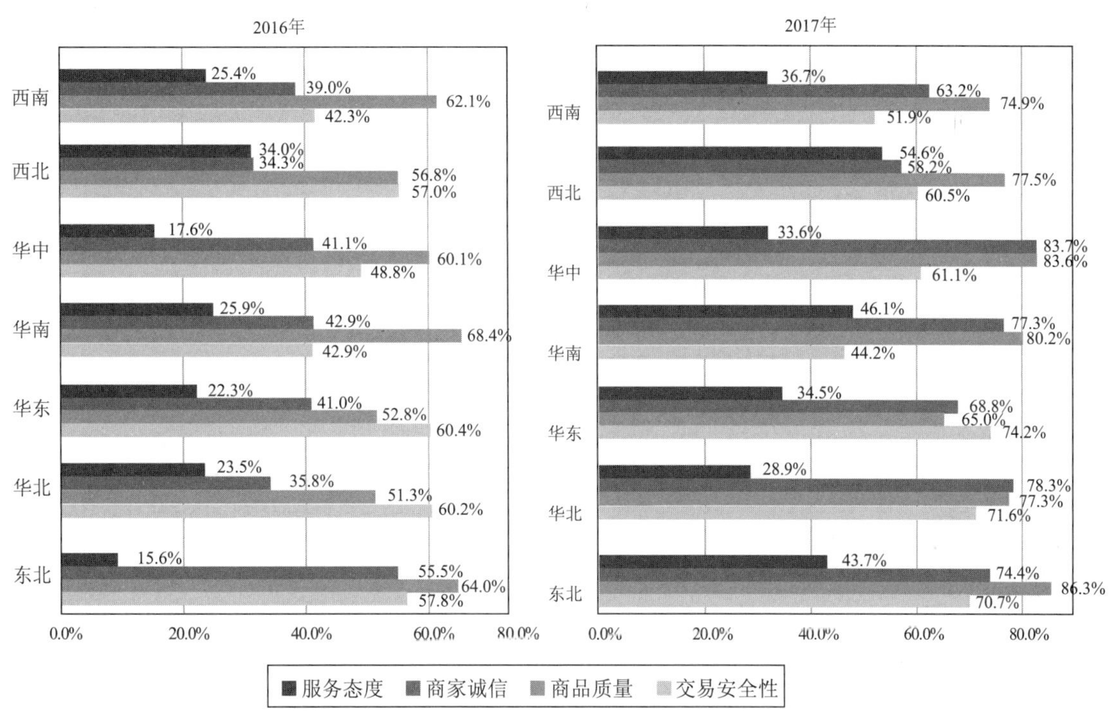

图 4－17　电子商务服务质量不满意原因

各区域居民对快递物流服务质量不满意的原因方面，华中和华南地区居民不满意的首要原因是快递员态度差，次要原因是送达不准确；西北和华北地区居民不满意的首要原因是送达不准确，次要原因是送达不及时，第三原因是快递员态度差；华东和东北地区居民不满意首要原因是送达不及时，第二原因是快递员态度差，第三原因是送达不准确；西南地区居民不满意主要原因是送达不准确（图 4－18）。

中小学教育质量方面，全国各地居民对教育资源分布均衡性和教师素质的要求逐渐提高，西南、西北、华中、华南、华东和华北地区居民对中小学教育质量不满意，首要原因是教育资源分布不均，次要原因是教师素质低；第三原因是校园环境差；东北地区居民主要不满意原因是校园环境差和教室素质低（图 4－19）。孩子教育关系国家未来，随着中小学义务教育的普及以及计划生育政策的调整，优质教育资源紧缺可能成为很多地区的常态，地方政府在均衡教育资源和提供教师素质方面仍然面临严峻挑战。

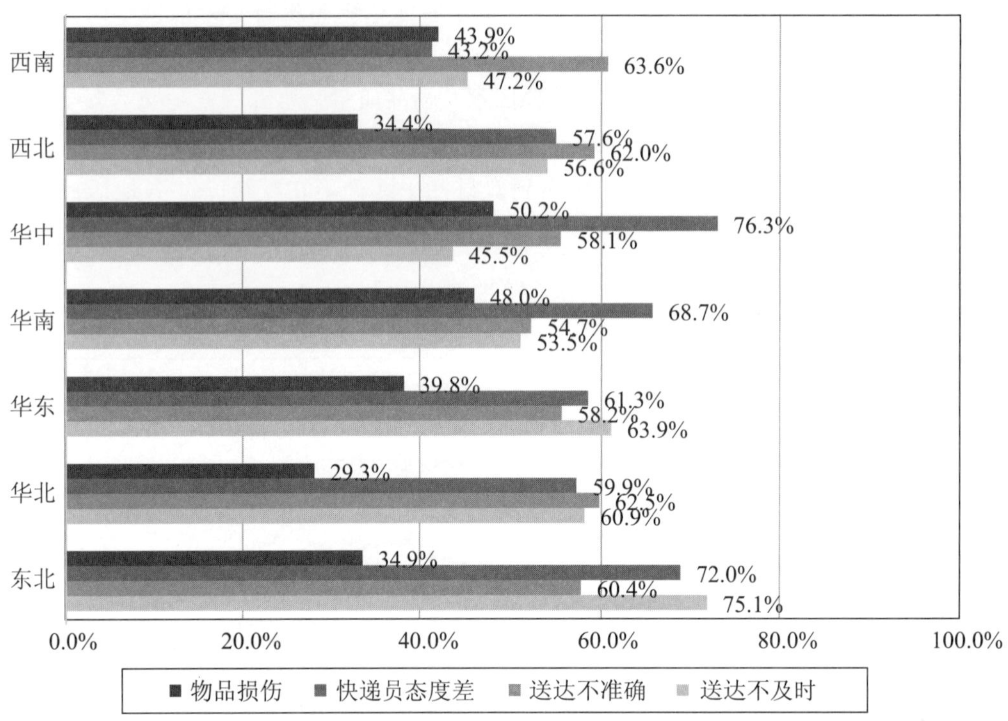

图 4 - 18　快递物流服务质量不满意原因

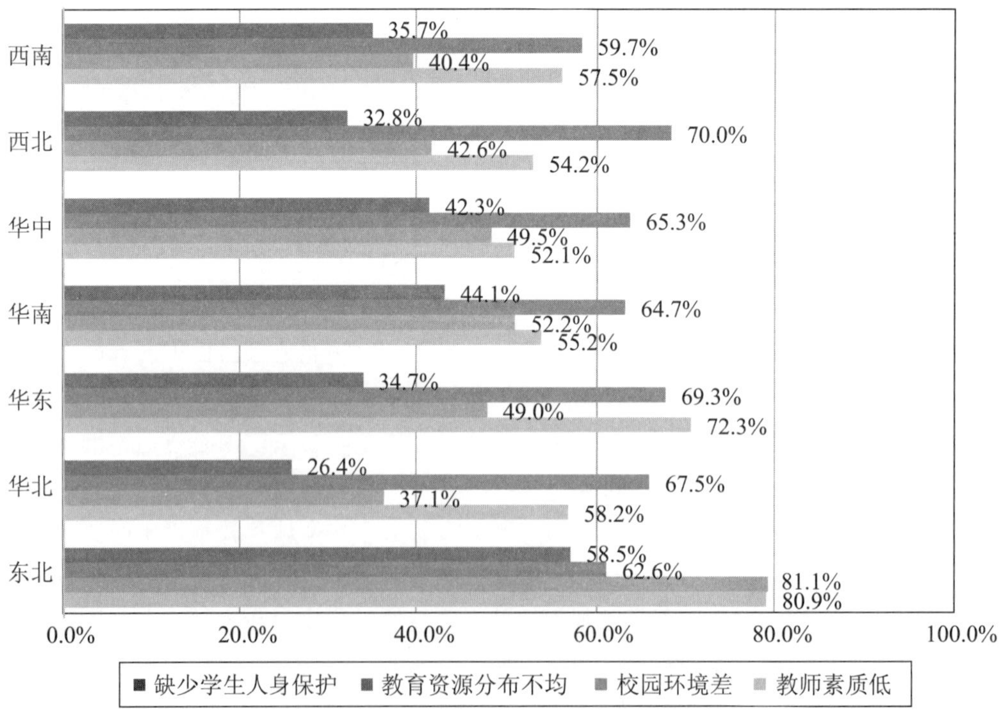

图 4 - 19　中小学教育质量不满意原因

医疗服务质量方面，2017 年收费合理性问题仍然是各地区居民不满意的主要因素之一，但是就医便捷性问题成为西北、华南、华东、华北和东北地区的首要因素，但 2016 年这些地区居民首要不满意因素是收费合理性（图 4－20）。东北地区居民 2017 年对医疗水平不满意占比较 2016 年出现明显提高，值得地方政府关注。

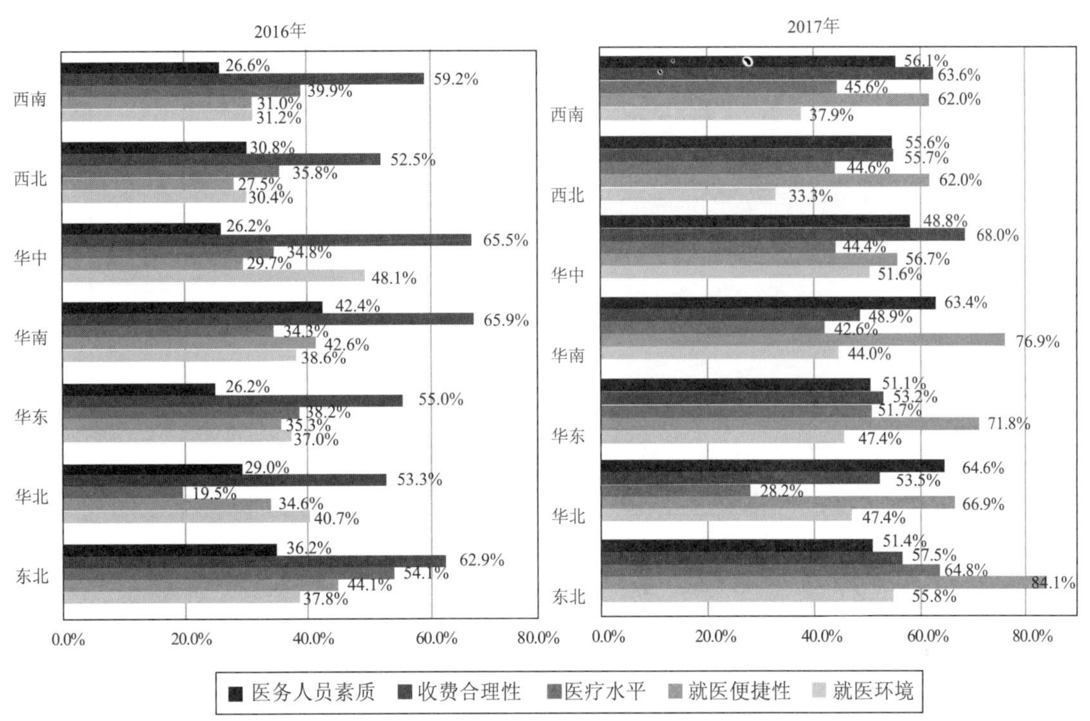

图 4－20　医疗服务质量不满意原因

居民对养老服务质量不满意方面，西南、西北、华中和东北地区居民不满意的首要原因是养老护理设施不足；第二原因是养老服务短缺，第三原因是护理人员素质差；华南、华东和华北地区居民不满意的首要原因是养老服务短缺，第二原因是护理设施不足（图 4－21）。

居民对供水、管道燃气等市政公共事业服务质量不满意的调查结果显示，西南、西北、华中、华东、华北和东北地区居民首要不满意因素是服务便利性不足，华南地区居民首要不满意因素是安全保障不足。综合而论，各地居民对市政公共服务的要求是服务便利、有安全保障以及工作人员服务态度要好（图 4－22）。

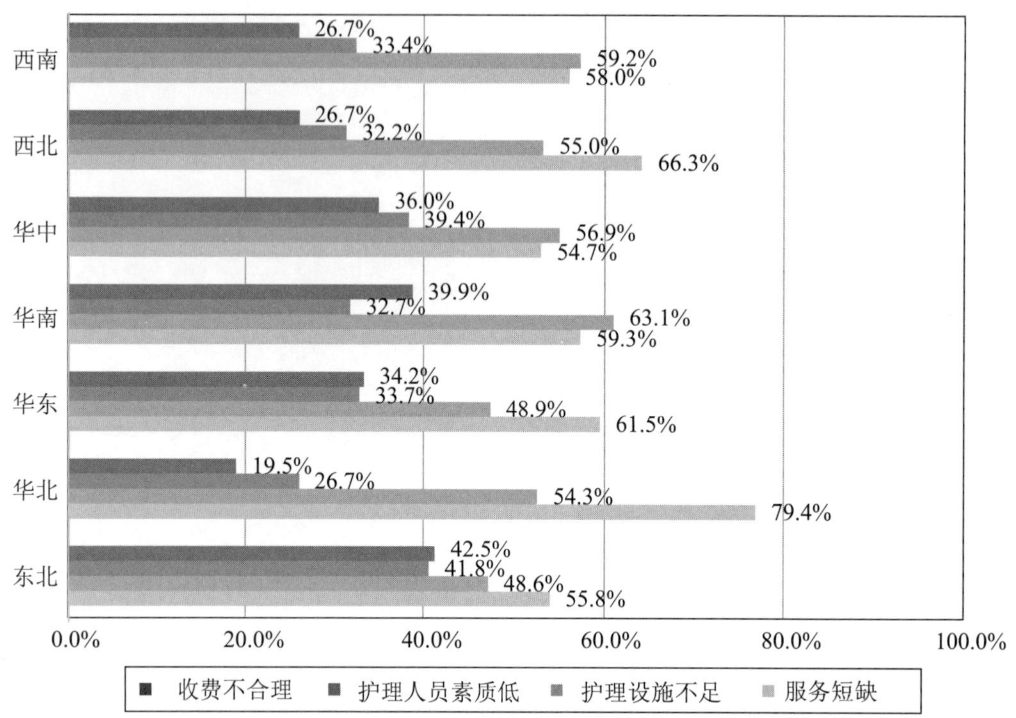

图 4－21　养老服务质量不满意原因

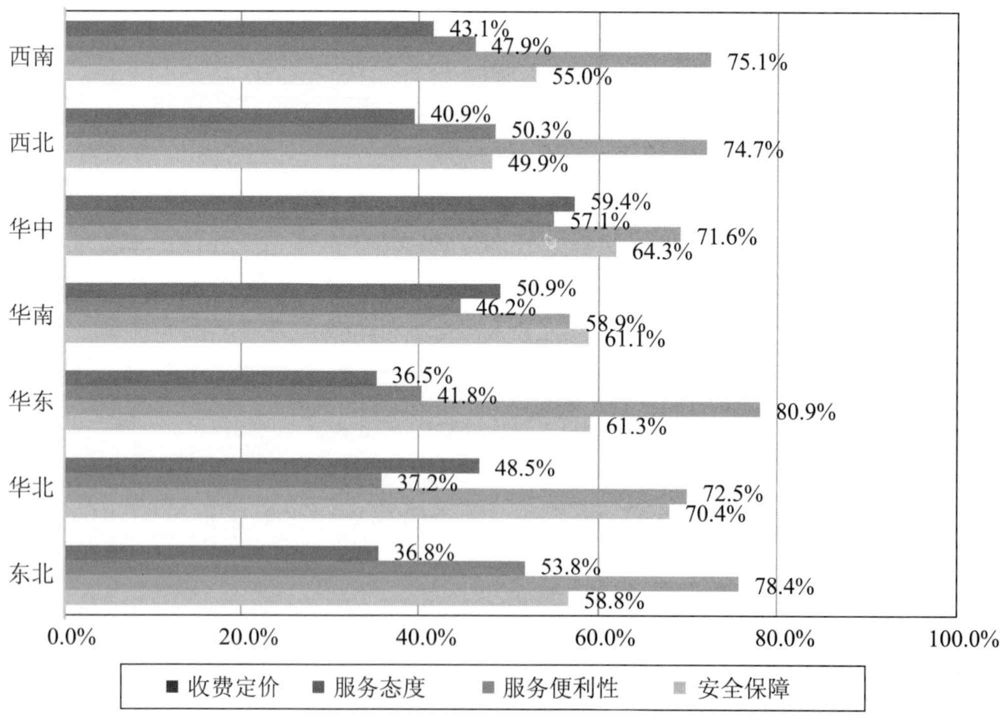

图 4－22　公共事业质量不满意原因

居民对旅游服务质量不满意的调查结果显示，西南、华北地区居民首要不满意因素是景区卫生问题，次要因素是景区硬件设施不足问题；西北、华南和华东地区居民首要不满意原因是景区硬件设施问题；西北和东北地区居民首要不满意原因是硬件设施，次要原因是景区卫生，第三原因是景区便民服务不足。华中地区居民首要不满意原因是景区便民服务不足，次要原因是硬件设施不足，第三原因是景区卫生（图 4－23）。

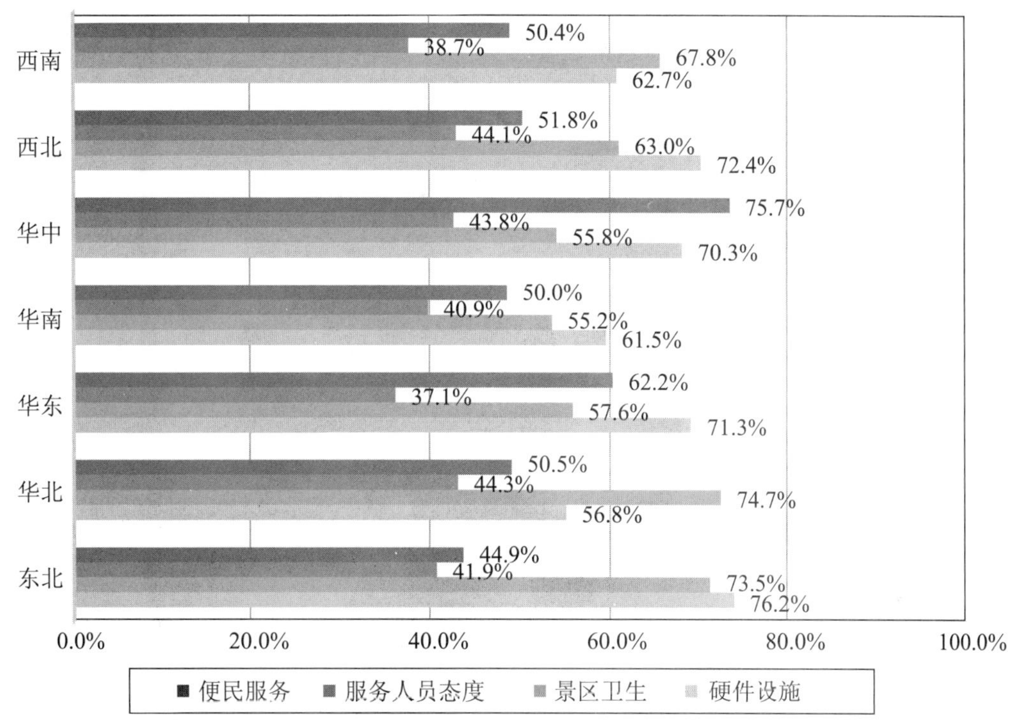

图 4－23　旅游服务质量不满意原因

居民对公共文体服务质量不满意的结果显示，各地居民不满意原因相同，不满意首要原因是缺少图书馆体育馆等公共设施，第二原因是缺少组织文体活动，值得注意的是东北地区居民认为公共设施长期被占用也是导致他们不满意的重要原因（图 4－24）。

居民对家政服务质量不满意的原因调查结果显示，2017 年比 2016 年出现明显变化，居民关注的焦点从家政服务人员提高到监管和市场秩序的高度，居民从关注现象改为关注市场和监管。2016 年各地区居民不满意主要由于家政服务服务人员素质差，但是 2017 年居民对家政服务不满意原因变化明显。西南、华中、华北和东北地区居民两大不满意因素是服务人员素质差和服务监管缺位；西北和华南地区居民首要不满意因素是家政服务市场秩序混乱（图 4－25）。

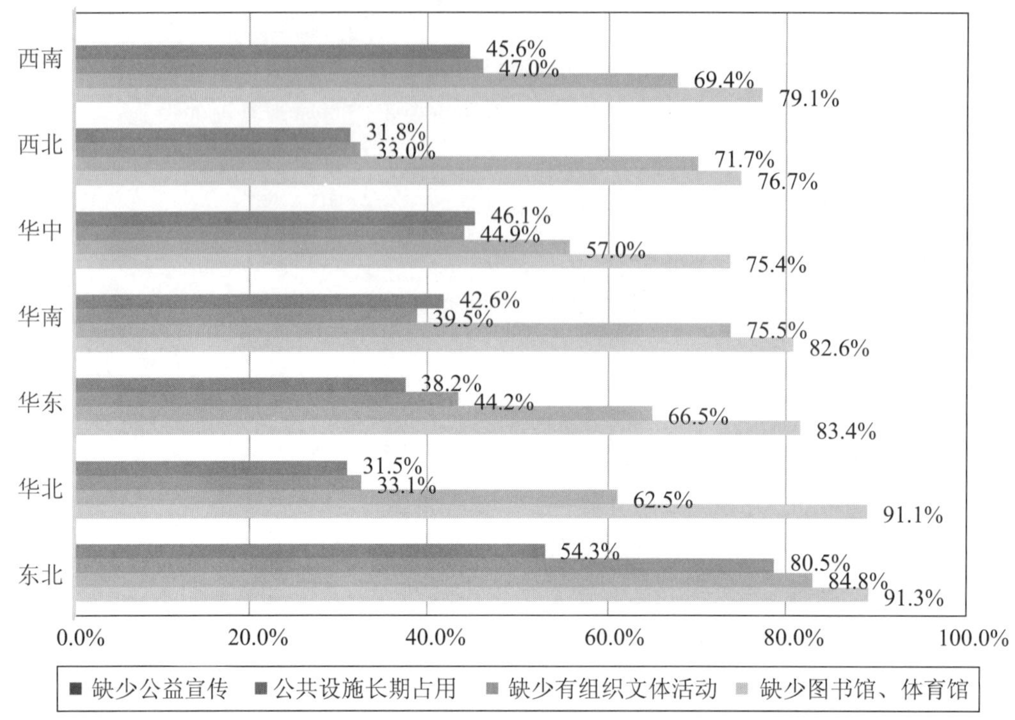

图 4-24 公共文体服务质量不满意原因

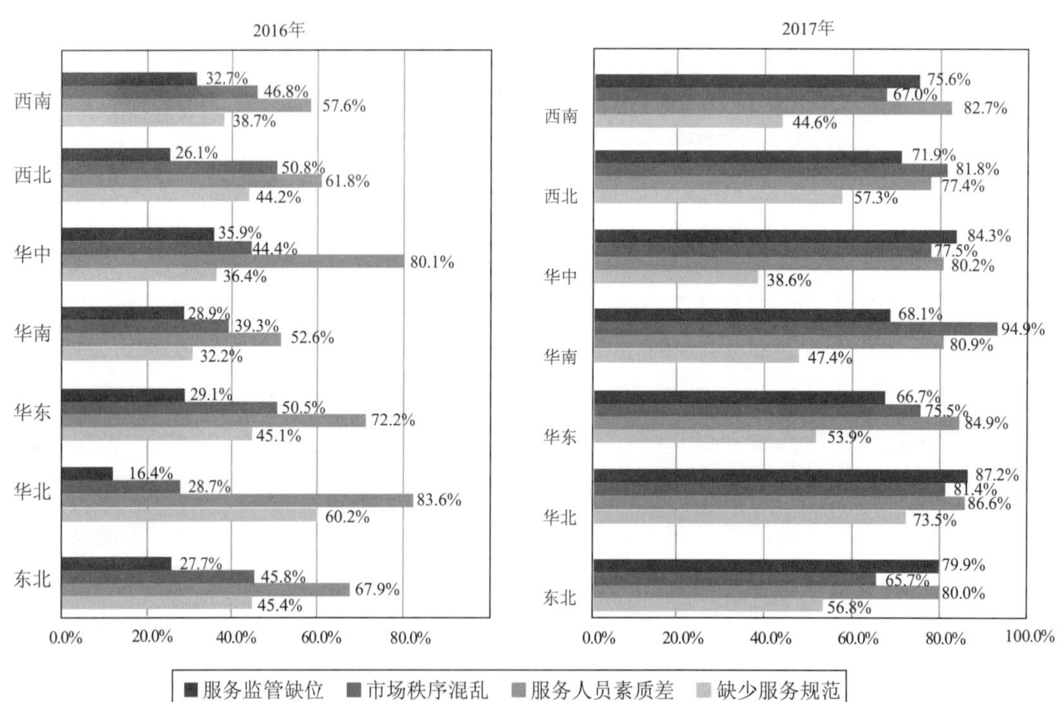

图 4-25 家政服务质量不满意原因

居民对家庭装修质量不满意的调查结果显示，装修收费与质量两方面一直以来都是居民关注的焦点。东北、华东、西北、华中、华南、西南地区居民不满意首要原因是装修收费不合理；华南地区居民不满意首要原因是装修过程中存在偷工减料（图 4－26）。

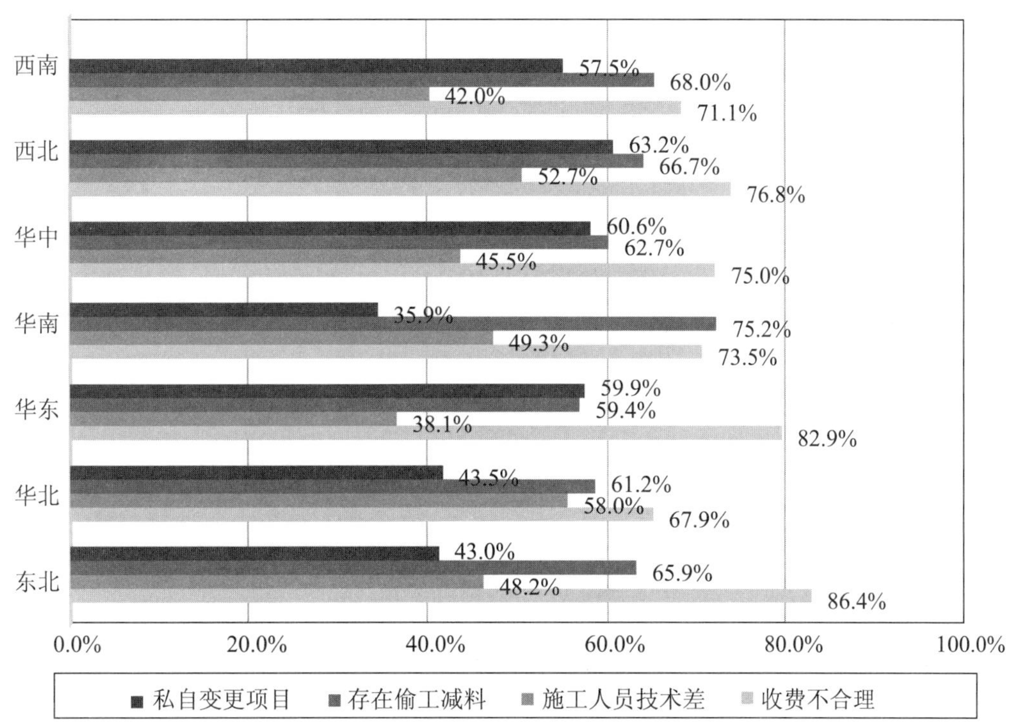

图 4－26　家庭装修质量不满意原因

居民对售后服务质量不满意原因方面，除西北地区外，各地区不满意居民中均有五成以上认为售后服务存在“响应慢，工作人员态度差”的问题。除此之外，西南、西北、华东、东北地区居民不满意主要是因为服务内容与承诺不符，华北、华南地区居民不满意的原因还包括收费混乱不透明（图 4－27）。

4. 环境质量

七大区域居民对环境质量的满意度调查结果显示，2017 年，华南地区居民环境质量满意度得分最高，为 59.92 分；西南地区居民环境质量满意度得分 58.15 分，排名第二；西北地区居民环境质量满意度得分 57.17 分，排名第三；华东地区得分 56.76 分，排名第四；东北地区居民环境质量满意度得分 52.55 分，排名第五；华中地区居民环境质量满意度得分 51.38 分，排名第六；华北地区居民环境质量满意度得分 49.70 分，排名末位。

环境质量社会满意度各分项指标中水环境质量满意度方面，得分最高的是西北地区居民（55.95 分）；华南地区排名第二，得分为 55.91 分；华中地区居民水环境质量满意度最低，只有 48.47 分，华中、华北和东北地区居民水环境质量满意度都没有达到 50 分基准

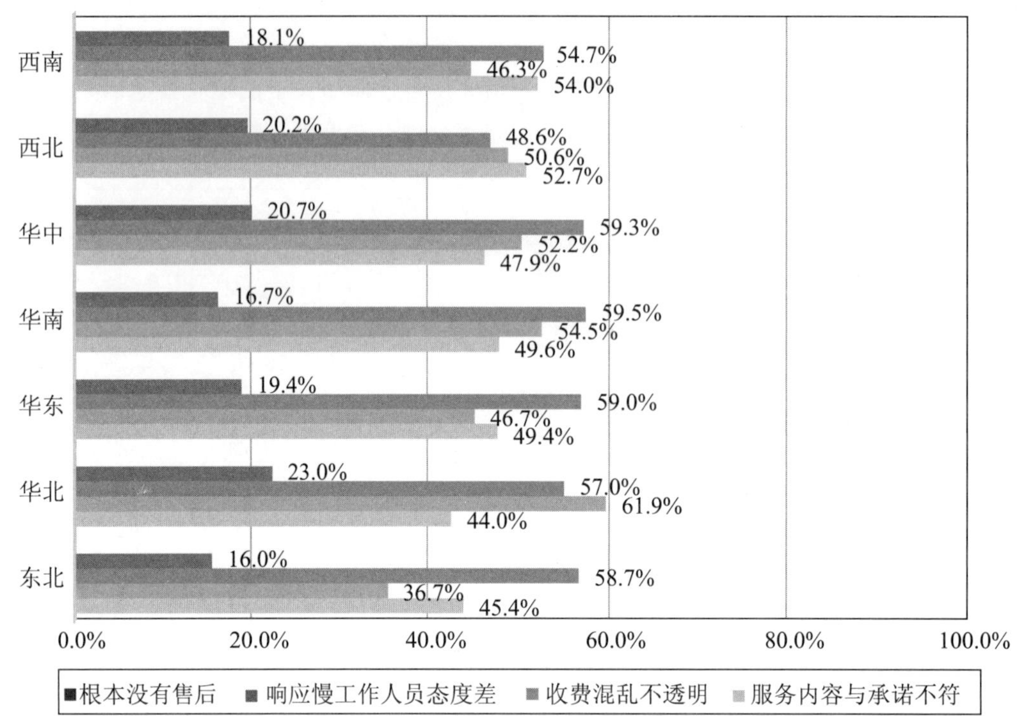

图 4－27　售后服务质量不满意原因

线。大气质量满意度方面，得分最高的是华南地区，为 63.92 分；华北地区居民满意度最低，只有 50.82 分，与 2016 年冬季京津冀地区“爆表的雾霾”存在一定关系（表 4－5）。

表 4－5　2017 年环境质量满意度七大区域得分　　单位：分

地区	水环境质量	大气质量
东北	48.90	56.21
华北	48.59	50.82
华东	54.08	59.43
华南	55.91	63.92
华中	48.47	54.29
西北	55.95	58.39
西南	53.92	62.39

水环境质量不满意方面，全国各地被调查居民普遍因为工业污染和生活垃圾引起的水污染而不满意。华北、华中、西北、华东、东北和华南地区居民不满意首要原因是工业污染，第二原因是生活垃圾污染；西南地区居民不满首要原因为生活垃圾污染，次要原因是工业污染，另外西南地区居民认为农业污染也是水环境质量不满意的重要原因（图4－28）。

居民对大气质量不满意的调查结果显示，工业废气排放和汽车尾气排放是影响大气质量的两大主要因素。其中，华北、华东和西南地区居民不满意首要因素是工业废气污染，次要原因是汽车尾气排放；西北、华中、华南和东北地区居民不满意首要原因是汽车尾气排放，次要原因是工业废气（图 4－29）。

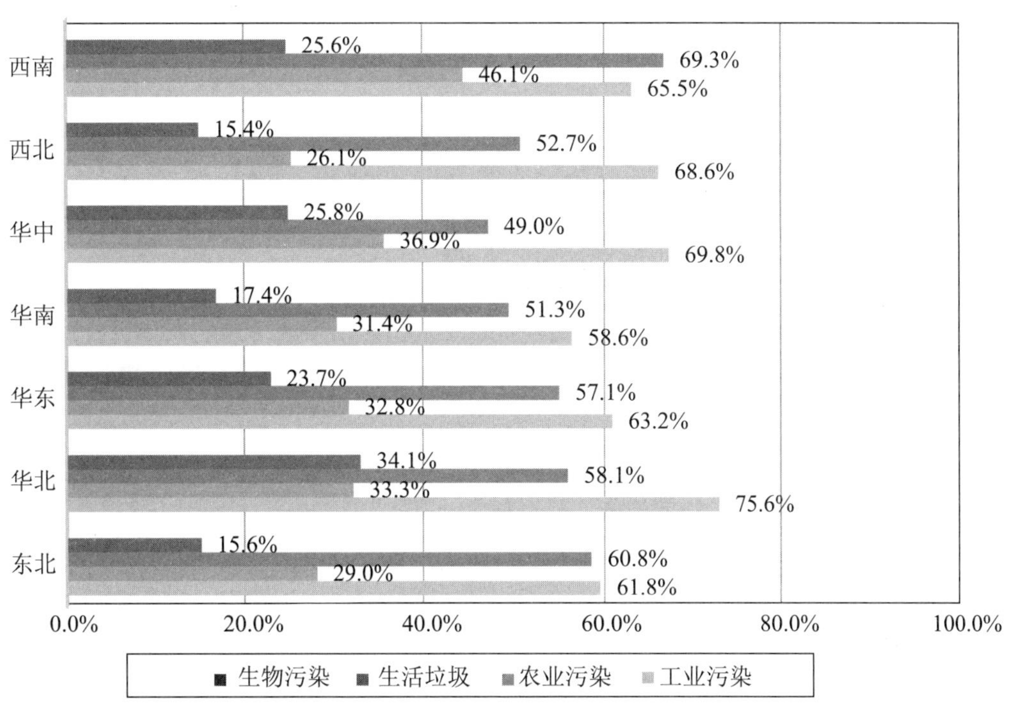

图 4－28　水环境质量不满意原因

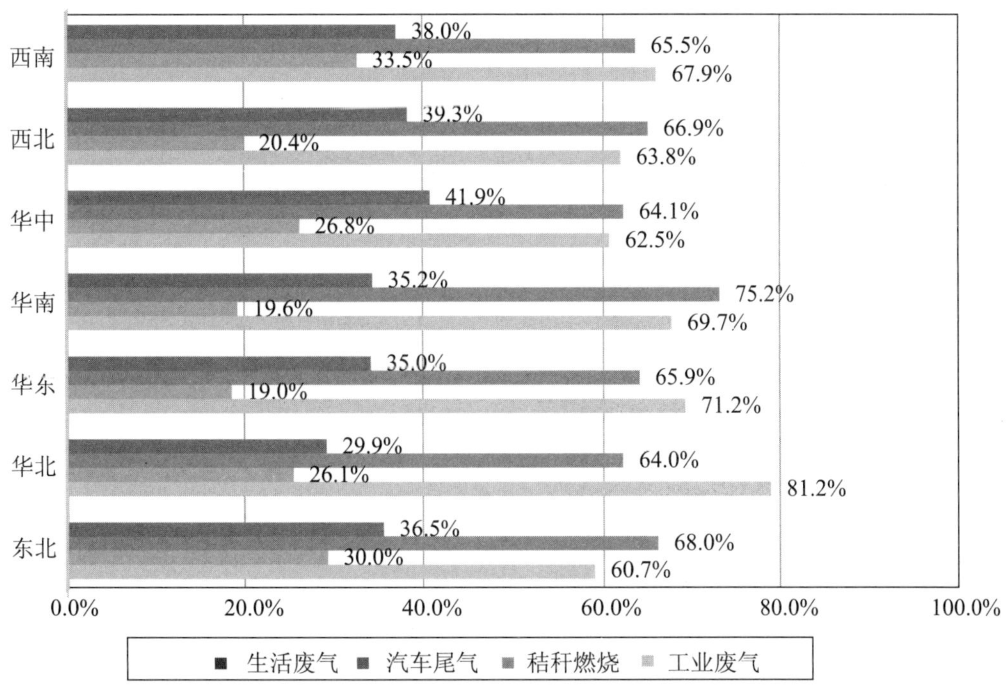

图 4－29　大气质量不满意原因

5. 质量意识

七大区域居民的质量意识调查结果显示，2017 年，华东地区居民质量意识最高，为 67.43 分；华北地区居民质量意识排名第二，得分为 65.75 分；西南地区居民质量意识排名第三，为 63.82 分；西北地区居民排名第四，得分为 61.75 分；华南地区（60.79 分），排名第五；华中地区得分 60.56 分，排名第六；东北地区得分 60.36 分，排名末位。

2017 年，质量意识社会满意度包含的各分项指标中，产品质量提升满意度最高的是华东地区，最低的是华南地区；工程质量提升满意度最高的是西南地区，最低的是东北地区；服务质量提升满意度最高的是华北地区，最低的是华南地区；环境质量提升满意度最高的是西南地区，最低的是华中地区；质量投诉处理满意度最高的是华东地区，最低的是华中地区；质量信息公开与宣传满意度最高的是华东地区，最低的是西北地区（表 4－6）。

表 4－6　2017 年质量意识七大区域得分　　单位：分

地区	产品质量提升	工程质量提升	服务质量提升	环境质量提升	质量投诉处理	信息公开与宣传
东北	66.39	61.47	64.98	63.64	48.57	57.12
华北	67.23	64.32	72.11	65.45	60.33	65.06
华东	68.48	66.22	71.95	66.27	62.70	68.93
华南	65.11	63.86	61.15	64.99	49.06	60.58
华中	66.12	62.75	64.66	63.08	47.86	58.89
西北	66.68	63.15	69.79	64.95	50.72	55.22
西南	68.27	67.49	71.02	66.64	52.28	57.22

2017 年调查数据显示，华北和西北地区被调查居民中超过 20%的居民明确表示遇到质量问题时选择“不投诉”，华南地区明确不投诉的居民占比最低，为 12.2%（图 4－30）。

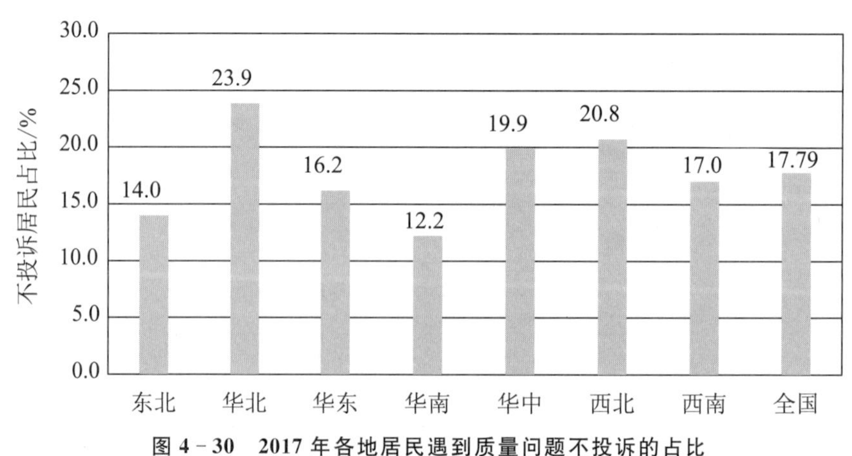

图 4－30　2017 年各地居民遇到质量问题不投诉的占比

各地居民遇到质量问题不投诉的原因与 2016 年统一因为“嫌麻烦”不同，东北和西南地区居民不投诉首要因素是“不知道投诉途径”；华东、华北、华南、华中和西北地区居民不投诉首要因素是“嫌麻烦”，另外，“预计投诉得不到好的处理结果”也是各地居民遇到质量问题不去投诉的主要原因（图 4-31）。

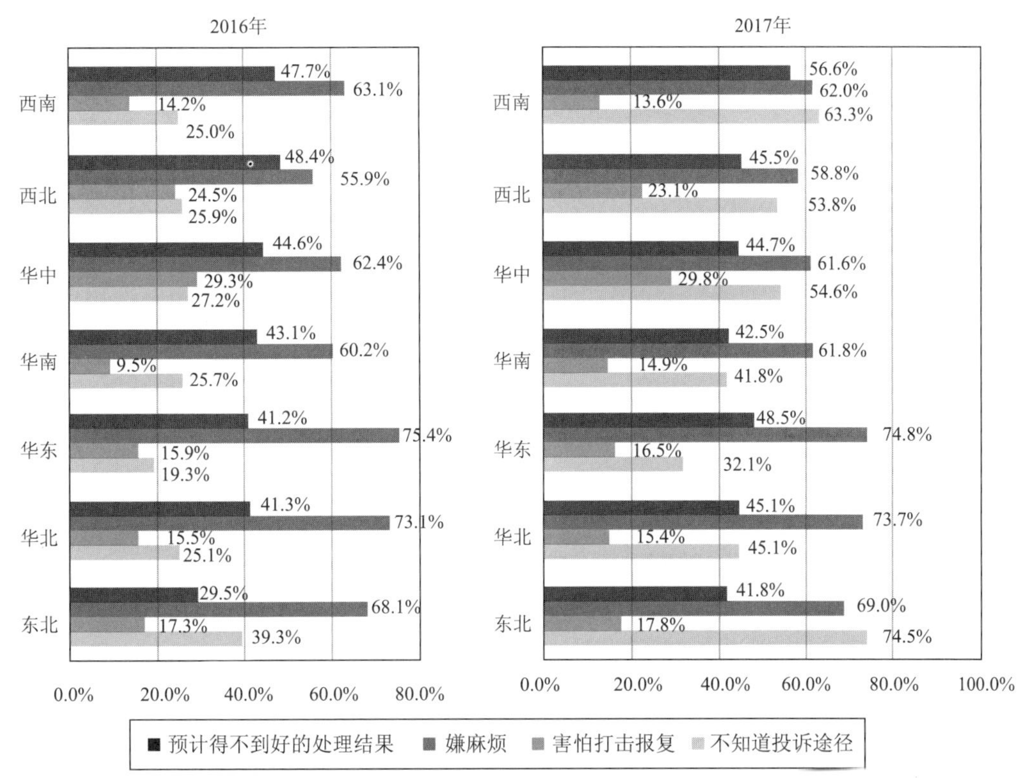

图 4-31 居民遇到质量问题不投诉的原因

调查结果显示，居民对质量投诉处理结果不满意的首要原因是“等待结果时间太长”，居民不满意的次要原因是投诉过程遇到“各个部门相互推诿”，第三大原因是质量投诉“没有得到处理结果”（图 4-32）。

各地居民对政府质量宣传和信息公开不满意的主要原因是“宣传公开信息渠道少”和“宣传活动少规模小”。其中，西北、华中、华南和东北地区居民不满意首要原因是“宣传公开信息渠道少”，西南、华东和华北地区居民首要不满意原因是“宣传活动少规模小”。

西北和华中地区主要是宣传公开信息渠道少，其余地区为宣传活动少、规模小（图 4-33）。

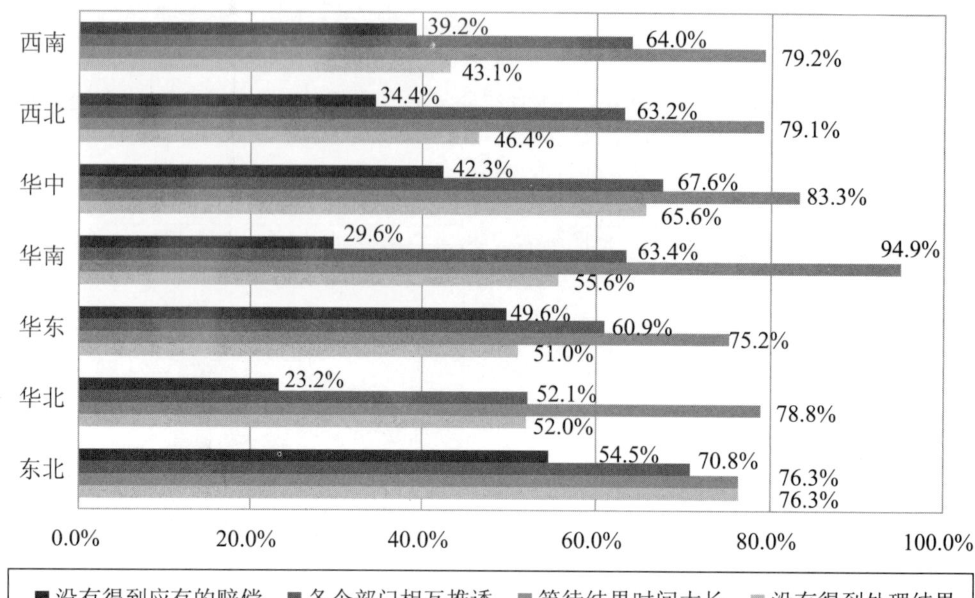

图 4－32 对质量投诉不满的原因

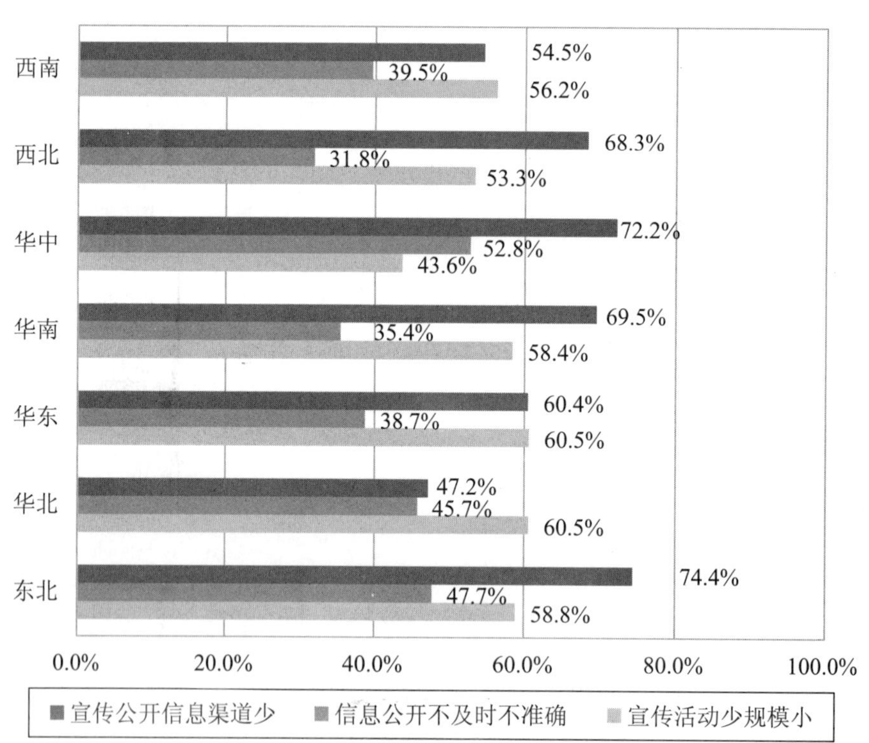

图 4－33 对质量宣传和信息公开不满的原因

二、"一带一路"地区质量满意度变化趋势

2013 年 9 月和 10 月，中国国家主席习近平在出访中亚和东南亚国家期间，先后提出共建"新丝绸之路经济带"和"21 世纪海上丝绸之路"的重大倡议，整个世界为之一振，沿线 60 多个国家积极响应。这一跨越时空的宏伟构想，从历史深处走来，融通古今、连接中外，顺应和平、发展、合作、共赢的时代潮流，承载着丝绸之路沿途各国发展繁荣的梦想，赋予古老丝绸之路以崭新的时代内涵。2015 年 3 月 28 日，国家发展改革委、外交部、商务部联合发布了《推动共建丝绸之路经济带和 21 世纪海上丝绸之路的愿景与行动》。"一带一路"国内包括 18 个省、自治区、直辖市（下文统一称为"一带一路"地区），其中，"丝绸之路经济带"涵盖新疆、重庆、陕西、甘肃、宁夏、青海、内蒙古、黑龙江、吉林、辽宁、广西、云南、西藏共 7 省 5 自治区 1 直辖市；"21 世纪海上丝绸之路"涵盖上海、福建、广东、浙江、海南 4 省 1 直辖市。

调查结果显示，"一带一路"地区政府质量工作满意度总分 2017 年为 61.94 分，自 2014 年的 59.15 分连续 4 年逐年稳步上升。政府质量工作满意度涵盖的 5 个方面中，工程质量满意度自 2014 年开始至今一直得分最高，而环境质量满意度得分在 5 个方面中总是排名末位，但是环境质量满意度得分 4 年涨幅最大，进步最快（图 4－34）。

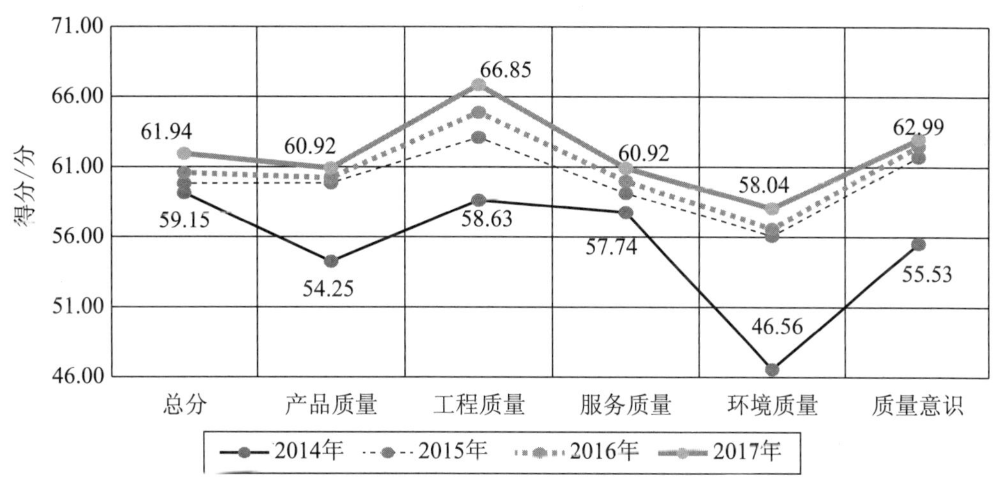

图 4－34 2014—2017 年"一带一路"地区政府质量工作社会满意度总体得分

1. 产品质量

在产品质量社会满意度方面，从 2014 年到 2017 年，"一带一路"地区产品质量满意度总分从 2014 年的 54.25 分上升到 2017 年的 60.92 分，总体趋势稳中向好。产品质量满意度中"进口产品质量"满意度连续 4 年得分最高，一定程度反映了进口商品质量存在优势；得分增长幅度最大的是"食品质量"满意度，从 2014 年的 39.48 分增长到 2017 年的

58.30 分，比 2014 年得分增长 47.67%。农产品质量从 2014 年 44.43 分逐年增长到 2017 年报的 57.70 分，比 2014 年得分增长 29.86%，涨幅明显（图 4-35）。

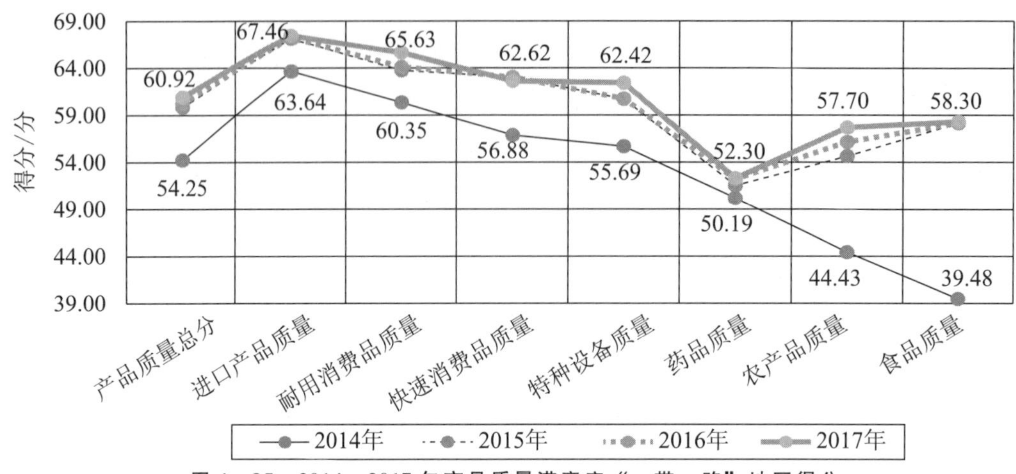

图 4-35　2014—2017 年产品质量满意度“一带一路”地区得分

2. 工程质量

工程质量满意度方面，2014—2017 年，工程质量满意度总分由 58.63 分连续 4 年稳步增长到 66.85 分，其中包含的“交通建设工程质量”和“住宅建筑质量”两个调查分项连续 4 年呈现逐年提高趋势。2014 年满意度最高的是公共建筑质量，得分为 61.74 分，但是为了优化调查指标，“公共建筑质量满意度”调查项自 2015 年开始排出调查范围。交通建设工程质量满意度得分从 2014 年的 57.56 分提高到 2017 年的 67.42 分；住宅建筑质量满意度从 2014 年的 56.70 分提高到 2017 年的 66.27 分（图 4-36）。

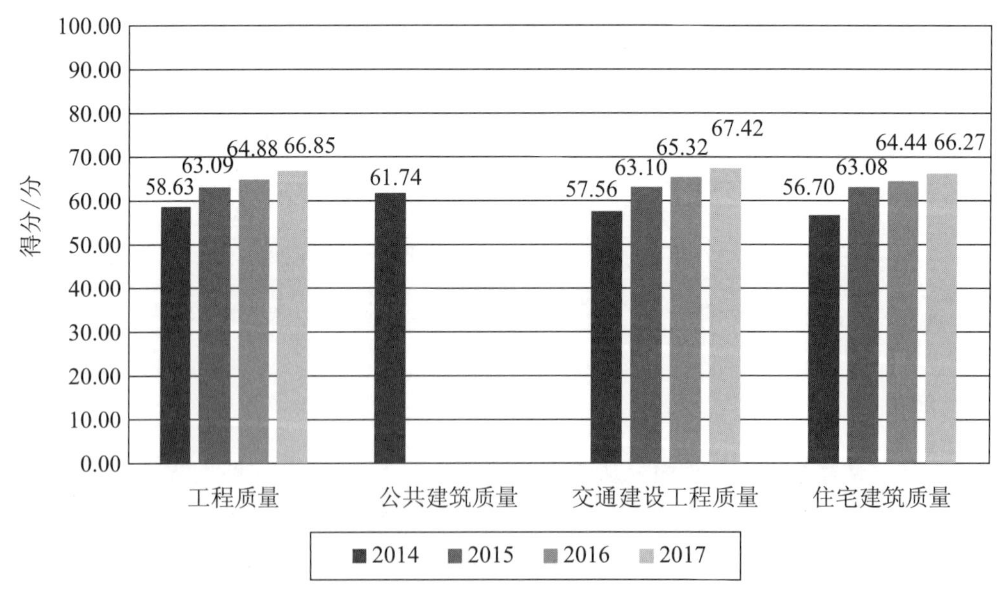

图 4-36　2014—2017 年工程质量满意度“一带一路”地区得分

3. 服务质量

服务质量社会满意度方面，2014—2017 年，服务质量满意度得分由 57.74 分连续 4 年稳步提高到 60.92 分。服务质量社会满意度包含的细分项中，短途公共交通服务 2017 年得分 64.63 分，比 2016 年得分（61.39 分）出现明显提高；长途公共交通服务 2017 年得分 64.10 分，比 2016 年得分（61.51 分）出现明显提高；另外，物流及快递服务、通讯和网络服务、保险服务、市政公共事业服务、中小学教育、养老服务、公共文体服务、医疗服务得分都呈现逐年提高趋势。但是，电子商务服务、家政服务和售后服务满意度得分出现逐年递减态势；银行服务和旅游服务满意度得分不太稳定，值得各方警惕（图 4-37）。

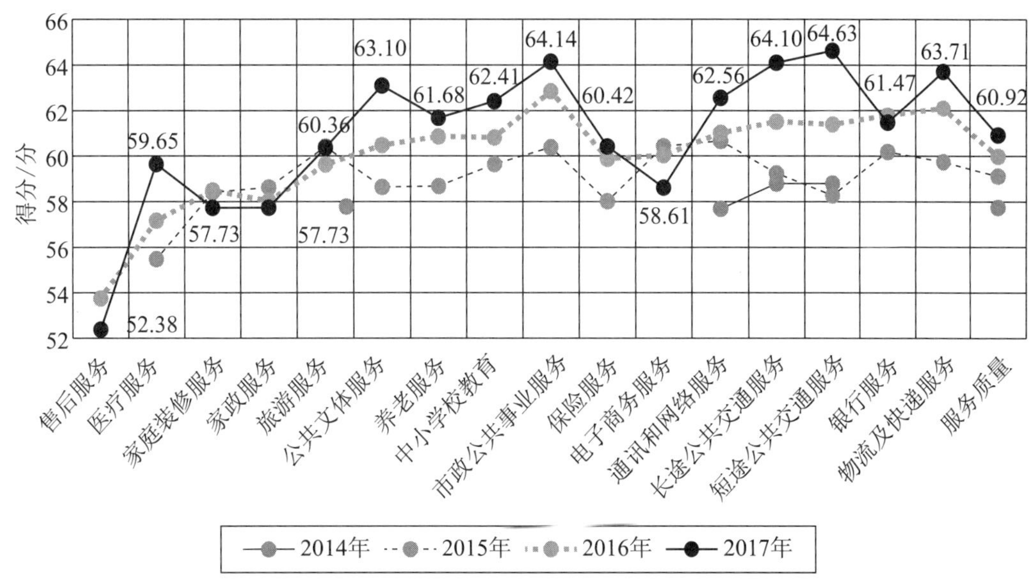

图 4-37 2014—2017 年服务质量满意度“一带一路”地区得分

“一带一路”地区居民对服务质量不满意的调查结果显示，电子商务方面，居民对电子商务服务不满意首要原因是对商品质量不满意，次要原因是电子商务的商家诚信不满意，第三因素是对电子商务交易安全性，见图 4-38a）。对家政服务不满意的居民中，家政服务人员素质是居民首要不满意因素，家政服务市场秩序是居民次要不满意因素，家政服务监管缺位是居民第三不满意因素，见图 4-38b）。售后服务不满意方面，售后服务人员响应慢态度差是居民对售后服务首要不满意因素，售后服务内容与承诺不符是居民对售后服务不满意的第二原因，售后服务收费混乱不透明是居民对售后服务不满意的第三原因，见图 4-38c）。居民对银行服务不满意方面，不满意首要原因是办业务等待时间长，次要原因是网点分布不合理，第三原因是 ATM 机可靠性安全性差，见图 4-38d）。“一带一路”涵盖地区居民对旅游服务不满意方面，旅游景点硬件设施是居民首要不满意原因，次要原因是景区卫生，第三原因是便民服务，见图 4-38e）。

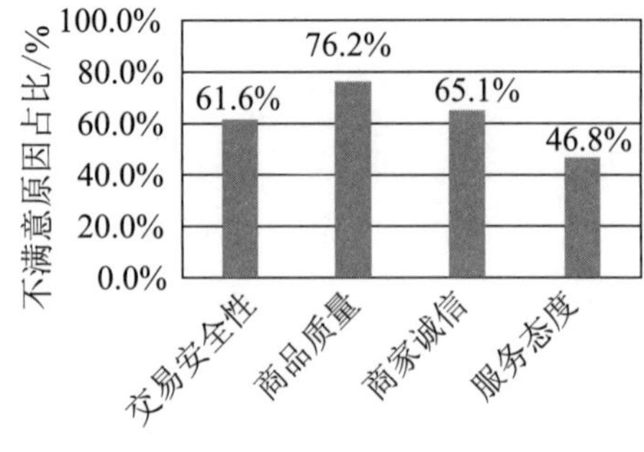

a) 居民对电子商务服务不满意原因

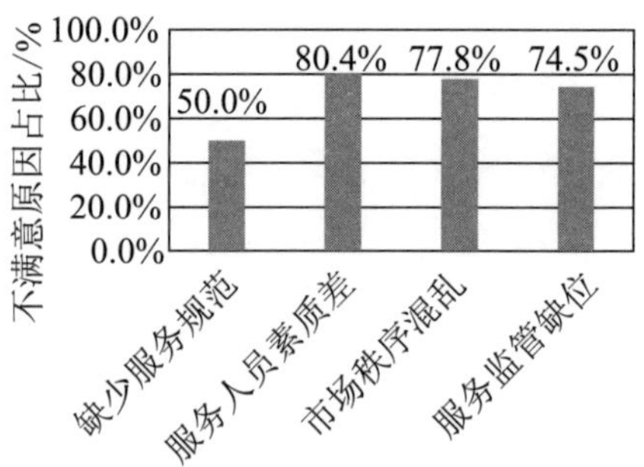

b) 居民对家政服务不满意原因

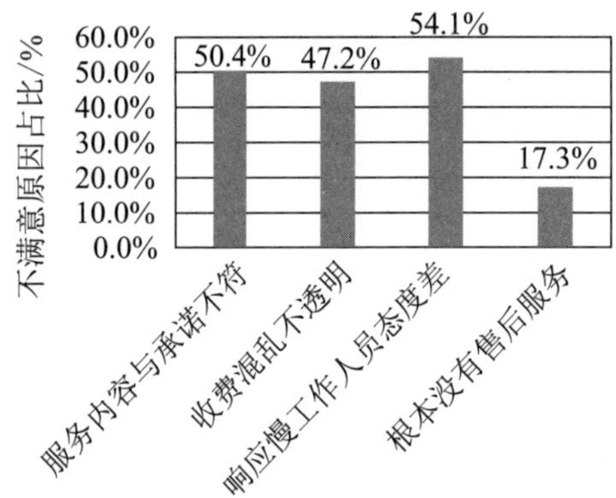

c) 居民对售后服务不满意原因

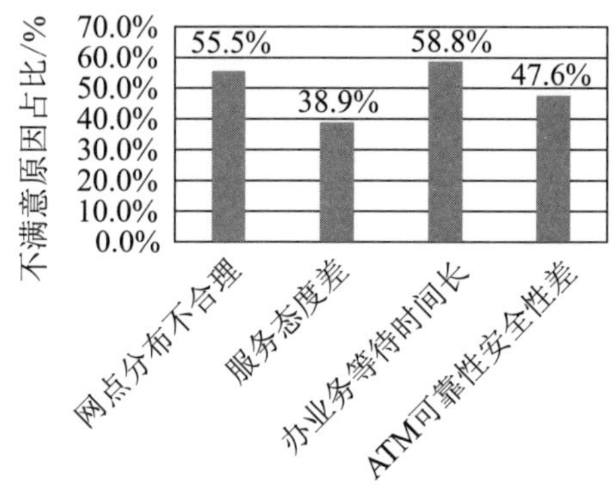

d) 居民对银行服务不满意原因

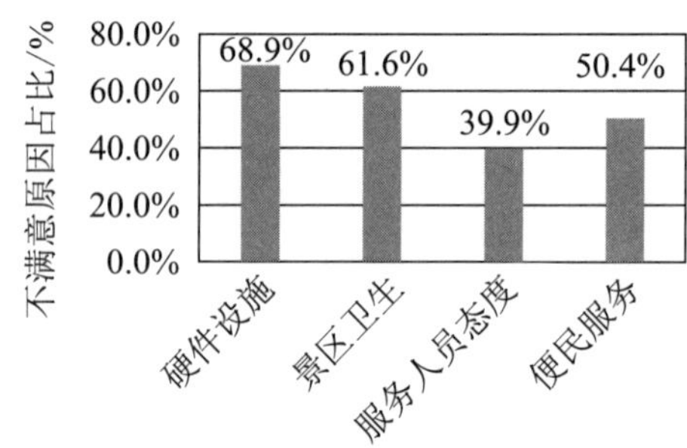

e) 居民对旅游服务不满意原因

图 4－38　2017 年“一带一路”地区居民对电子商务、家政、售后、银行和旅游服务不满意原因

4. 环境质量

环境质量满意度方面，“一带一路”涵盖地区的居民环境质量满意度得分从 2014 年的 46.56 分连续 4 年稳步提高到 2017 年的 58.04 分。2014 年，大气质量和水环境质量得分都未达到基准线（50 分），其中水环境质量满意度得分仅有 44.33 分；2017 年，大气质量和水环境质量得分都超过基准线（50 分）（图 4－39）。

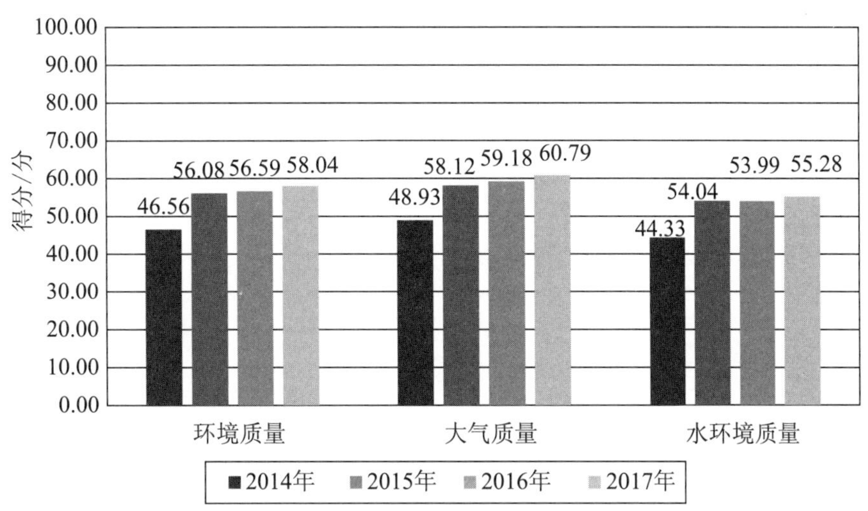

图 4-39　2014—2017 年环境质量满意度“一带一路”地区得分

2017 年，“一带一路”地区居民对环境质量不满意的原因分析结果显示，水环境质量方面，居民首要不满意因素是工业污染，次要不满意原因是生活垃圾污染，第三原因是农业污染，见图 4-40a)；空气质量方面，居民不满意首要原因是工业废气对空气的污染，第二原因是汽车尾气对空气的污染，第三原因是生活废气污染，见图 4-40b)。

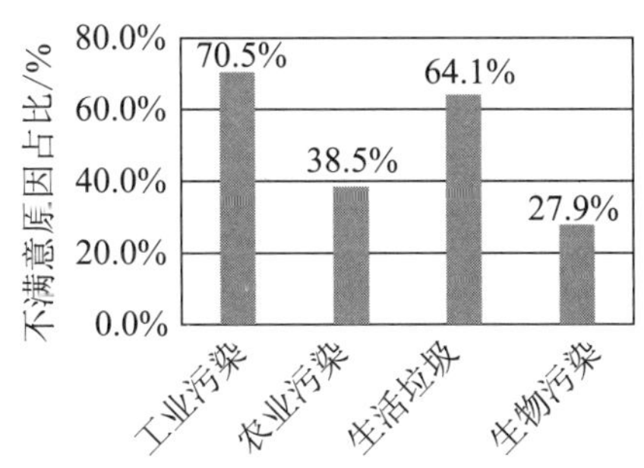

a）居民对水环境质量不满意原因

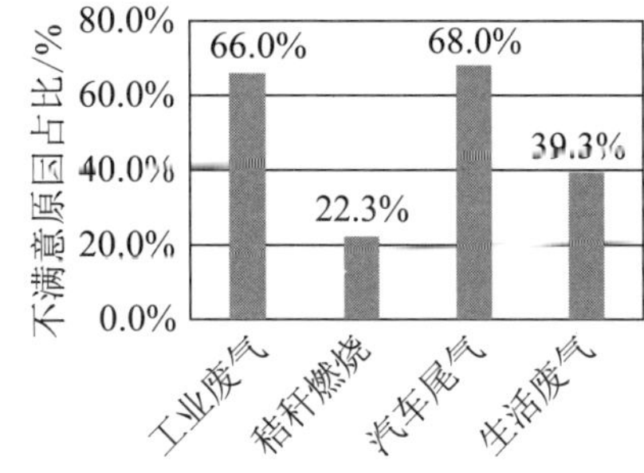

b）居民对空气质量不满意原因

图 4-40　2017 年“一带一路”地区居民对水环境和大气质量不满意原因

5. 质量意识

质量意识满意度方面，“一带一路”地区居民质量意识总分从 2014 年的 55.53 分连续 4 年稳步提高到 2017 年的 62.99 分。2017 年，工程质量提升、服务质量提升、环境质量提升与质量信息公开与宣传 4 个细分项比 2016 年得分提高；但是产品质量提升和质量投诉处理两个细分项的 2017 年的得分比 2016 年下降（图 4-41）。

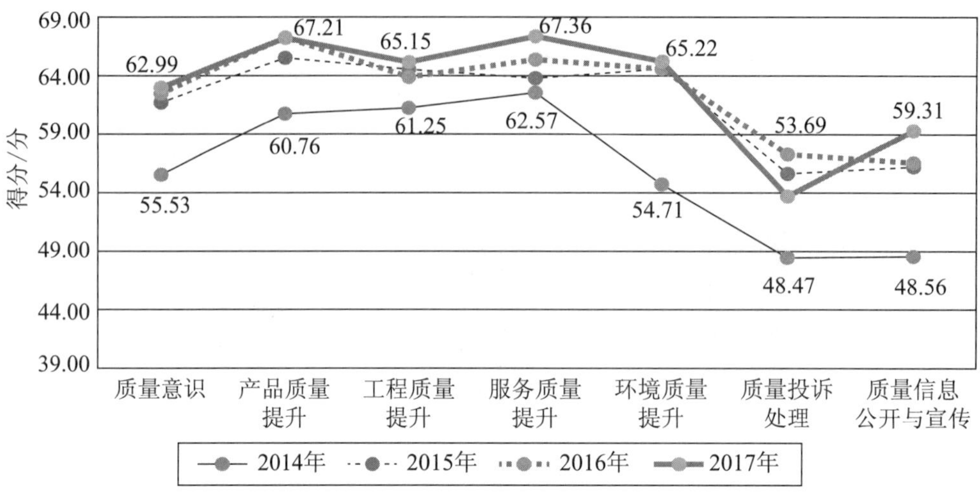

图 4－41　2014—2017 年质量意识“一带一路”地区得分

2017 年，“一带一路”地区居民中 16.63％的居民明确表示遇到质量问题选择不投诉举报，不投诉举报的首要原因是“嫌麻烦”，第二原因是“不知道投诉途径”，第三原因是“预计得不到好的处理结果”，还有居民不投诉举报是因为“害怕打击报复”（图 4－42）。居民投诉以后，对投诉处理结果不满意的原因中，首要原因是投诉以后“等待结果时间太长”，次要原因是“各个部门相互推诿”，第三原因是投诉以后“没有得到处理结果”，“投诉以后没有得到应有的赔偿”也是居民对投诉处理不满意的原因（图 4－43）。

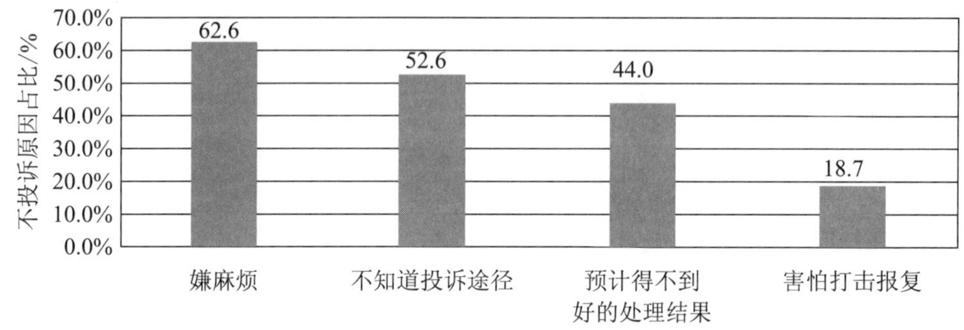

图 4－42　2017 年“一带一路”地区居民遇到质量问题不投诉的原因

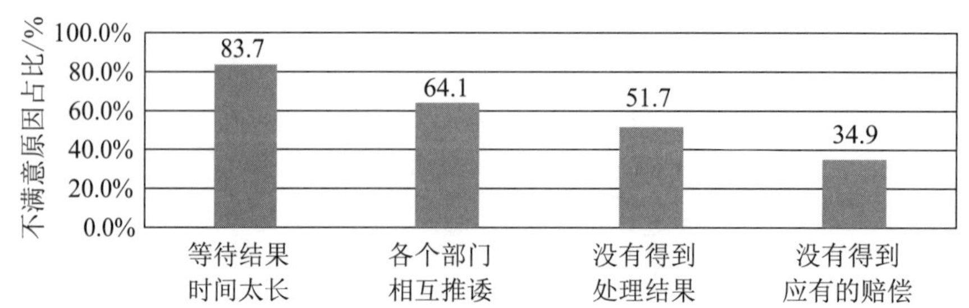

图 4－43　2017 年“一带一路”地区居民对投诉处理结果不满意的原因

三、京津冀、长三角、珠三角三大地区分析

近几年，随着国家新型城镇化规划建设的不断推进，“城市群”的建设和发展逐渐受到广泛关注，位居华北地区的京津冀、华东地区的长三角、华南地区的珠三角这三大经济发展区的综合发展水平在全国城市群发展建设中处于绝对优势，代表了我国城市群发展的最高形态和方向。京津冀城市群的文化发展指数一枝独秀，逐渐发展成文化中心；长三角城市群经济总量最大，牢牢占据国内城市群经济霸主地位，在打造生态文明建设的长江经济带的国家战略背景下，长三角城市群逐渐成为国内理想宜居城市群；珠三角城市群，伴随着2017年7月1日《深化粤港澳合作推进大湾区建设框架协议》正式签署，未来发展潜力不可忽视。

本节对京津冀、长三角和珠三角三大城市群涉及省（市）的居民对政府质量工作满意度情况进行分析，本研究中三大经济发展区的范围如下：京津冀地区包含北京、天津和河北三个省（市）；长三角地区包含江苏、上海和浙江三个省（市）；珠三角地区包含广东省。

京津冀、长三角和珠三角三大经济发展区居民对政府质量工作满意度的调查结果显示，2017年，长三角地区居民对政府质量工作满意度最高，为66.90分；珠三角地区居民对政府质量工作满意度排第二，为62.93分；京津冀地区的居民对政府质量工作满意度最低，为61.66分。

2017年，对京津冀、长三角和珠三角三大经济发展区政府质量工作满意度包含的产品质量、工程质量、服务质量、环境质量和质量意识5个方面进行分析后发现：

京津冀地区由于受河北等重工业生产以及2016年冬季“爆表的雾霾”影响较大，居民对环境质量满意度比较低（50.20分），低于全国环境质量平均得分（55.82分）；工程质量得分为66.48分，略低于全国工程质量平均分（66.48分）；产品质量、服务质量和质量意识指标和质量满意度总分均高于全国平均水平，见图4－44a）。环境对京津冀地区的影响巨大，2016年冬季“爆表的雾霾”让“逃离北京”成为当时的一大热点，雄安新区的建立以及北京城市副中心的规划等国家级战略已经开展，做好北京、天津和河北三地经济和生态协调发展已经成为当前的重点工作之一。

长三角地区政府质量工作满意度质量总分以及产品质量、工程质量、服务质量、环境质量和质量意识五方面指标都高于全国平均分，在京津冀、长三角和珠三角三大地区中均为最高，优势明显，见图4－44b）。

珠三角地区质量总分为62.93分，高于全国质量平均分（61.53分）。产品质量、工程质量、服务质量和环境质量满意度得分都高于全国平均水平，但是质量意识（60.16分）得分低于全国平均水平（63.63分），其余各项指标和总分均高于全国平均水平，见图4－44c）。

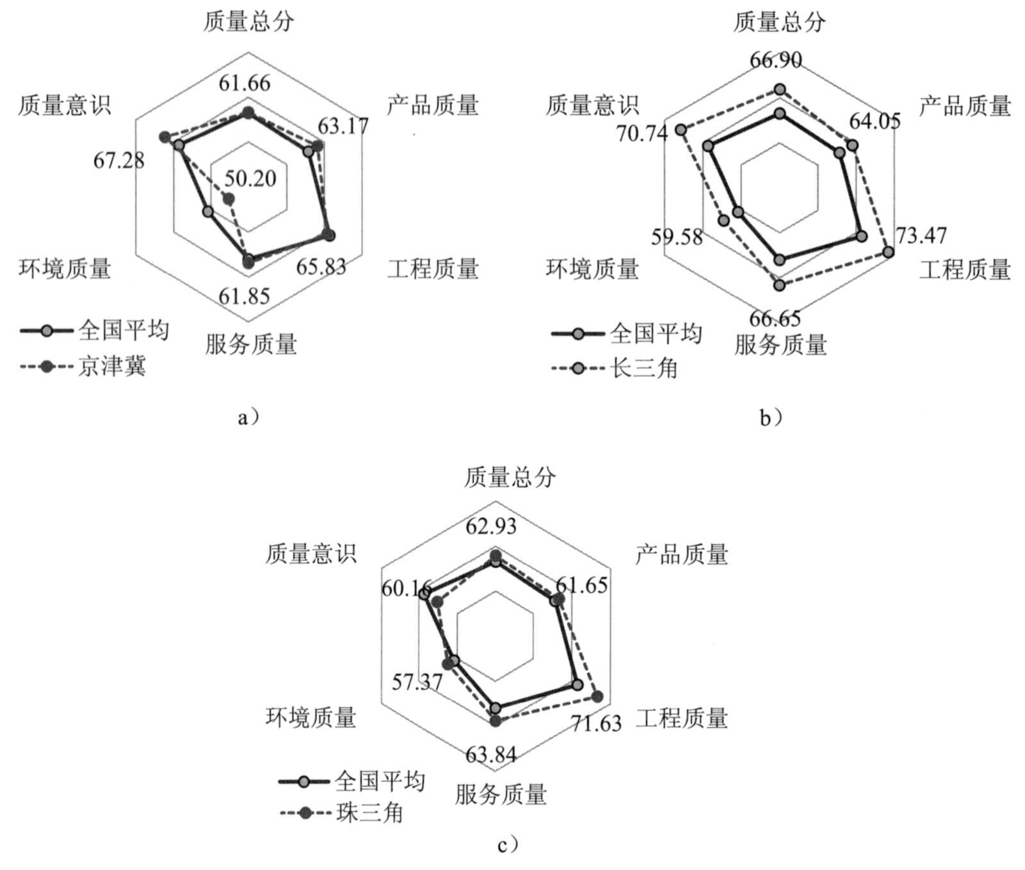

图 4-44　2017 年政府质量工作满意度三大地区各分项得分

1. 产品质量

2017 年，京津冀、长三角和珠三角三大地区居民对产品质量的满意度调查结果显示，长三角地区居民产品质量满意度得分最高，达到 64.05 分；京津冀地区居民对产品质量满意度得分为 63.17 分，排名第二；珠三角地区居民产品质量满意度得分最低，为 61.65 分。

2017 年，产品质量满意度涵盖的各分项指标中，三大地区各有优劣。药品质量满意度方面，长三角地区得分最高，为 57.59 分，珠三角地区得分最低，为 48.32 分，尚未达到 50 分基准线；农产品质量满意度方面，长三角地区得分最高，为 58.61 分，京津冀地区（56.65 分），排名居中，珠三角地区得分为 56.14 分，食品质量方面，长三角地区（60.57 分）得分最高，京津冀地区（57.69 分）得分最低；耐用消费品方面，珠三角地区（69.81 分）得分最高，长三角地区（66.36 分）得分最低；快速消费品方面，京津冀地区（66.51 分）得分最高，长三角地区（61.12 分）得分最低；进口产品质量方面，长三角地区（72.87 分）得分最高，珠三角地区 68.34 分，得分最低；特种设备质量方面，长三角地区（71.23 分），珠三角地区（66.54 分），得分最低（表 4-7）。三大经济区在发展战略上体现了一定的特质性，各有优势，未来都有提升空间。

表 4-7 2017 年产品质量满意度三大经济发展区得分

单位：分

地区	药品	农产品	食品	耐用消费品	快速消费品	进口产品	特种设备
京津冀	57.24	56.65	57.69	66.90	66.51	70.48	66.70
长三角	57.59	58.61	60.57	66.36	61.12	72.87	71.23
珠三角	48.32	56.14	58.11	69.81	64.29	68.34	66.54

居民对药品质量不满意方面，调查结果显示，珠三角地区的居民不满意的主要原因是虚假宣传和假药多；长三角和京津冀地区居民主要因为药品虚假宣传不满意（图 4-45）。

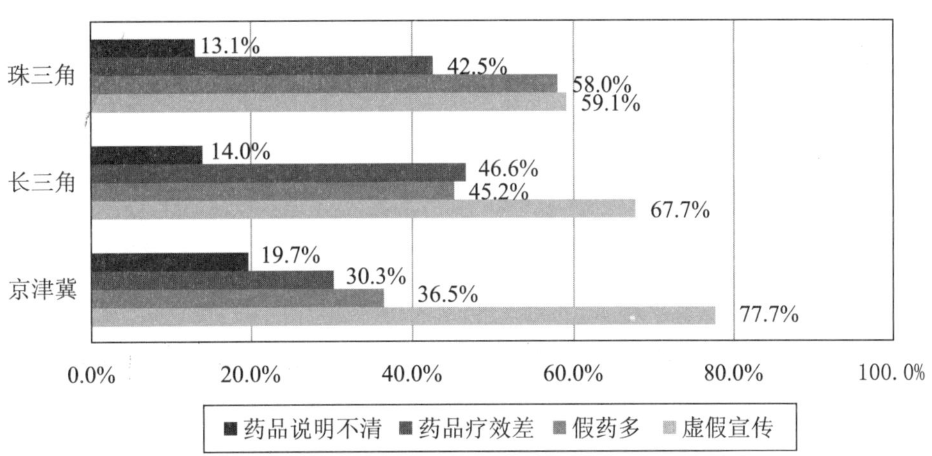

图 4-45 药品质量不满意原因

居民对农产品质量不满意方面，珠三角地区居民主要肉类不满意；长三角地区居民主要对蔬菜不满意；京津冀地区居民主要对蔬菜和水果不满意度（图 4-46）。三大地区居民对农产品质量不满意的原因雷同，均为农药残留和滥用激素或抗生素（图 4-47）。

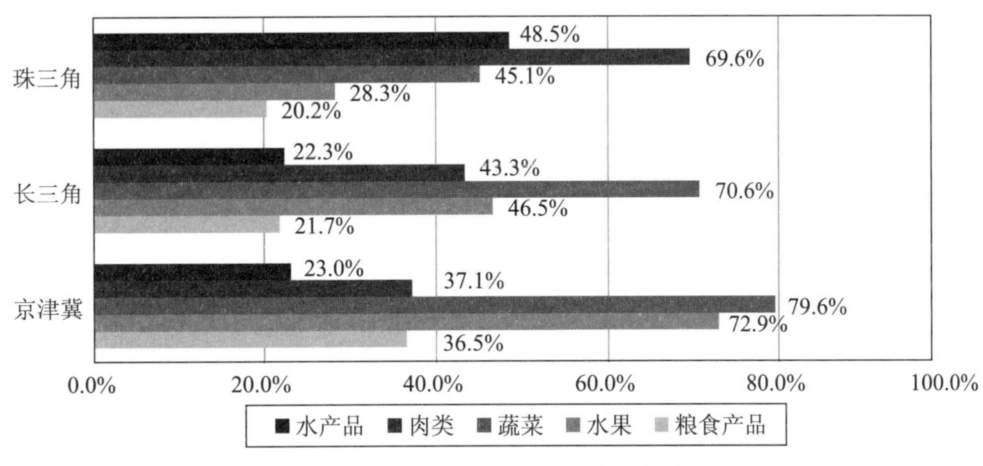

图 4-46 居民不满意的农产品类型

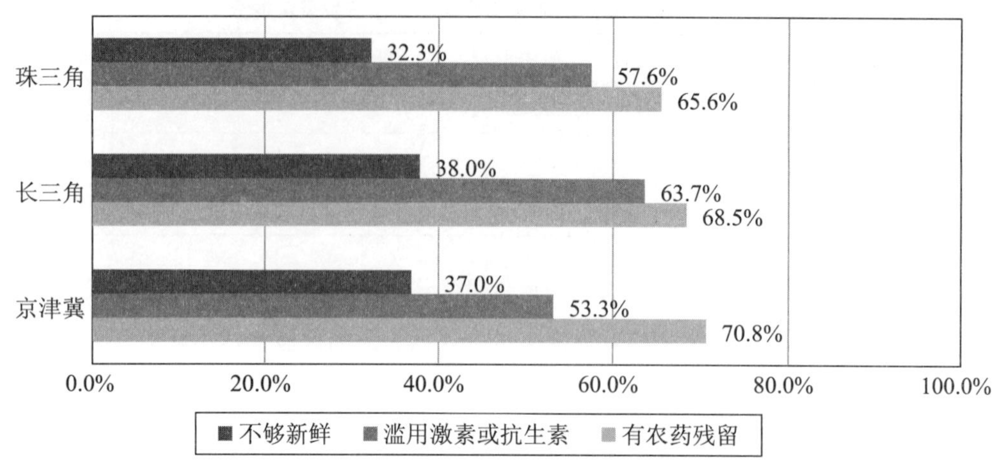

图 4－47　居民对农产品质量不满意原因

居民对食品不满意的研究结果显示，珠三角地区因为地处热带地区，气温较高，居民主要对速冻食品质量不满意；长三角和京津冀地区居民主要对饼干、膨化类食品不满意（图 4－48）。居民对食品质量不满意的原因方面，长三角和珠三角地区居民主要因为“食品添加剂过多”而不满意；京津冀地区居民不满意首要原因是“食品添加剂过多”，“加工卫生差”是第二原因（图 4－49）。

居民对家用电器、手机等耐用消费品质量不满意的原因方面，珠三角和长三角地区居民不满意首要原因是不耐用，京津冀地区居民首要不满意原因是不够安全；另外，京津冀和长三角地区居民对耐用品不满意的次要原因是能耗高（图 4－50）。

居民对服装、日化等快速消费品质量不满意的原因方面，京津冀、珠三角和长三角三地居民不满意的首要原因是快速消费品中“假冒商品多”，“含有有毒有害物质”也是三地居民不满意的重要原因（图 4－51）。

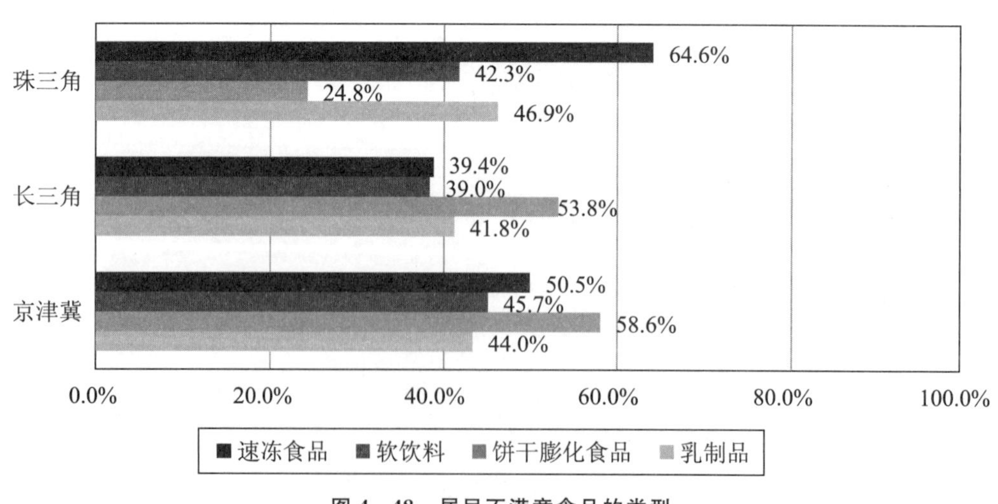

图 4－48　居民不满意食品的类型

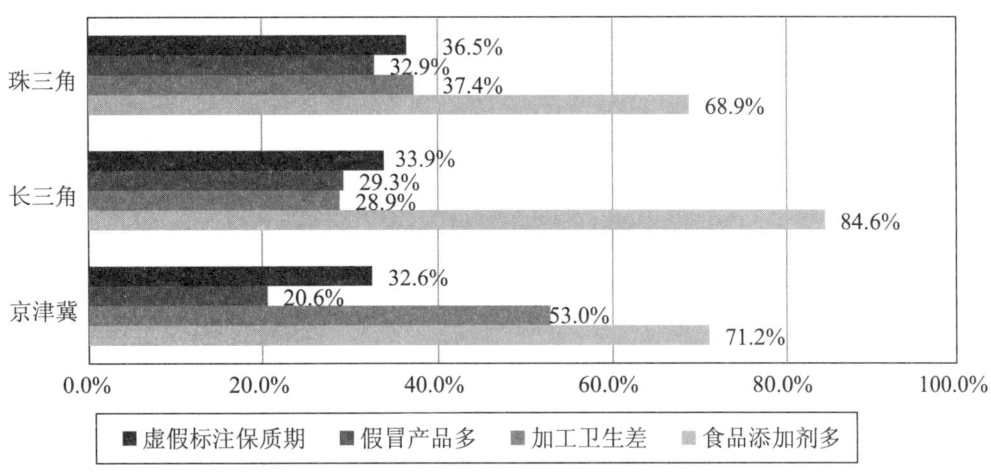

图 4－49　食品质量不满意原因

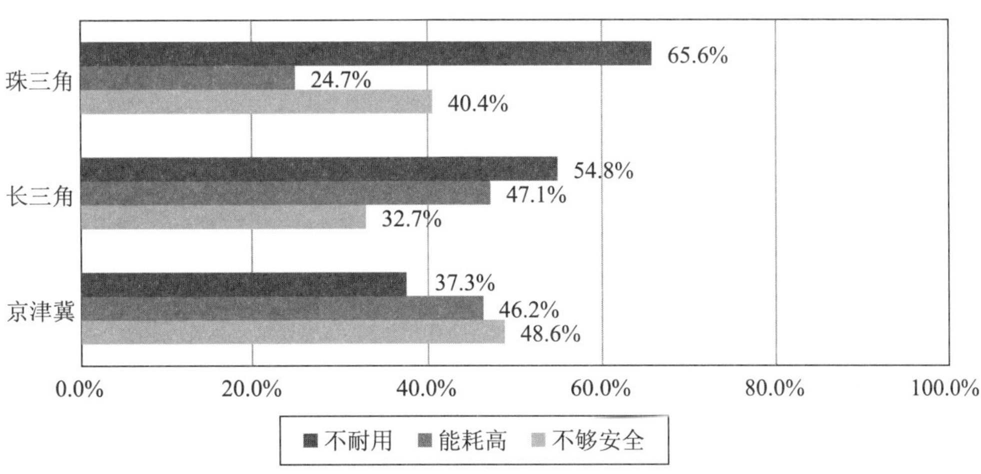

图 4－50　耐用消费品质量不满意原因

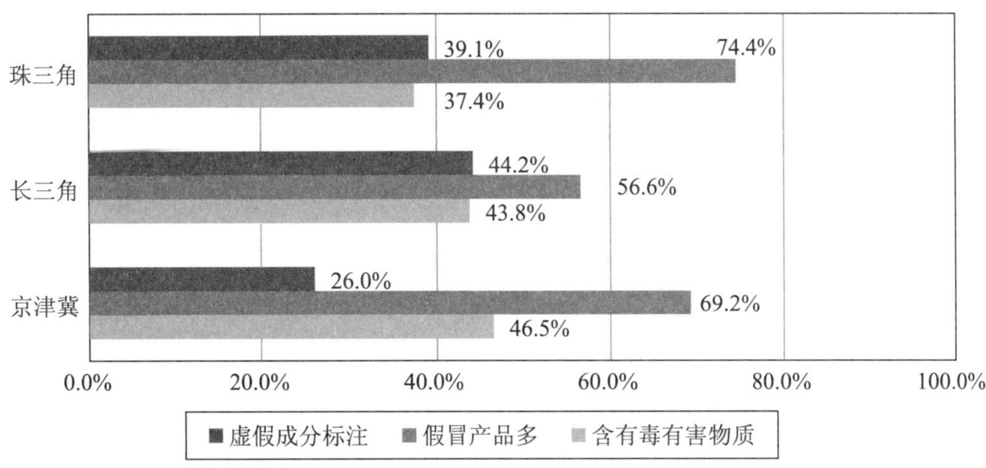

图 4－51　居民对快速消费品质量不满意原因

居民对公园健身器材、游乐场设施、公共电梯等特种设备质量不满意的原因方面，设备缺乏定期维修和设施有安全隐患是三大地区居民对特种设备不满意的两大主要原因。其中，珠三角和长三角地区居民不满意首要原因是设备缺乏定期维修，次要原因是有安全隐患；京津冀地区居民不满意首要原因是特种设备设施存在故障（图 4-52）。

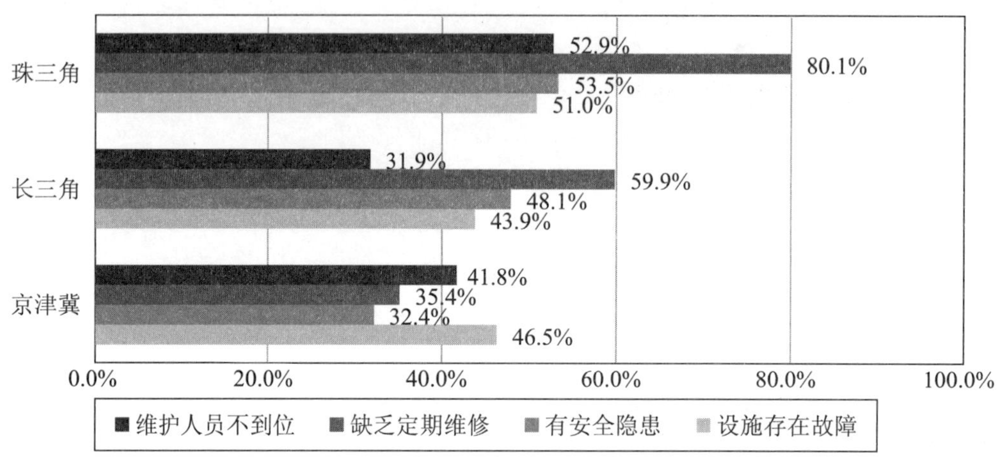

图 4-52　特种设备质量不满意原因

2. 工程质量

京津冀、长三角和珠三角地区居民对工程质量的满意度调查结果显示，2017 年，长三角地区的居民对工程质量满意度分数最高，达到 73.47 分；珠三角地区居民对工程质量的满意度得分为 71.63 分，排名居中；京津冀地区的居民对工程质量满意度分数最低，65.83 分。

工程质量社会满意度涵盖的各分项指标中，长三角地区居民对住宅建筑质量和交通建设工程质量满意度都是最高的，珠三角地区居民满意度居中，京津冀地区居民满意度则最低（表 4-8）。

表 4-8　2017 年工程质量满意度三大经济发展区得分　　单位：分

地区	住宅建筑	交通建设工程
京津冀	67.24	64.42
长三角	71.48	75.46
珠三角	71.28	71.99

三大地区居民对住宅建筑质量不满意的原因方面，2017 年，京津冀和长三角地区居民对住宅建筑不满意的首要原因是房屋隔音隔热效果差，次要原因是消防通道缺失或堵塞，此外，京津冀居民还比较担心住宅存在安全隐患；珠三角地区居民对住宅建筑不满意首要原因是房屋存在漏水、裂缝等质量问题，次要原因是房屋隔音隔热效果差，第三原因

是消防通道缺失或堵塞（图 4-53）。

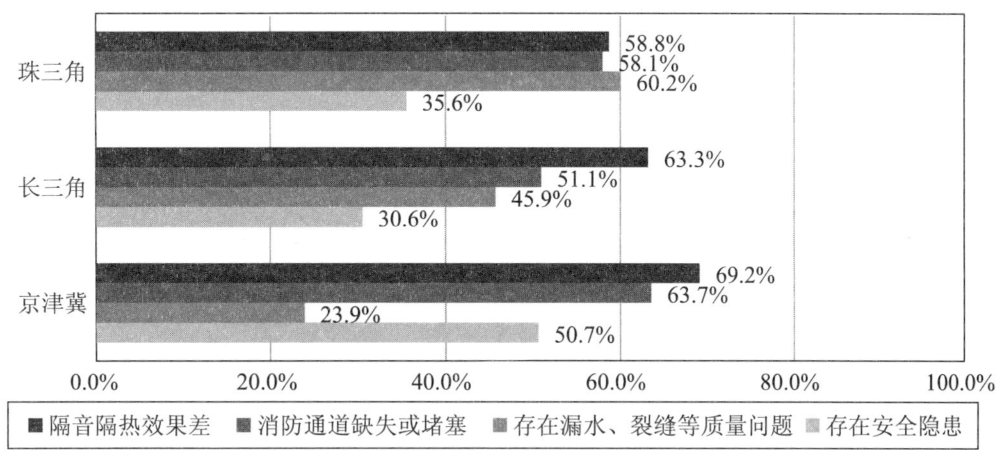

图 4-53　住宅建筑质量不满意原因

三大地区居民对交通建设工程质量不满意的原因，京津冀和长三角地区居民首要不满意原因是主体结构质量差，次要原因是存在偷工减料现象；珠三角地区居民对交通建设工程不满意首要原因是主体结构质量差、次要原因是指示标识不清、第三原因是存在偷工减料现象，第四大原因是存在安全隐患（图 4-54），各地居民不满意的原因有所相同。

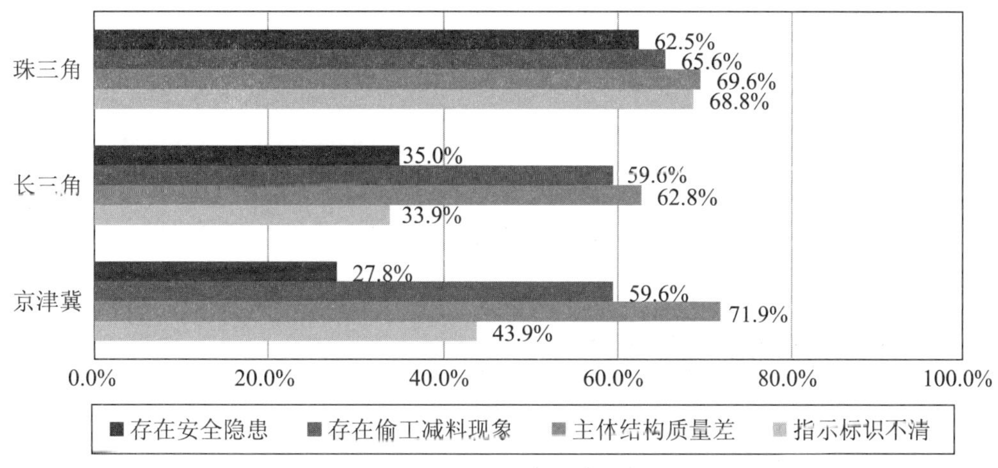

图 4-54　居民对交通建设工程质量不满意原因

3. 服务质量

2017 年，三大经济发展区居民对服务质量的满意度调查结果显示，长三角地区的居民对服务质量满意度最高，得分为 66.65 分；珠三角地区的居民对服务质量满意度居中，得分为 63.84 分；京津冀地区的居民对服务质量满意度最低，得分为 61.85 分。

服务质量满意度涵盖的各分项指标中，京津冀和长三角地区居民对短途公交服务满意度最高，对售后服务满意度最低；珠三角地区居民对长途公共交通服务满意度最高，对售后服务满意度最低。短途公共交通服务、长途公共交通服务、通信网络服务、银行服务、电子商务服务、物流快递服务、中小学教育、医疗服务、养老服务、公共事业服务、旅游服务、公共文体服务、家政服务和家庭装修服务满意度最高的都是长三角地区居民；保险服务满意度最高的京津冀地区；售后服务方面，满意度最高的是珠三角地区（表 4－9、表 4－10）。

表 4－9　2017 年生产服务质量满意度三大经济发展区得分　单位：分

地区	短途公交	长途公交	通讯和网络	银行	保险	电子商务	物流及快递
京津冀	68.99	65.43	66.07	62.54	64.10	60.64	71.05
长三角	77.17	75.88	73.80	66.96	63.52	65.42	74.78
珠三角	69.32	71.58	59.44	64.73	60.24	58.35	68.62

表 4－10　2017 年生活服务质量满意度三大经济发展区得分　单位：分

地区	中小学教育	医疗	养老	公共事业	旅游	公共文体	家政	家庭装修	售后服务
京津冀	61.47	62.62	65.61	64.66	62.30	66.60	58.31	59.63	55.42
长三角	68.56	67.89	69.89	69.58	65.71	72.59	63.89	65.50	56.24
珠三角	67.02	67.15	65.34	66.88	62.64	70.17	58.97	58.76	57.60

2017 年，居民对短途交通服务质量不满意的原因方面，京津冀地区居民不满意首要原因是不够便捷，次要原因是过于拥挤，第三原因是等待时间过长；长三角地区居民对短途公共交通不满意的首要原因是不够便捷，过于拥挤和等待时间过长也是重要不满意的原因；珠三角地区居民不满意首要原因是等待时间过长，第二原因是不够便捷，第三原因是卫生条件差，第四原因是过于拥挤（图 4－55）。

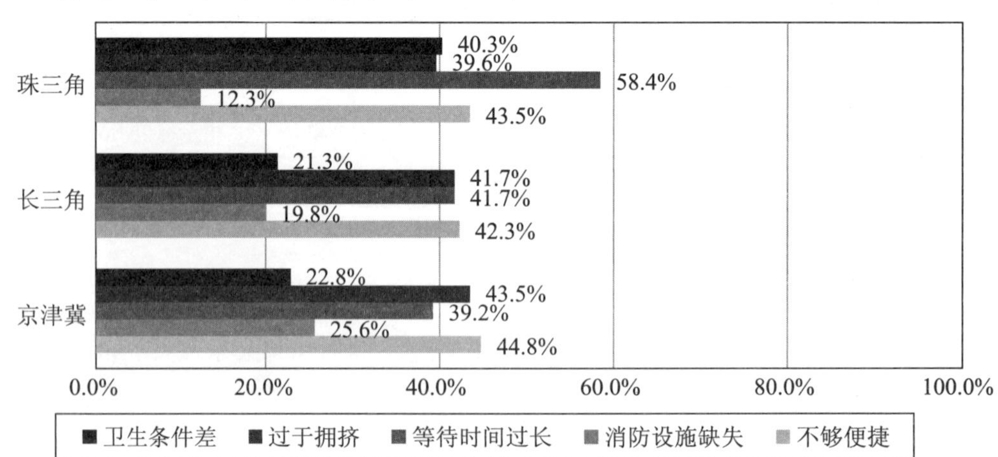

图 4－55　居民对短途交通服务质量不满意的原因

2017 年，三大区域居民对长途交通服务质量不满意的原因方面，珠三角和京津冀地区居民不满意的首要原因是工作人员态度差，次要原因是不准点、经常延误；长三角地区居民不满意首要原因是不准点、延误，次要原因是存在安全隐患（图 4－56）。

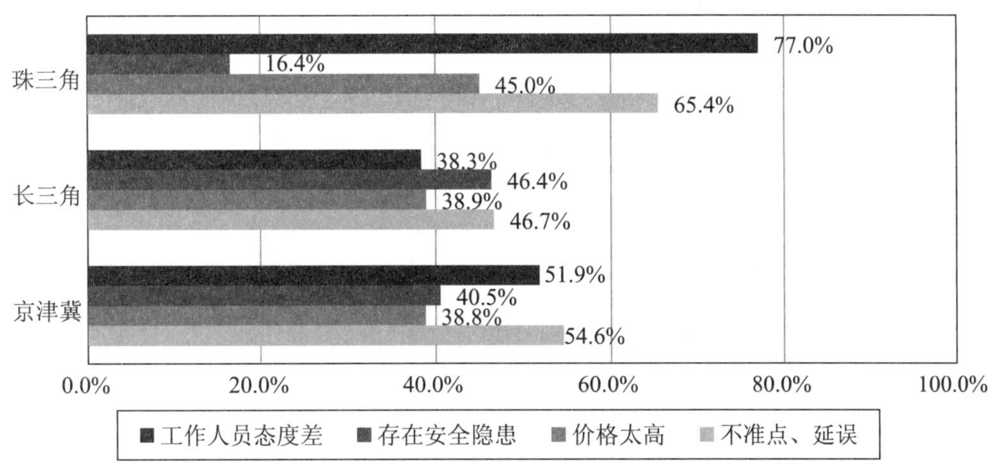

图 4－56　居民对长途交通服务质量不满意原因

居民对通信网络服务质量不满意方面，珠三角地区居民不满意的首要因素是信息不安全，次要原因是网络速度慢，第三原因是资费过高；长三角地区居民不满意首要因素是网络速度慢，第二原因是信息不安全，第三原因是资费过高；京津冀地区居民不满意首要原因是信息不安全，次要原因是网络速度慢，第三原因是信号强度差（图 4－57）。

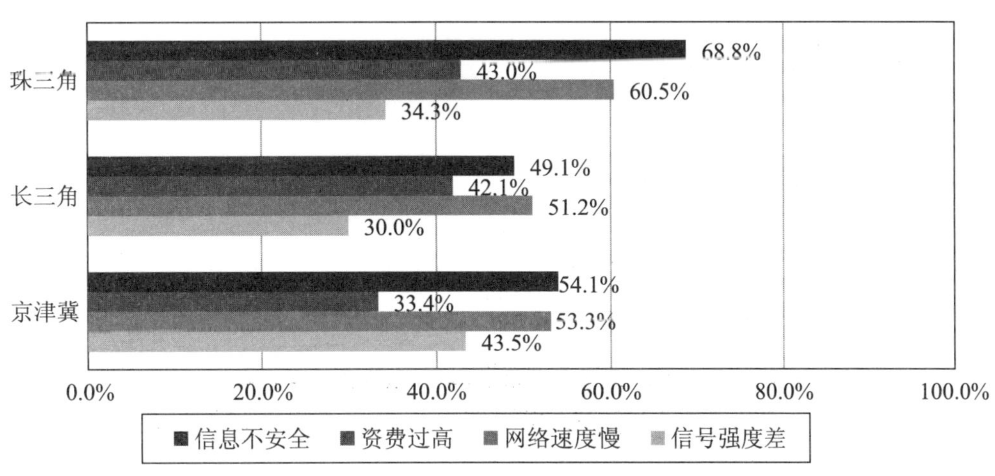

图 4－57　通信网络服务质量不满意原因

居民对银行服务质量不满意方面，珠三角地区居民首要不满意原因是办业务等待时间过长，次要原因是网点分布不合理，第三原因是 ATM 可靠性安全性差；京津冀和长三角地区居民不满意首要原因是网点分布不合理，次要原因是办业务等待时间长（图 4－58）。

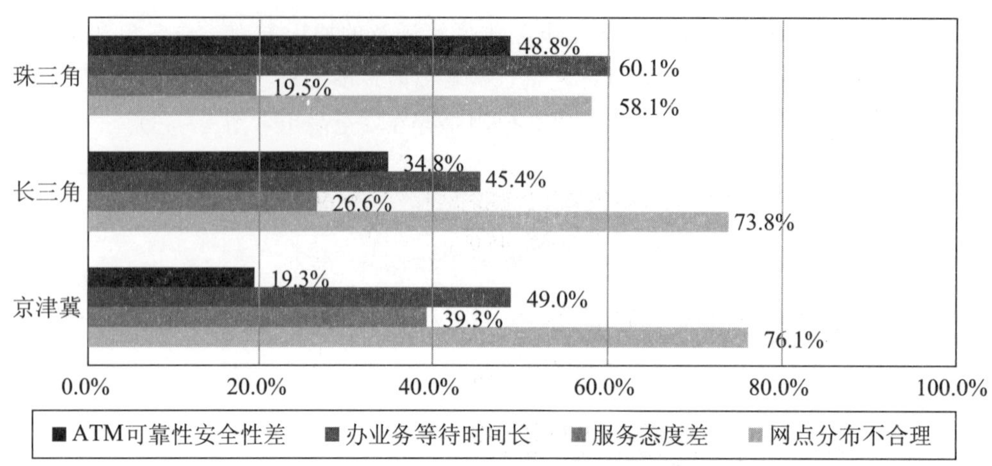

图 4－58　居民对银行服务质量不满意原因

居民对保险服务质量不满意原因的调查结果显示，京津冀地区居民不满意的首要原因是夸大收益，次要原因是理赔困难，第三大原因是从业人员素质差；长三角地区居民不满意首要因素是理赔困难，次要原因是夸大收益，第三原因是从业人员素质差，第四原因是骚扰电话多；珠三角地区居民不满意首要原因是骚扰电话多，第二原因是理赔困难，第三原因是夸大收益，第四原因是从业人员素质差（图 4－59）。

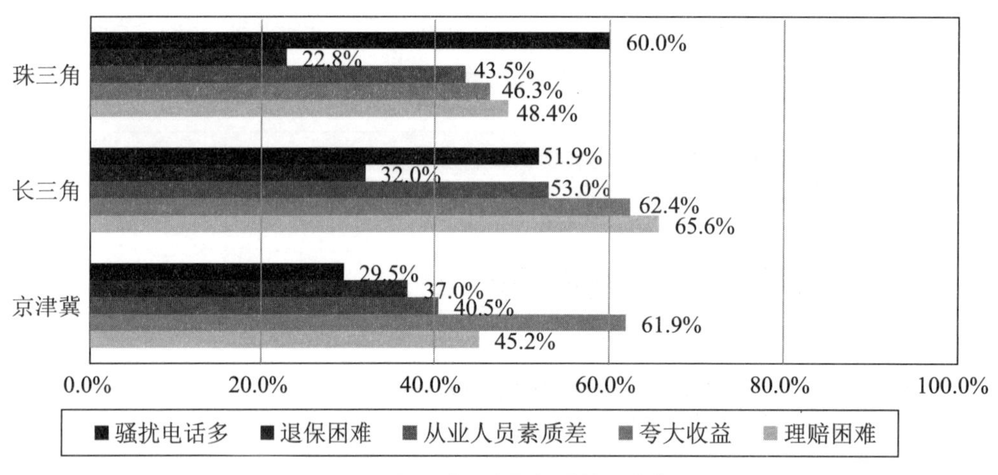

图 4－59　居民对保险服务质量不满意原因

居民对电子商务服务质量不满意方面，2017 年，京津冀、长三角和珠三角三大经济发展区居民不满意的首要原因都是对商品质量，不满意的第二原因是商家诚信问题（图 4－60）。

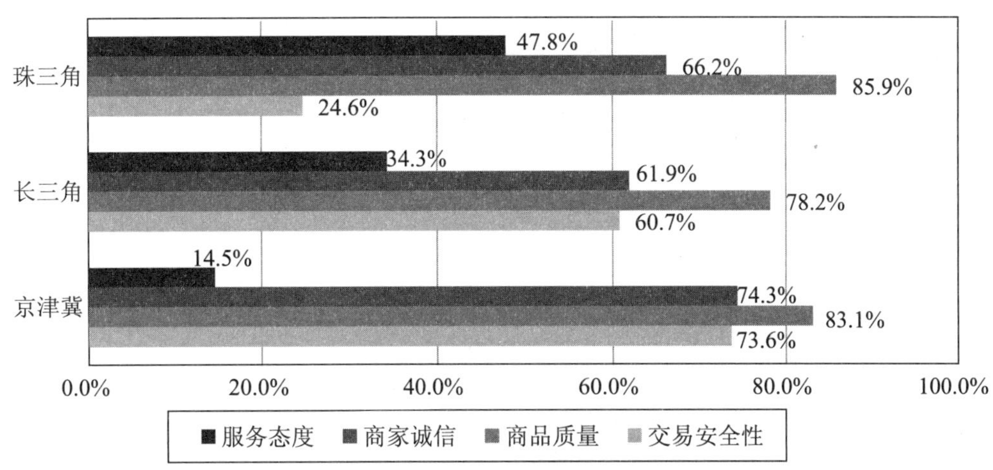

图 4-60　电子商务服务质量不满意原因

2017 年，三大经济发展区的居民对快递物流服务质量不满意的原因方面，珠三角地区居民不满意的首要原因是“快递员态度差”，第二原因是“物品损伤”，第三原因是送达不及时；长三角地区居民不满意首要原因是“送达不准确”，第二原因是“送达不及时”，第三原因是“快递员态度差”；京津冀地区居民不满意首要原因是“送达不及时”，第二原因是“快递员服务态度差”，第三原因是“送达不准确”（图 4-61）。

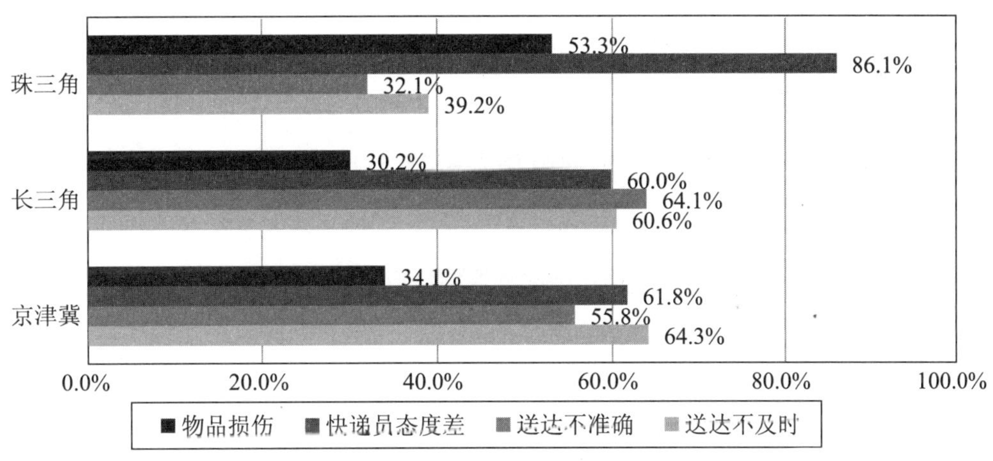

图 4-61　快递物流服务质量不满意原因

居民对中小学教育质量不满意的原因方面，分析结果显示，教育资源是否均衡分布以及教师素质是居民关注的焦点，三地居民对义务教育不满意的首要原因是教育资源分布不均，第二原因是教师素质低（图 4-62）。

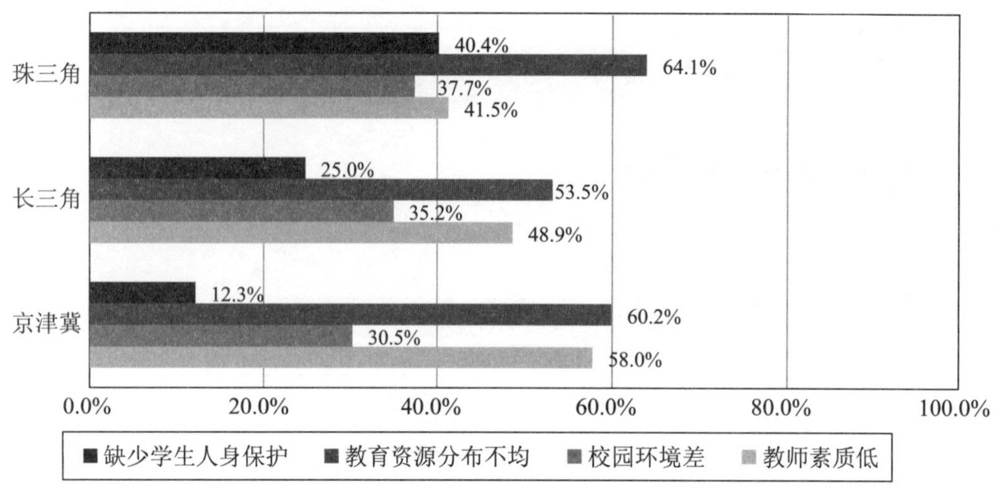

图 4-62　中小学教育质量不满意原因

居民对医疗服务质量不满意的原因方面，2017 年，珠三角地区居民不满意首要原因是就医便捷性，第二原因是医务人员素质低，第三原因是收费合理性；长三角地区居民首要不满意原因是就医便捷性，第二原因是收费合理性，第三原因是医务人员素质；京津冀地区居民对医疗服务质量不满意首要原因是就医便捷性，第二原因是医务人员素质，第三原因是就医环境，第四原因是收费合理性（图 4-63）。

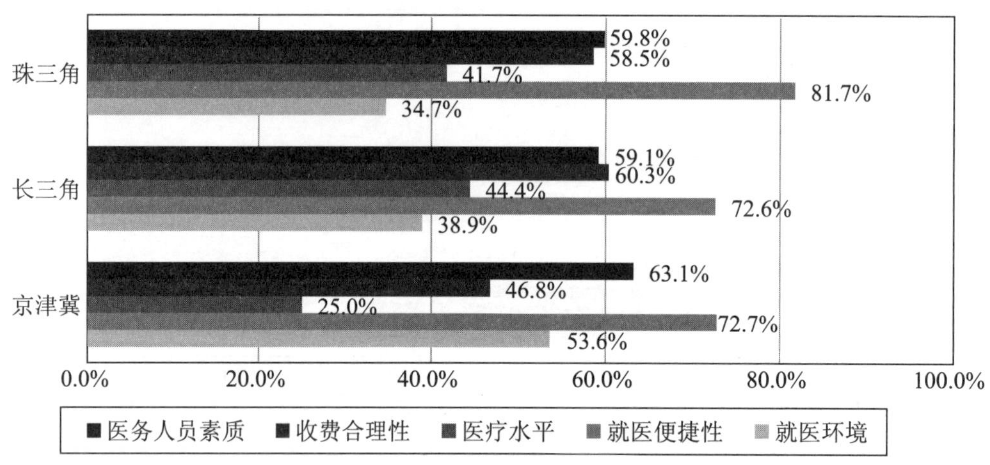

图 4-63　医疗服务质量不满意原因

居民对养老服务质量不满意的原因方面，随着中国老龄化的加速，养老服务压力开始突出，养老服务短缺以及养老服务设施不足成为三大地区居民不满意的首要和次要原因。2017 年，珠三角地区居民对养老服务不满意的首要原因是养老服务短缺，第二原因是养老护理设施不足，第三原因是养老服务收费不合理；长三角地区居民不满意首要原因是养老服务短缺，第二原因是养老护理设施不足，第三原因是收费不合理；京津冀地区居民不满意首要原因是养老服务短缺，第二原因是养老护理设施不足（图 4-64）。

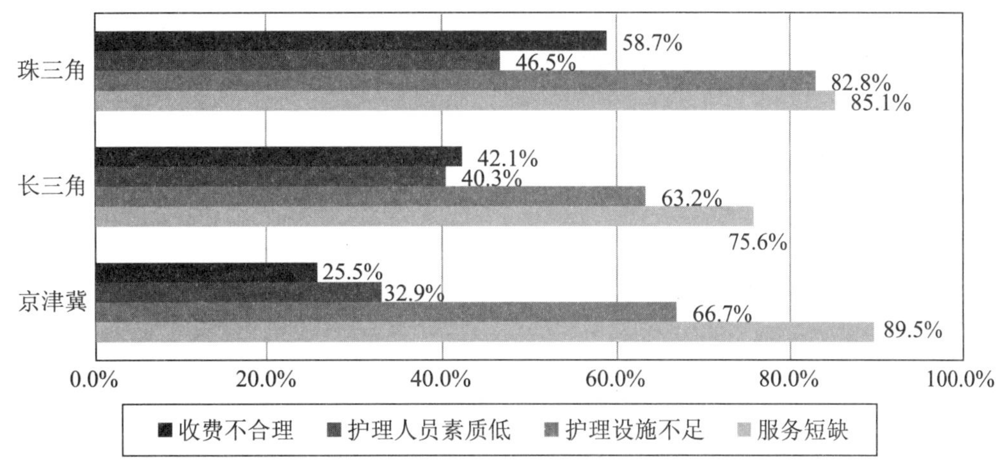

图 4－64　养老服务质量不满意原因

2017 年，居民对供水、管道、燃气等公共事业服务质量不满意的原因方面，三大经济发展区居民不满意的首要原因是公共事业服务便利性，长三角地区尤为明显；第二原因是公共事业服务的安全保障（图 4－65）。

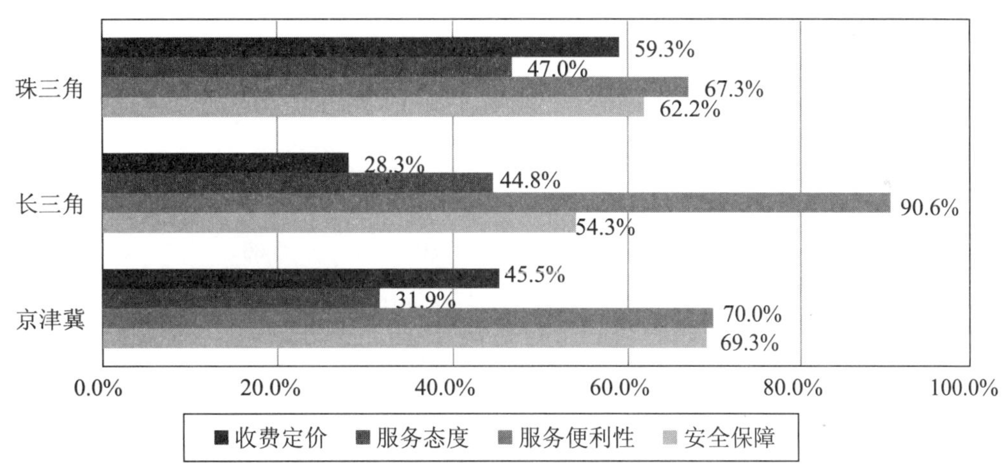

图 4－65　公共事业质量不满意原因

旅游服务质量不满意方面，2017 年，珠三角地区居民对旅游服务不满意首要原因是硬件设施，次要原因是便民服务，第三原因是景区卫生；长三角地区居民首要不满意因素是硬件设施，次要原因是景区卫生，第三原因是便民服务；京津冀地区居民首要不满意因素是景区卫生，次要原因是硬件设施（图 4－66）。

2017 年，京津冀、长三角和珠三角地区居民对图书馆、体育馆等公共文体服务质量不满意的首要原因是缺少图书馆体育馆等公共设施，次要原因是缺少有组织的文体活动（图 4－67）。随着居民物质生活水平的提高，精神需求也逐渐提高，政府对图书馆、体育馆等公共文体服务配套建设需要投入更多资源。

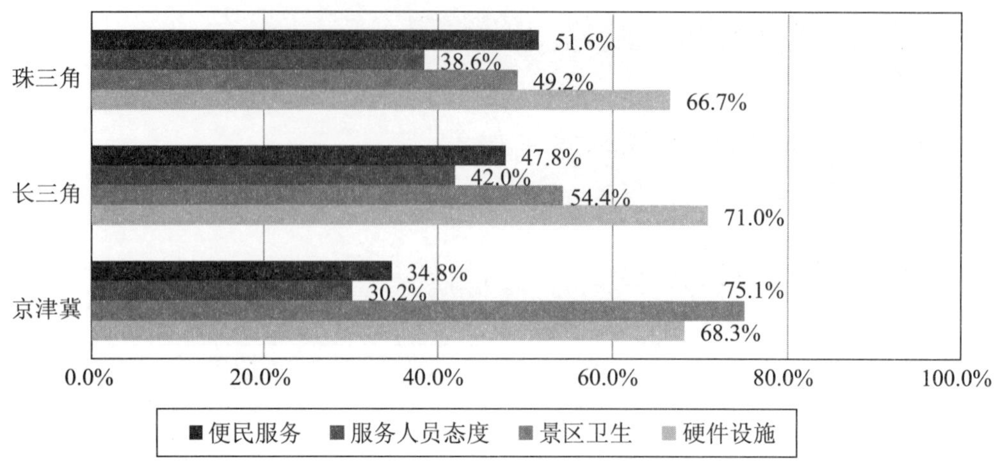

图 4－66　旅游服务质量不满意原因

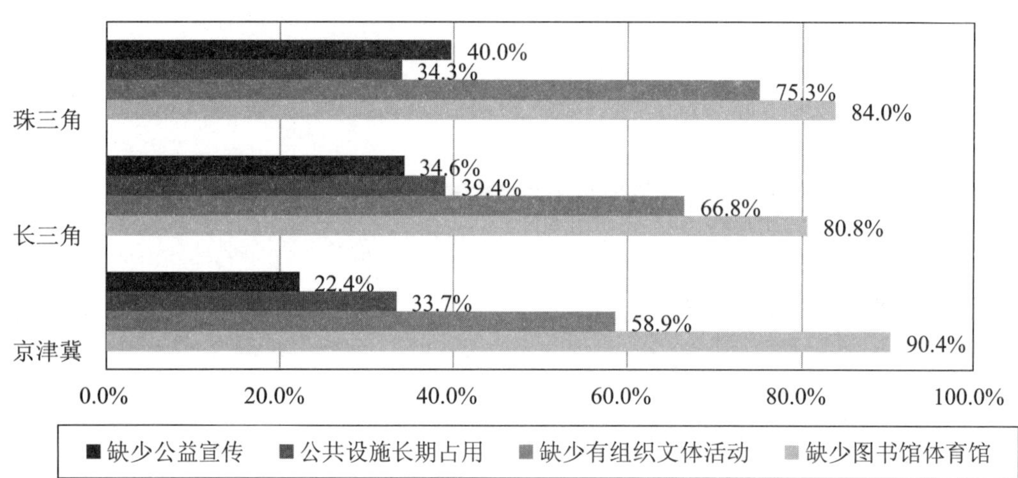

图 4－67　公共文体服务质量不满意原因

长三角、珠三角和京津冀地区经济发展在国内处于绝对优势，三大地区目前以及未来养老养小方面对家政服务的需求潜力巨大。2016 年，在家政服务质量不满的原因上，三地均主要为服务人员素质差。但是，2017 年，珠三角地区居民对家政服务不满意首要因素为市场秩序混乱，次要原因是服务人员素质差，第三原因是服务监管缺位；长三角地区居民对家政服务不满意的首要因素是服务人员素质差，第二原因是服务监管缺位，第三原因是市场秩序混乱；京津冀地区居民对家政服务不满意的首要原因是服务人员素质差，次要原因是服务监管缺位，第三原因是市场秩序混乱（图 4－68）。2017 年，居民对家政服务关注的焦点开始从服务人员素质这种“表面现象”向“市场秩序”和“服务监管”这种深入原因转移。

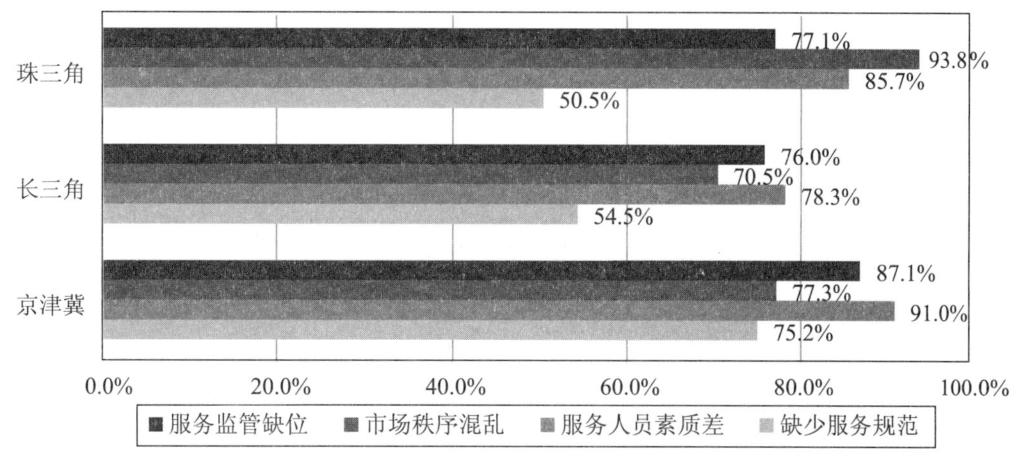

图 4-68　家政服务质量不满意原因

2017 年，居民对家庭装修质量服务不满意的原因方面，珠三角地区居民首要不满意原因是装修过程中存在偷工减料，次要原因是装修收费不合理；长三角地区居民不满意的首要原因是收费不合理，第二原因是装修过程中私自变更项目，第三原因是装修过程中存在偷工减料；京津冀地区居民不满意首要原因是收费不合理，第二原因是装修过程中存在偷工减料，第三原因是施工人员技术差（图 4-69）。

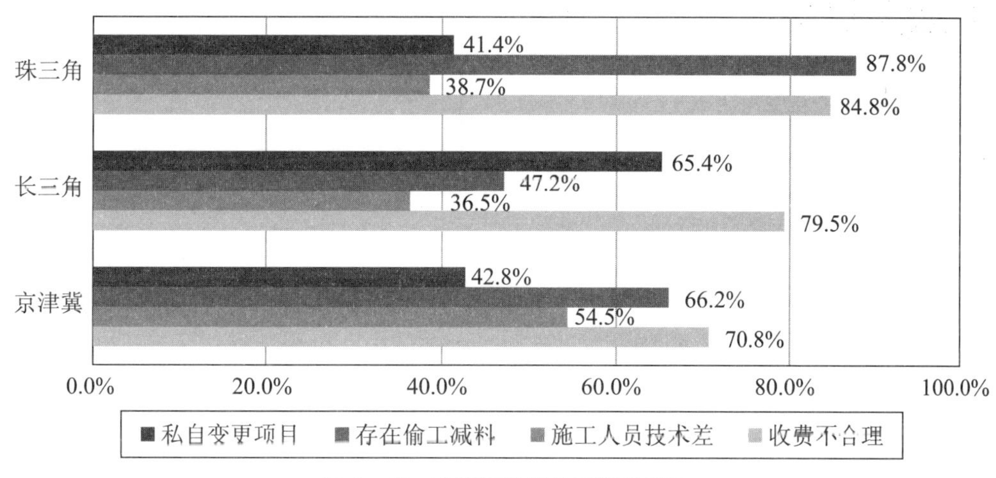

图 4-69　家庭装修质量不满意原因

居民对售后服务质量不满意的原因方面，2017 年，珠三角和长三角地区居民对售后服务不满意的首要原因是“售后响应慢工作人员态度差”，第二原因是“收费混乱不透明”，第三原因是“售后服务内容与承诺不符”；京津冀地区居民对售后服务不满意的首要原因是“收费混乱不透明”，次要原因是“响应慢工作人员态度差”，第三原因是“服务内容与承诺不符”（图 4-70）。

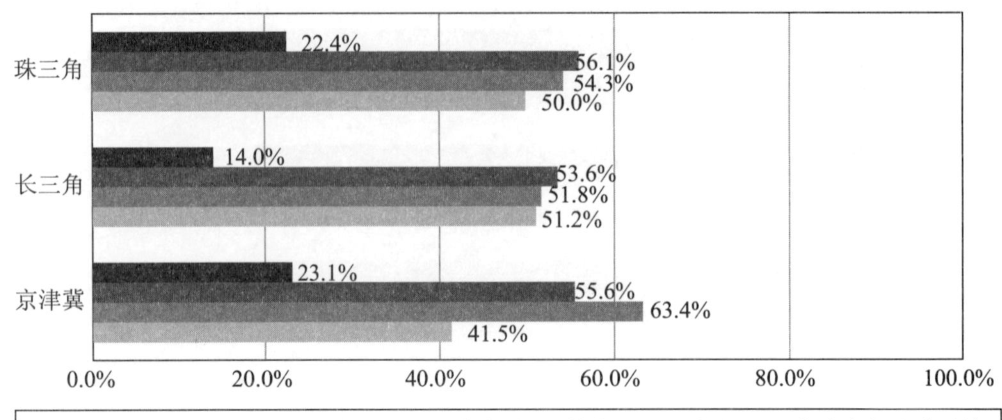

图 4－70 售后服务质量不满意原因

4. 环境质量

三大经济发展区居民对环境质量满意度的调查结果显示，2017 年，长三角地区的居民对环境质量满意度得分最高，达到 59.58 分；珠三角地区居民对环境质量满意度得分居中，为 57.37 分；京津冀地区的居民对环境质量满意度得分最低，为 50.20 分。

环境质量满意度调查涵盖的各分项指标中，长三角地区居民对水环境质量和大气质量满意度最高；珠三角地区居民对水环境和大气环境质量满意度居中；京津冀地区居民对水环境和大气质量环境满意度最低（表 4－11）。

表 4－11 2017 年环境质量满意度三大经济发展区得分 单位：分

地区	水环境	大气
京津冀	49.14	51.27
长三角	56.42	62.74
珠三角	53.03	61.71

2017 年，三大经济发展区居民对水环境质量不满意原因方面，居民不满意首要原因都是工业污染；第二原因是生活垃圾污染，长三角地区尤为显著（图 4－71）。

2017 年的调查结果显示，三大经济发展区居民对空气质量不满意的原因，珠三角和长三角地区居民首要不满意原因是汽车尾气排放，第二原因是工业废气污染；长三角地区居民不满意首要原因是汽车尾气，第二原因是工业废气排放（图 4－72）。

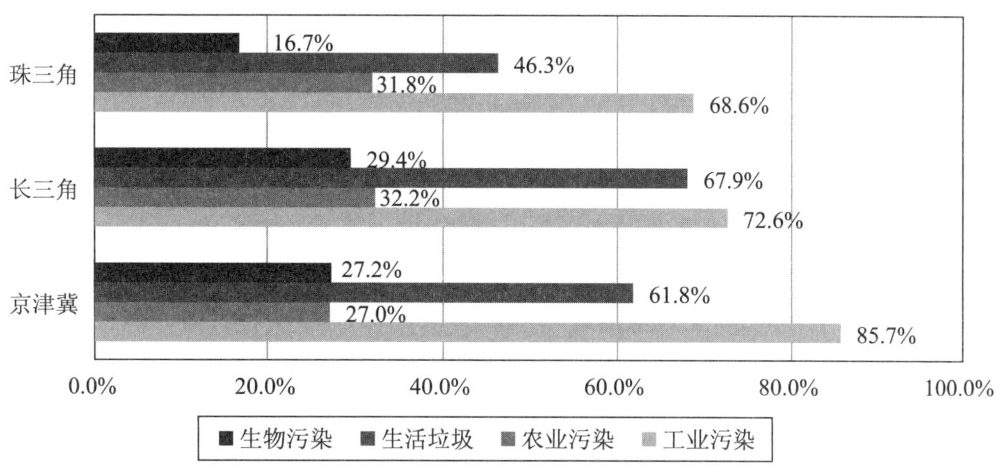

图 4－71　居民对水环境质量不满意原因

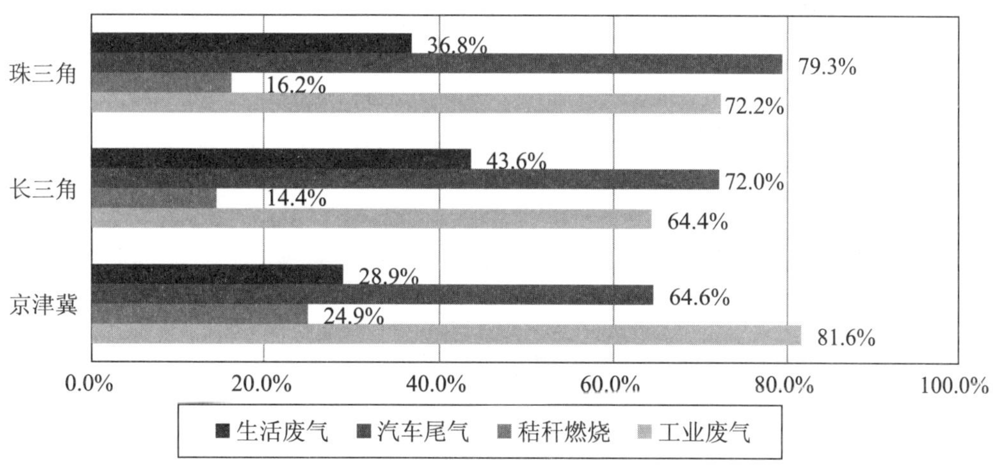

图 4－72　居民对大气质量不满意原因

5. 质量意识

2017 年，三大经济发展区居民对质量意识的满意度调查结果显示，长三角地区的居民对质量意识满意度最高，达到 70.74 分；京津冀地区居民对质量意识满意度居中，得分为 67.28 分；珠三角地区的居民对质量意识满意度分数最低，为 60.16 分。

质量意识满意度调查涵盖的各分项指标中，长三角地区居民满意度最高；珠三角地区居民各项满意度最低（表 4－12）。

表 4-12　2017 年三大经济发展区质量意识得分　　单位：分

地区	产品质量提升	工程质量提升	服务质量提升	环境质量提升	质量投诉处理	信息公开与宣传
京津冀	68.06	65.02	72.99	66.89	62.62	68.08
长三角	73.05	71.01	73.31	67.25	66.57	73.24
珠三角	63.89	62.82	56.40	63.79	50.91	63.17

2017 年，京津冀地区被调查居民中 24.8%居民明确表示遇到质量问题不投诉，长三角地区被调查居民中 15.6%的居民表示遇到质量问题不投诉，珠三角地区被调查居民中 9.9%的居民表示不投诉。三地居民遇到质量问题但不去投诉的首要原因，均为“嫌麻烦”，次要原因均为“预计得不到好的投诉处理结果”，第三原因均为“不知道投诉途径”（图 4-73）。

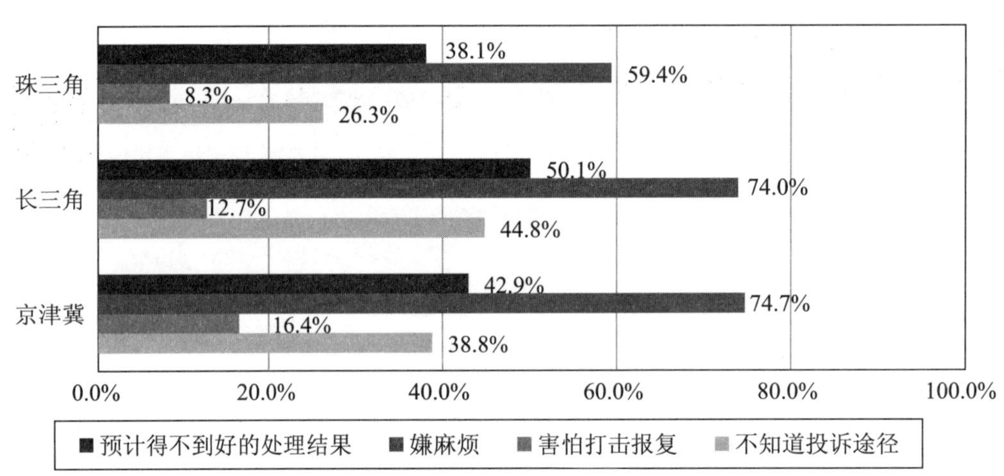

图 4-73　遇到质量问题不投诉的原因

居民对质量处理结果不满意的原因方面，京津冀、长三角和珠三角地区居民首要不满意原因均为等待结果时间太长。珠三角和长三角地区居民不满意的第二原因是各个部门相互推诿。长三角地区居民对投诉处理结果不满意的第三原因是没有得到应有的赔偿。京津冀地区居民对投诉处理结果不满意的第二原因是没有得到处理结果，第三原因是各个部门相互推诿（图 4-74）。

居民对政府质量宣传和信息公开不满意的原因，调查结果显示，珠三角地区居民首要不满意原因是“宣传公开信息渠道少”，第二原因是“宣传活动少、规模小”，第三原因是“信息公开不及时、不准确”。长三角地区居民不满意首要原因是“宣传活动少、规模少”，第二原因是“宣传公开信息渠道少”，第三原因是“信息公开不及时、不准确”。京津冀地区居民对政府质量宣传和信息公开不满意的首要原因是“宣传活动少、规模少”，第二原因是“信息公开不及时、不准确”，第三原因是“宣传公开信息渠道少”（图 4－75）。

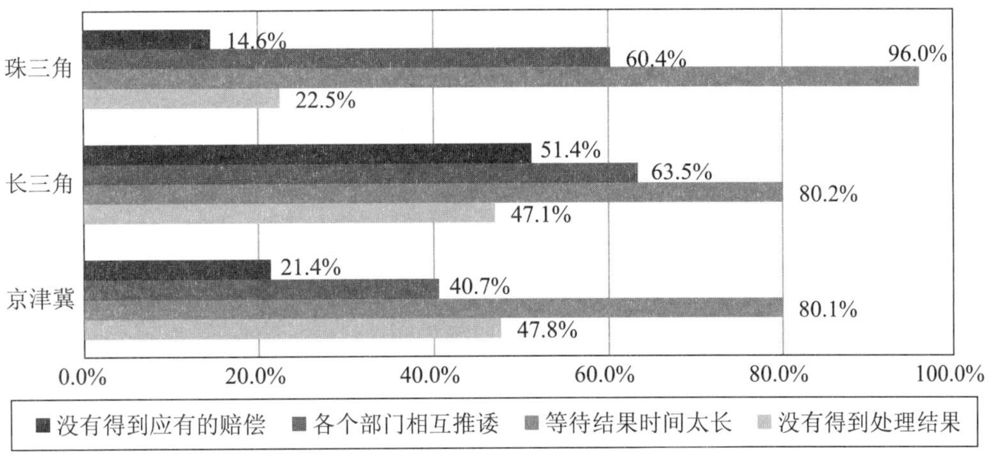

图 4－74　对质量投诉不满的原因

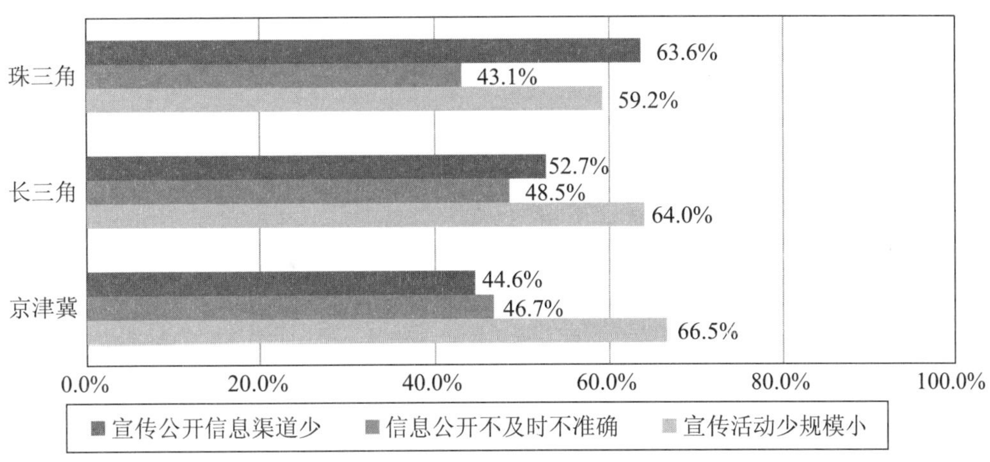

图 4－75　对质量宣传和信息公开不满的原因

四、结果分析

通过从东北、华北、华东、华中、华南、西北、西南七大地理区域的视角，京津冀、长三角和珠三角城市群建设视角，以及“一带一路”战略视角等不同角度分析了不同范围居民对政府质量工作的满意度，不同区域居民对政府质量工作满意度存在不均衡性，国家战略影响地区居民对政府质量工作满意度高，政府质量工作与经济发展水平有一定相关性。

1. 政府质量工作满意度在不同区域存在不均衡性

基于七大地理区域视角，2017 年，华东地区在全国七大区域中政府质量工作社会满意度总分以及产品质量、工程质量、服务质量和质量意识方面的得分均为第一，东北地区在质量总分以及产品质量、服务质量和质量意识方面的得分均为倒数第一，不同地理区域居民对政府质量工作的满意度的区域性不均衡性明显。

2. “一带一路”地区居民对政府质量工作满意度略高

继 2015 年《推动共建丝绸之路经济带和 21 世纪海上丝绸之路的愿景与行动》发布以来，综合 2015—2017 年的社会满意度数据来看，“一带一路”地区政府质量工作社会满意度得分曲线斜率大于全国社会满意度曲线斜率，说明“一带一路”地区社会满意度提升速度优于全国社会满意度平均水平（图 4 - 76）。

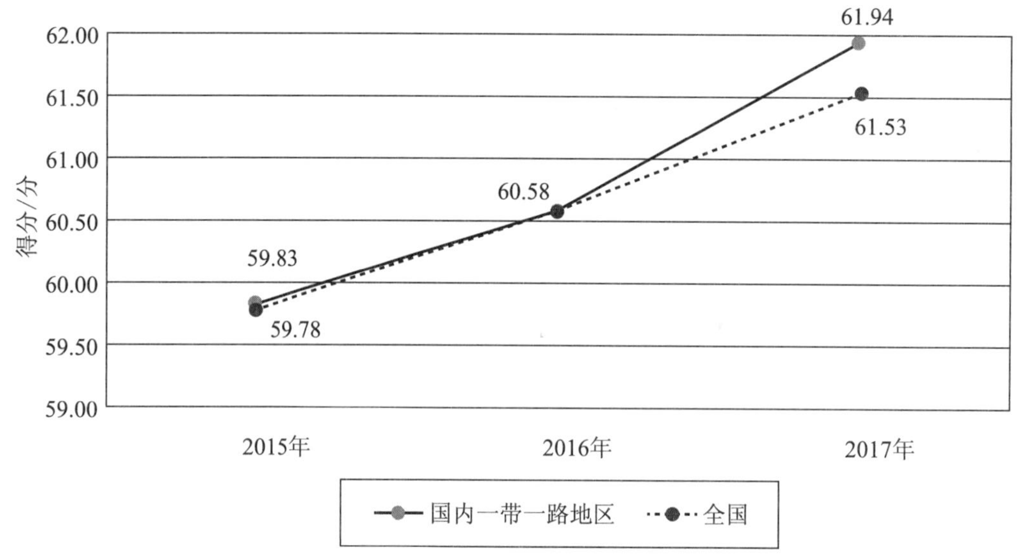

图 4 - 76　2015—2017 年“一带一路”地区政府质量工作社会满意度与全国平均水平

3. 政府质量工作社会满意度与经济发展水平存在一定相关性

根据 2017 年我国大陆七大地理区域的政府质量工作满意度与人均 GDP 的数据，以及京津冀、长三角、珠三角政府工作质量和人均 GDP 的数据，2017 年，政府质量工作满意度与人均 GDP 存在一定正相关性（图 4 - 77，图 4 - 78）。大陆七大地理区域的政府质量工作满意度与人均 GDP 的皮尔逊相关系数为 0.72，京津冀、长三角和珠三角地区政府质量工作满意度与人均 GDP 的皮尔逊相关系数为 0.99。

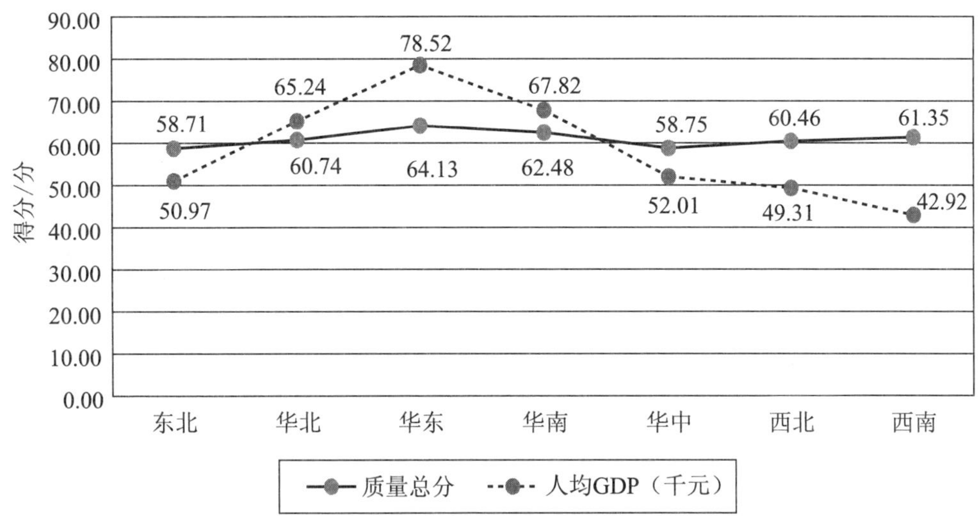

图 4-77　2017 年我国大陆七大区域质量满意度与人均 GDP

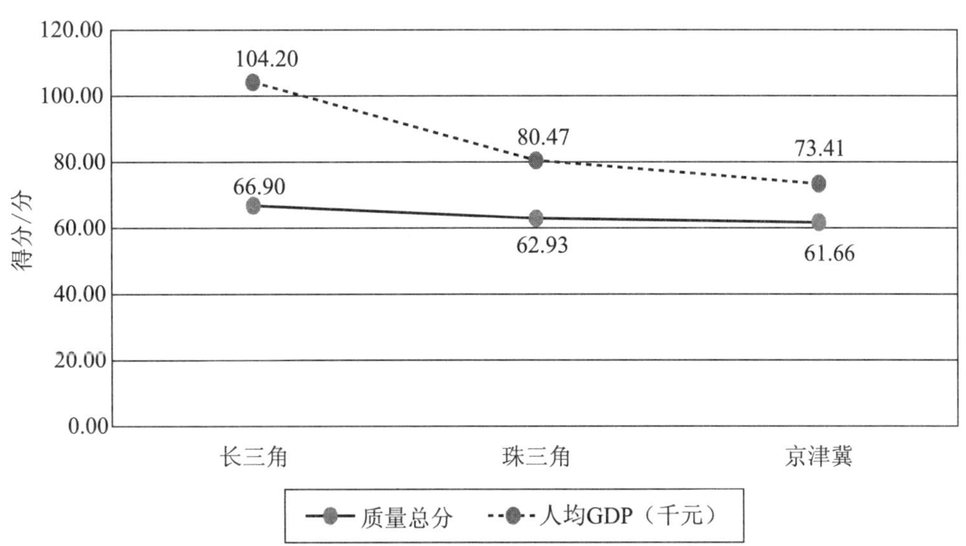

图 4-78　2017 年京津冀、长三角、珠三角地区质量满意度与人均 GDP

根据 2014—2017 年全国社会满意度与全国人均 GDP、“一带一路”地区社会满意度与“一带一路”地区包含的 18 个省（市、自治区）人均 GDP 的数据变化趋势，政府质量工作社会满意度与人均 GDP 存在一定正相关性（图 4-79，图 4-80）。2014—2017 年全国质量工作社会满意度得分与人均 GDP 的皮尔逊相关系数为 0.84，一带一路地区政府质量工作社会满意度与人均 GDP 数据的皮尔逊相关系数为 0.99，证明政府质量工作社会满意度与经济发展水平的正相关性。

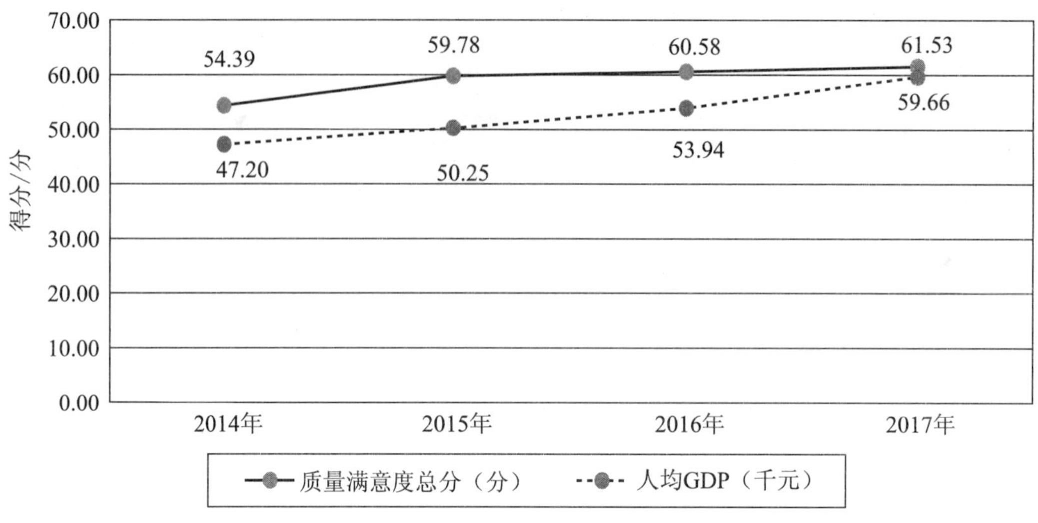

图 4-79　2014—2017 年全国质量满意度与人均 GDP

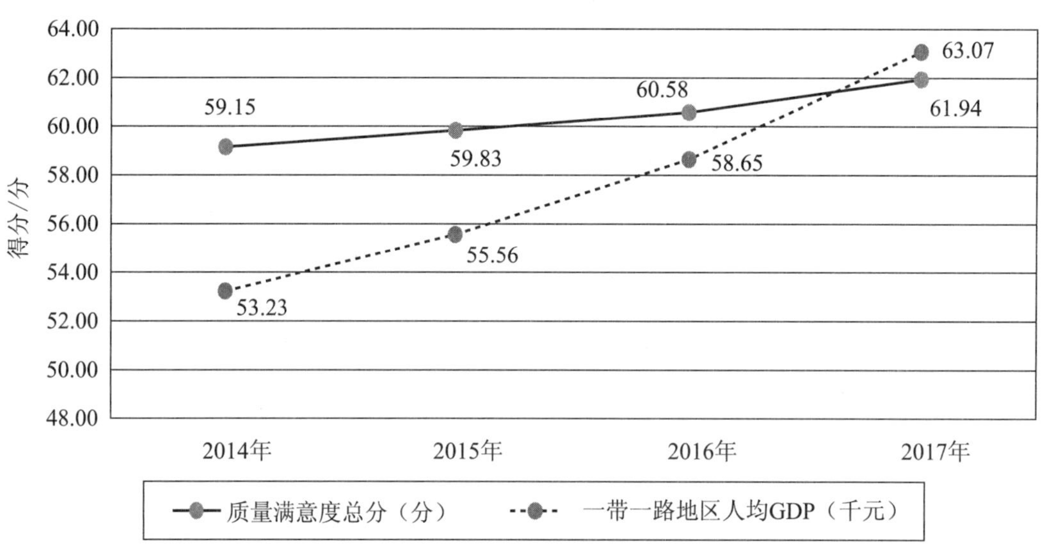

图 4-80　2014—2017 年“一带一路”地区质量满意度与一带一路地区人均 GDP

综上，根据同一年份不同区域以及同一区域不同年份的满意度数据与人均 GDP 数据可以发现，政府质量工作满意度与人均 GDP 水平存在正相关关系。

第五章　政府质量工作满意度受访者群体分析

本章按照2017年受访者的性别、年龄、教育水平、城乡分布以及收入水平等方面，全方位、多角度、立体化分析不同类别受访居民对政府质量工作满意度的情况。

一、不同性别受访者分析

调查结果显示，2017年，不同性别受访者对政府工作质量满意度总分以及产品质量、工程质量、服务质量、环境质量和质量意识五大分项的得分上不存在明显差异。男性受访者在工程质量方面的满意度比女性受访者分数略高，在总分及其他分项满意度的得分均略低于女性（图5－1）。

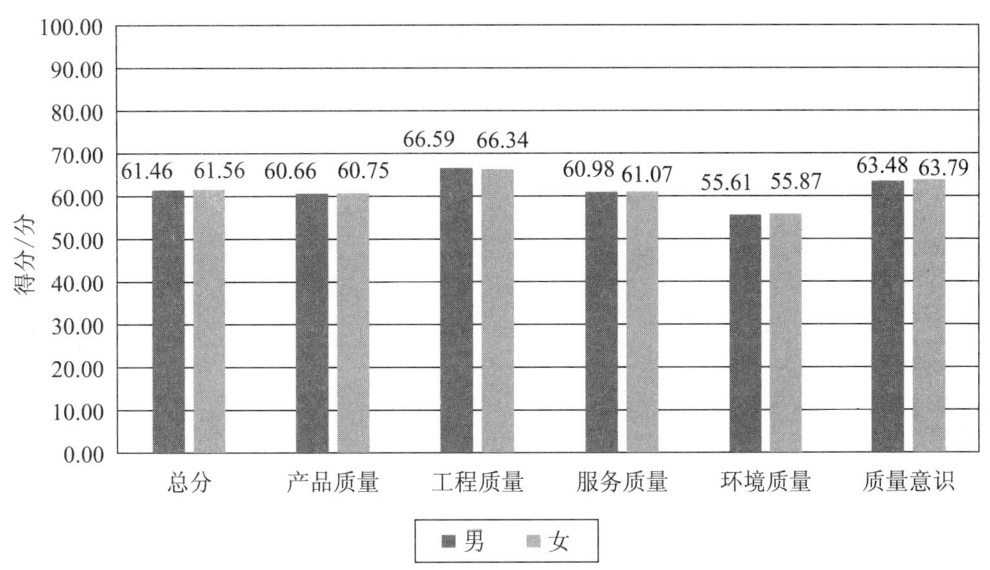

图5－1　2017年不同性别受访者对政府质量工作的满意度评分

1. 产品质量

不同性别受访居民对产品质量的满意度调查结果显示，男性受访者在耐用消费品、快速消费品和特种设备3个分项指标上的满意度高于女性受访者；在农产品、食品和进口产品3个分项指标上男性受访者评分低于女性受访者（表5－1）。

表 5－1　2017 年产品质量满意度男女受访者评分　　单位：分

性别	药品	农产品	食品	耐用消费品	快速消费品	进口产品	特种设备
男	51.67	56.02	57.09	65.50	63.01	67.61	63.71
女	51.67	56.25	57.42	65.45	62.93	67.91	63.60

2. 工程质量

不同性别受访居民对工程质量的满意度调查结果显示，男性受访者在住宅建筑质量方面的满意度略高于女性受访者，在交通建设工程方面的满意度略低于女性受访者（表 5－2）。

表 5－2　2017 年工程质量满意度男女受访者评分　　单位：分

性别	住宅建筑	交通建设工程
男	66.28	66.72
女	65.97	66.77

3. 服务质量

不同性别受访居民对服务质量的满意度调查结果显示，2017 年，在生产性服务满意度方面，女性受访者在长途公交、保险、电子商务和物流快递服务 4 个方面满意度高于男性，在短途公共交通、通信和网络服务、银行服务 3 个方面低于男性（表 5－3）。

表 5－3　2017 年生产性服务质量满意度男女受访者评分　　单位：分

性别	短途公交	长途公交	通信和网络	银行	保险	电子商务	物流及快递
男	65.46	64.19	62.33	61.62	60.38	57.89	64.78
女	65.42	64.52	62.20	61.60	60.48	58.43	64.84

生活性服务质量满意度调查结果显示，女性受访者在中小学教育、养老服务、公共事业服务 3 项指标上满意度高于男性，在医疗服务、旅游服务、公共文体服务和家庭装修服务 4 个方面低于男性，在家政服务方面无差异（表 5－4）。

表 5－4　2017 年生活性服务质量满意度男女受访者评分　　单位：分

性别	中小学教育	医疗	养老	公共事业	旅游	公共文体	家政	家庭装修	售后服务
男	62.45	59.63	61.57	63.23	60.68	63.06	57.55	57.26	52.02
女	62.66	59.60	61.71	63.52	60.55	63.00	57.55	57.18	52.23

4. 环境质量

2017 年，不同性别受访居民对环境质量的满意度调查调查结果显示，女性受访者对环境质量满意度的评分略高于男性，女性受访者在水环境和大气质量方面的满意度评分略高于男性（表5－5）。

表5－5　2017年环境质量满意度男女受访者评分　　单位：分

性别	水环境	大气
男	53.18	58.11
女	53.35	58.49

5. 质量意识

质量意识方面，2017年统计结果显示，女性受访者在质量意识满意度总分以及产品质量提升、工程质量提升、服务质量提升、环境质量提升、质量投诉处理和信息公开与宣传细分项上均略高于男性（表5－6）。

表5－6　2017年质量意识男女受访者评分　　单位：分

性别	产品质量提升	工程质量提升	服务质量提升	环境质量提升	质量投诉处理	信息公开与宣传
男	67.09	64.57	68.59	65.15	54.34	61.14
女	67.26	64.68	68.98	65.38	54.83	61.61

二、不同年龄段受访者分析

本次调查结果显示，60～79岁年龄段的老年受访者在质量满意度总分以及工程质量、服务质量、环境质量、质量意识4个方面的满意度评分都高于59岁以下的受访者（图5－2）。

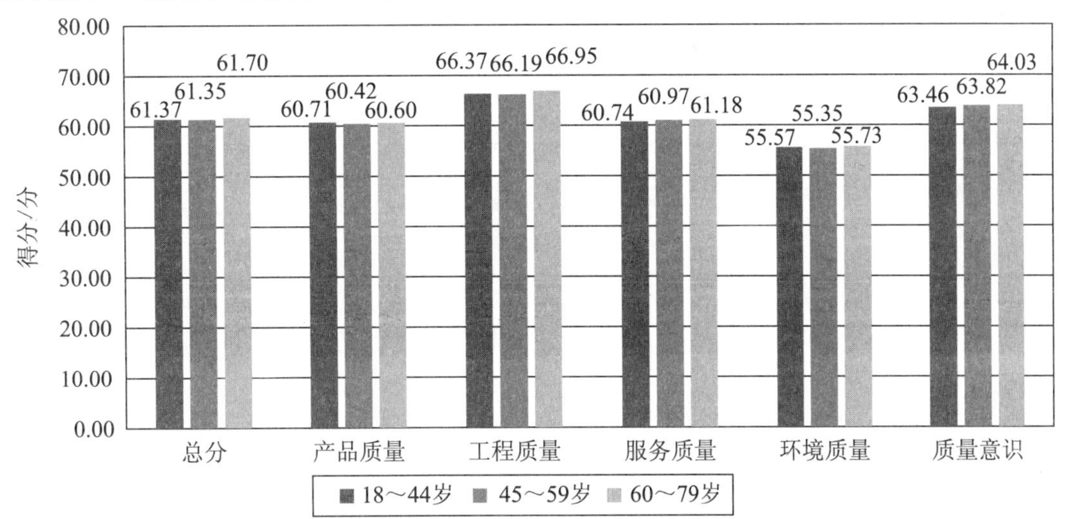

图5－2　2017年政府质量工作满意度不同年龄段受访者评分

1. 产品质量

不同年龄段受访居民对产品质量的满意度调查结果显示，所有受访居民对进口产品质量满意度最高，对药品质量满意度最低。对药品质量、食品质量满意度最高的是 18～44 周岁的居民；对农产品质量、耐用消费品质量、快速消费品质量、进口产品质量和特种设备质量满意度最高的是 60～79 周岁的居民；对农产品质量、食品质量、耐用消费品质量、进口产品质量和特种设备质量满意度最低的是 45～59 周岁的受访居民（表 5－7）。

表 5－7　2017 年产品质量满意度不同年龄段受访者评分　　单位：分

年龄	药品	农产品	食品	耐用消费品	快速消费品	进口产品	特种设备
18～44 岁	51.76	56.14	57.38	65.56	62.68	67.89	63.58
45～59 岁	51.54	55.89	56.98	64.83	63.01	67.30	63.38
60～79 岁	51.50	56.49	57.18	66.30	64.19	67.93	64.51

2. 工程质量

不同年龄段受访居民对工程质量的满意度调查结果显示，对住宅建筑质量和交通建设工程质量满意度最高的都是 60～79 岁受访居民，对住宅建筑质量满意度最低的是 45～59 周岁的受访居民，对交通建设工程质量满意度最低的是 18～44 周岁的居民（表 5－8）。

表 5－8　2017 年工程质量满意度不同年龄段受访者评分　　单位：分

年龄	住宅建筑	交通建设工程
18～44 岁	66.24	66.51
45～59 岁	65.76	66.61
60～79 岁	66.37	67.53

3. 服务质量

不同年龄段受访居民对服务质量的总体满意度差别很小。在生产性服务社会满意度方面，60～79 岁年龄段的老年受访居民对短途公交、长途公交、通讯和网络、银行服务、保险服务、电子商务和物流快递服务 7 项分项指标满意度均为最高；18～44 岁年龄段的受访者对短途公交、长途公交、通讯网络、银行、电子商务、物流快递这六项指标的满意度均为最低；45～59 岁年龄段的受访者对保险服务的满意度最低（表 5－9）。

表 5-9　2017 年生产性服务质量满意度不同年龄段受访者评分　单位：分

年龄	短途公交	长途公交	通讯和网络	银行	保险	电子商务	物流及快递
18～44 岁	64.98	64.31	62.15	61.47	60.41	56.57	64.70
45～59 岁	65.73	64.36	62.44	61.68	60.31	57.95	64.93
60～79 岁	66.93	64.48	62.51	62.13	60.73	58.47	65.07

生活性服务质量满意度方面，各年龄段受访者对家庭装修服务的满意度几乎没有差异；对中小学教育、医疗服务、养老服务、家政服务 4 项服务满意度最高的是 60～79 周岁居民，对公共事业服务、公共文体服务、家庭装修 3 项服务满意度最高的是 45～59 周岁的居民；对售后服务满意度最高的是 18～44 周岁居民。对中小学教育服务、医疗服务、养老服务、公共事业服务、旅游服务和家政服务满意度最低的是 18～44 周岁的居民；对公共文体服务、家庭装修和售后服务满意度最低的是 60～79 周岁居民（表 5-10）。

表 5-10　2017 年生活性服务质量满意度不同年龄段受访者评分　单位：分

年龄	中小学教育	医疗	养老	公共事业	旅游	公共文体	家政	家庭装修	售后服务
18～44 岁	62.49	59.51	61.58	63.30	60.56	63.00	57.42	57.24	52.20
45～59 岁	62.56	59.53	61.70	63.56	60.70	63.12	57.71	57.24	52.07
60～79 岁	62.77	60.26	61.79	63.32	60.74	62.99	57.77	57.10	51.86

4. 环境质量

不同年龄受访居民对环境质量的满意度调查结果显示，对水环境和大气质量满意度最高的是 60～79 岁年龄段的居民；对水资源和大气质量满意度最低的均为 18～44 周岁居民（表 5-11）。调查结果反映，年轻居民对环境质量的要求更高，对环境质量满意度略低，老年人对环境质量敏感度和要求相对低，评分相对高一些。

表 5-11　2017 年环境质量满意度不同年龄段受访者评分　单位：分

年龄	水环境	大气
18～44 岁	52.89	58.38
45～59 岁	52.84	57.98
60～79 岁	53.96	58.50

5. 质量意识

质量意识方面，60～79 周岁老年居民对质量意识满意度评分略高。产品质量提升、工程质量提升、服务质量提升、环境质量提升和信息公开宣传 5 个分项中满意度最高的是 60～79 周岁居民；对质量投诉处理满意度最高的是 45～59 周岁居民。对工程质量提升、服务质量提升、环境质量提升和信息公开宣传 4 个分项满意度最低的是 18～44 周岁居民，低产品质量提升满意度最低的是 45～59 周岁居民，对质量投诉处理满意度最低的是 60～79 周岁居民（表 5－12）。

表 5－12　2017 年质量意识不同年龄段受访者评分

单位：分

年龄	产品质量提升	工程质量提升	服务质量提升	环境质量提升	质量投诉处理	信息公开与宣传
18～44 岁	67.27	64.29	68.54	65.18	54.41	61.06
45～59 岁	66.88	64.73	68.89	65.33	55.28	61.82
60～79 岁	67.30	65.88	69.60	65.50	53.93	62.00

三、不同教育水平受访者分析

2017 年的调查结果显示，不同教育水平的受访者对政府质量工作社会满意度评分存在明显差异。本研究根据居民受教育程度把受访居民的教育水平分为六个类别，包括小学及以下、初中、高中/中专/技校、大专、本科和硕士及以上水平。研究发现，本科学历受访者对政府质量工作满意度最高，教育水平在硕士及以上的受访者对政府质量工作满意度最低。政府质量工作涉及的五大分项指标中，对产品质量满意度最高的是硕士及以上学历受访者，最低的是拥有高中、中专和技校学历的受访者；对工程质量满意度最高的是大专学历受访者，最低的是硕士及以上学历的受访者；对服务质量满意度最高的是硕士及以上受访者，最低的是小学及以下受访者；对环境质量满意度最高的是小学及以下学历受访者，最低的是硕士及以上学历受访者；对质量意识满意度最高的是硕士及以上学历的受访者，最低的是初中学历受访者（图 5－3）。

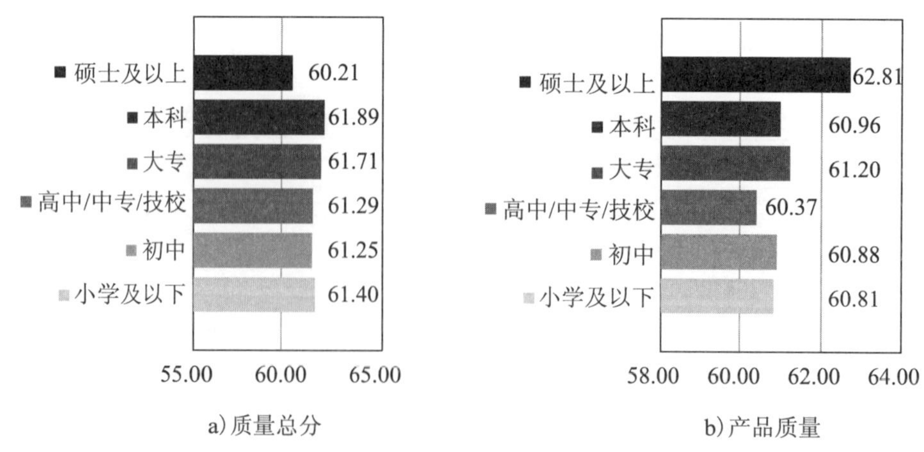

图 5－3　2017 年政府质量工作满意度不同教育程度受访者评分

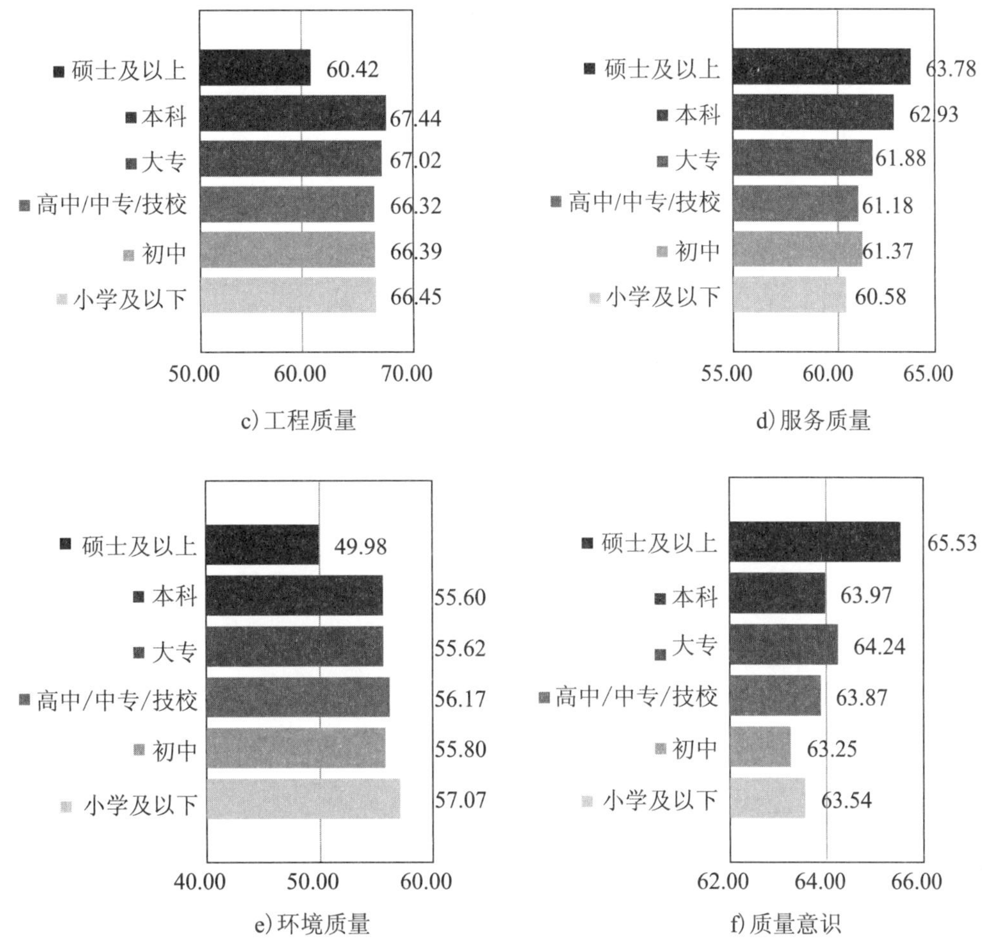

图5－3　2017年政府质量工作满意度不同教育程度受访者评分（续）

1. 产品质量

受过不同教育水平的居民对产品质量的满意度调查结果显示，不同受教育水平的居民均对进口产品质量满意度最高，对药品质量满意度最低。对食品质量、耐用消费品质量、快速消费品和进口产品质量满意度最高的是拥有硕士及以上学历的居民；对药品质量和特种设备质量满意度最高的是拥有大专学历的居民；对农产品质量满意度最高的是拥有小学及以下学历的居民。对农产品质量满意度最低的是拥有硕士及以上学历的居民；对食品质量、耐用消费品质量满意度最低的是拥有本科学历的居民；对快速消费品质量满意度最低的是拥有大专学历的居民；对药品质量满意度最低的是拥有高中、中专或技校学历的居民；对特种设备满意度最低的是拥有初中学历的居民，对进口产品满意度最低的是拥有小学以及下学历的居民（表5－13）。

表 5-13　2017 年产品质量满意度不同教育程度受访者评分　　单位：分

受教育水平	药品	农产品	食品	耐用消费品	快速消费品	进口产品	特种设备
小学及以下	51.31	56.96	57.56	65.73	63.20	67.31	63.61
初中	52.28	56.25	57.60	65.75	63.43	67.37	63.51
高中/中专/技校	51.08	55.34	56.78	64.95	62.68	68.11	63.66
大专	53.66	55.90	57.44	66.24	62.12	68.73	64.33
本科	53.61	56.47	56.27	64.15	63.45	68.48	64.33
硕士及以上	52.14	44.70	58.82	72.92	63.89	83.33	63.89

2. 工程质量

2017 年，不同受教育水平的受访居民对工程质量的满意度调查结果显示，对住宅建筑质量满意度最高的是拥有本科学历居民，满意度最低的是拥有硕士及以上学历的居民；交通建设工程质量方面，满意度最高的是拥有大专学历的居民，满意度最低的是拥有硕士以及下学历的居民（表 5-14）。

表 5-14　2017 年工程质量满意度不同教育程度受访者评分　　单位：分

受教育水平	住宅建筑	交通建设工程
小学及以下	66.00	66.89
初中	66.31	66.46
高中/中专/技校	66.23	66.41
大专	66.30	67.74
本科	67.30	67.58
硕士及以上	60.42	60.42

3. 服务质量

不同教育水平受访居民对服务质量的满意度调查结果显示，在生产性服务满意度方面，对短途公交服务、长途公交服务、银行服务、电子商务服务满意度最高的是拥有硕士及以上学历居民对通讯网了和保险服务满意度最高的是拥有本科学历的居民；对物流快递服务满意度最高的是拥有大专学历的居民。对通信网络和保险服务满意度最低的是拥有硕士及以下学历的居民；对银行服务满意度最低的是拥有高中、中专或技校学历的居民；对短途公共交通服务、长途公共交通服务、电子商务和物流快递服务满意度最低的拥有小学及以下学历居民（表 5-15）。

表 5-15　2017 年生产服务质量满意度不同教育程度受访者评分　　单位：分

受教育水平	短途公交	长途公交	通讯和网络	银行	保险	电子商务	物流及快递
小学及以下	65.19	63.13	61.82	61.24	60.53	57.59	63.85
初中	65.58	64.24	62.47	62.42	60.33	58.72	64.82
高中/中专/技校	65.30	64.18	62.21	61.21	60.10	57.99	65.38
大专	66.50	65.28	63.10	61.78	60.91	58.81	66.23
本科	68.12	66.28	65.17	62.65	62.35	60.23	65.87
硕士及以上	72.22	69.10	56.25	63.20	56.82	63.89	65.00

在生活性服务质量满意度方面，对医疗服务、公共事业服务、公共文体服务、家政服务和家庭装修服务满意度最高的是拥有硕士及以上学历居民；对养老服务和售后服务满意度最高的是拥有本科学历的居民；对旅游服务满意度最高的拥有大专学历的居民；对中小学教育服务满意度最高的拥有高中、中专和技校学历的居民。对中小学教育、旅游服务和售后服务满意度最低的拥有硕士学历的居民；对医疗服务、养老服务、公共事业服务、公共文体服务、家政服务和家庭装修服务满意度最低的是拥有小学及以下学历居民（表 5-16）。

表 5-16　2017 年生活服务质量满意度不同教育程度受访者评分　　单位：分

受教育水平	中小学教育	医疗	养老	公共事业	旅游	公共文体	家政	家庭装修	售后服务
小学及以下	61.82	57.79	61.13	63.04	60.33	62.08	57.02	56.70	52.02
初中	62.74	59.58	62.03	63.46	60.78	63.42	57.38	57.42	52.26
高中/中专/技校	63.10	59.76	61.40	63.26	60.68	62.93	57.44	57.39	52.07
大专	62.65	59.81	62.99	64.18	61.07	65.07	57.18	57.75	51.93
本科	62.98	62.14	63.18	65.63	61.01	66.29	58.27	59.14	52.80
硕士及以上	61.77	65.47	62.12	73.61	58.33	67.86	65.19	61.43	51.39

4. 环境质量

不同教育程度受访居民对环境质量的满意度差异明显。对水环境和大气质量满意度最低的是拥有硕士及以上学历的居民；对水环境质量满意度最高的是拥有大专学历的居民；对大气质量满意度最高的是拥有小学及以下学历的居民（表 5-17）。

表 5－17　2017 年环境质量满意度不同教育程度受访者评分　　单位：分

受教育水平	水环境	大气
小学及以下	52.61	58.19
初中	51.86	56.25
高中/中专/技校	51.42	56.71
大专	51.20	55.29
本科	51.52	56.59
硕士及以上	47.96	50.51

5. 质量意识

质量意识方面，对服务质量提升、质量投诉处理和信息公开与宣传 3 个细分项满意度最高的是拥有硕士及以上学历的居民；对产品质量提升满意度最高的是拥有本科学历的居民；对工程质量提升满意度最高的拥有大专学历的居民；对环境质量提升满意度最高的是拥有高中、中专或技校学历的居民。对产品质量提升、工程质量提升、环境质量提升满意度最低的是拥有硕士及以上学历的居民；对服务质量提升满意度最低的是拥有本科学历的居民；对质量投诉处理满意度最低的是接受初中教育水平的居民；对信息公开宣传满意度最低的是拥有小学及以下教育水平的居民（表 5－18）。

表 5－18　2017 年质量意识不同教育程度受访者评分　　单位：分

受教育水平	产品质量提升	工程质量提升	服务质量提升	环境质量提升	质量投诉处理	信息公开与宣传
小学及以下	67.55	65.25	69.23	65.28	54.02	59.18
初中	66.84	63.60	68.57	64.98	53.74	61.02
高中/中专/技校	67.01	64.61	68.32	65.59	55.63	61.29
大专	67.69	65.46	69.44	65.23	54.92	61.94
本科	68.04	65.26	68.24	63.49	54.63	63.40
硕士及以上	61.81	59.72	76.39	56.94	65.38	72.17

四、城市不同收入水平受访者分析

本节对生活在城市中的受访居民进行研究，根据受访居民每月收入水平将城市受访居民分为月收入 3000 元以下、3001～6000 元、6001～10000 元、10001～20000 元、20001

元以上 5 个类别。调查结果显示，整体来看，城市受访居民对政府质量工作的满意度与月收入水平存在正相关关系，皮尔逊相关系数为 0.91。产品质量、工程质量、服务质量满意度随着居民收入水平的提高而提高的趋势；对环境质量满意度最高的是月收入 1 万～2 万元的居民，满意度最低的是月收入 2 万元以上的居民；对质量意识满意度最高的是月收入 1 万～2 万元的居民，最低的是月收入 3000 元以下的居民（图 5 - 4）。

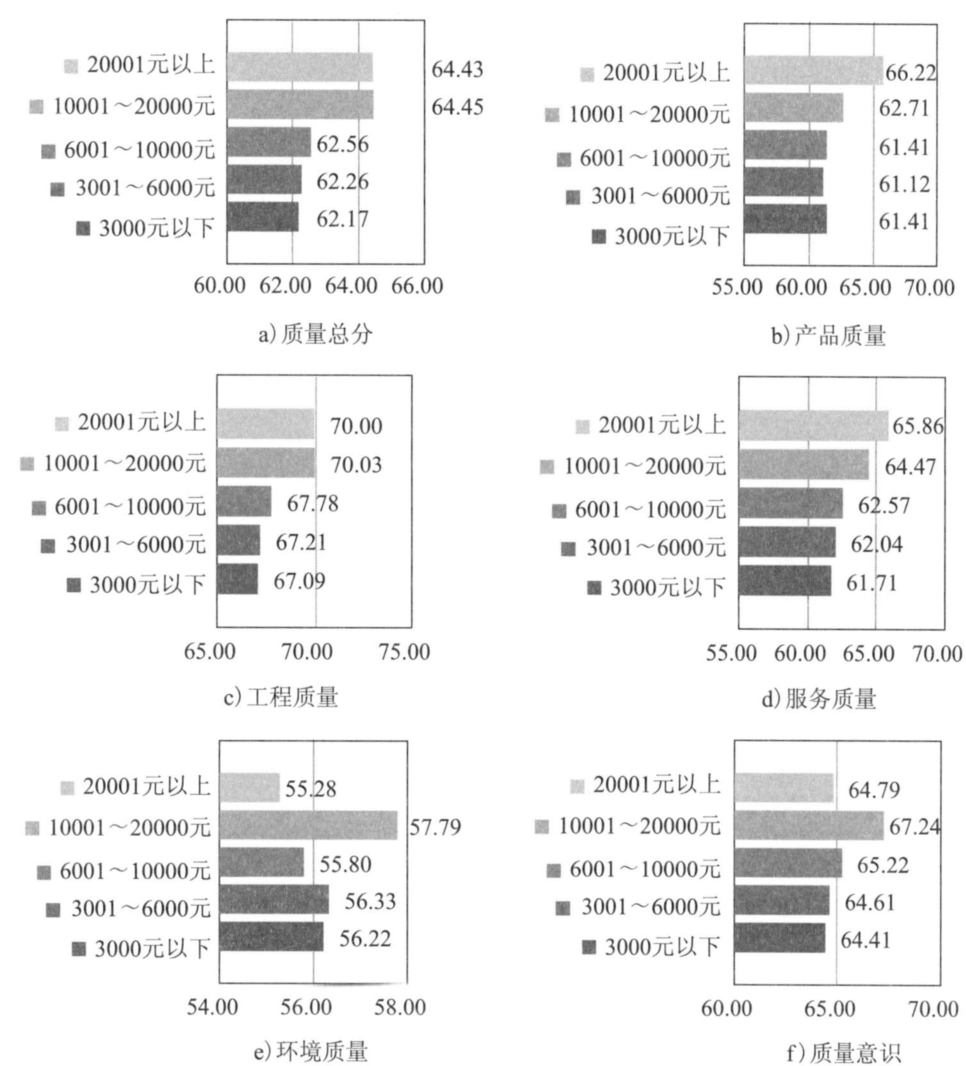

图 5 - 4　2017 年城市不同收入水平受访者对政府质量工作满意度评分

1. 产品质量

城市居民中不同收入水平受访居民对产品质量的满意度调查结果显示，对快速消费品满意度随着居民收入水平的提高而降低，呈负相关关系，皮尔逊相关系数为−0.85；对药品质量、农产品质量、食品质量、耐用消费品质量、进口产品质量和特种设备质量满意度最高的是月均收入 2 万元以上的居民（表 5－19）。

表 5－19 2017 年产品质量满意度城市不同收入水平受访者评分 单位：分

月均收入水平	药品	农产品	食品	耐用消费品	快速消费品	进口产品	特种设备
3000 元以下	51.98	56.60	57.69	65.82	63.35	69.31	65.13
3001～6000 元	52.22	56.13	57.07	66.25	62.92	68.63	64.64
6001～10000 元	54.37	56.33	57.67	65.71	61.74	69.16	64.86
10001～20000 元	55.65	57.63	59.24	67.43	62.55	69.62	66.89
20001 元以上	61.67	57.95	62.79	67.78	60.56	78.33	74.44
皮尔逊相关系数	0.92	0.82	0.84	0.85	－0.85	0.73	0.80

2. 工程质量

城市不同收入水平受访居民对工程质量的满意度调查结果显示，居民对住宅建筑和交通建设工程质量满意度随着收入提高而提高，居民对工程质量的满意度与月均收入水平呈正相关关系（表 5－20）。

表 5－20 2017 年工程质量满意度城市不同收入水平受访者评分 单位：分

月均收入水平	住宅建筑	交通建设工程
3000 元以下	66.33	67.86
3001～6000 元	66.56	67.86
6001～10000 元	67.33	68.24
10001～20000 元	69.23	70.83
20001 元以上	70.00	70.00
皮尔逊相关系数	0.96	0.84

3. 服务质量

城市中不同收入水平的受访居民对服务质量的满意度调查结果显示，在生产性服务满意度方面，对通信网络、银行服务、保险服务、电子商务服务和物流快递服务满意度最高的是月均收入 2 万元以上的居民，对短途公交服务和长途公交服务满意度最高的是月收入 1 万～2 万元的居民。（表 5－21）。

表 5-21　2017 年城市不同收入水平受访者对生产性服务质量满意度评分　单位：分

月均收入水平	短途公交	长途公交	通信和网络	银行	保险	电子商务	物流及快递
3000 元以下	66.54	65.72	63.48	61.90	61.54	58.86	65.17
3001～6000 元	66.78	65.67	63.64	61.92	61.19	58.71	66.63
6001～10000 元	66.66	66.22	65.65	62.31	61.83	59.18	67.25
10001～20000 元	68.83	71.39	65.84	62.07	63.17	60.91	67.77
20001 元以上	68.33	68.89	70.56	69.89	63.64	61.36	74.43

在生活性服务质量满意度方面，对中小学教育、公共事业服务、公共文体服务、家政服务和家庭装修服务满意度最高的是月收入 2 万元以上的居民；对医疗服务、养老服务、旅游服务和售后服务满意度最高的是月收入 1 万～2 万元的居民。对中小学教育、医疗水平、养老服务、公共事业服务、旅游服务、公共文体服务、家政服务和家庭装修服务满意度最低的是月收入 3000 元以下的居民，对售后服务满意度最低的是月收入 2 万元以上的居民（表 5-22）。

表 5-22　2017 年城市不同收入水平受访者对生活性服务质量满意度评分　单位：分

月均收入水平	中小学教育	医疗	养老	公共事业	旅游	公共文体	家政	家庭装修	售后服务
3000 元以下	63.67	60.58	61.90	64.24	61.48	64.20	57.75	57.23	53.18
3001～6000 元	63.20	61.20	63.38	64.41	61.48	64.57	58.59	58.74	52.55
6001～10000 元	64.18	60.97	63.94	64.93	61.51	66.20	58.43	59.62	52.26
10001～20000 元	65.87	65.27	66.90	67.26	63.82	67.86	60.74	60.15	53.66
20001 元以上	68.75	62.78	64.77	72.22	61.93	69.89	61.90	63.33	51.16

4. 环境质量

城市不同收入水平受访居民对环境质量的满意度调查结果显示，对水环境质量满意度最高的是月收入 1 万～2 万元的居民，对水环境质量最不满意的是月收入 2 万元以上的居民；对空气质量满意度最高的是月收入 2 万元以上的居民，对空气质量满意度最低的是月收入 6000 元～1 万元的居民（表 5-23）。

表 5-23　2017 年城市不同收入水平受访者对环境质量满意度评分　单位：分

月均收入水平	水环境质量	大气环境质量
3000 元以下	53.60	58.84
3001～6000 元	53.19	59.48

表 5-23（续） 单位：分

月均收入水平	水环境质量	大气环境质量
6001～10000 元	52.94	58.66
10001～20000 元	55.96	59.62
20001 元以上	50.57	60.00

5. 质量意识

在质量意识方面，对产品质量提升和信息公开宣传满意度最高的是月收入 20001 元以上的居民，对工程质量提升、服务质量提升、环境质量提升和质量投诉处理满意度最高的是月收入 1 万至 2 万元居民。对工程质量提升、服务质量提升和质量投诉处理满意度最低的是月收入 2 万元以上的居民；对环境质量提升满意度最低的是月收入 6000～1 万元的居民；对信息公开宣传满意度最低的是月收入 3000～6000 元的居民；对产品质量提升满意度最低的是月收入 3000 元以下的居民（表 5-24）。

表 5-24　2017 年质量意识城市不同收入水平受访者评分 单位：分

月均收入水平	产品质量提升	工程质量提升	服务质量提升	环境质量提升	质量投诉处理	信息公开与宣传
3000 元以下	66.90	64.78	70.19	65.20	54.04	62.87
3001～6000 元	67.34	65.12	69.51	65.86	54.28	62.85
6001～10000 元	67.73	66.58	70.25	65.06	55.95	63.29
10001～20000 元	69.99	68.31	72.46	66.16	57.18	66.62
20001 元以上	71.11	62.22	63.33	65.56	46.88	73.30

五、农村不同收入水平受访者分析

受经济发展区域分布不均衡影响，农村居民收入水平与城市居民收入水平长期存在巨大差距，研究中将城市居民和农村居民按照收入水平进行不同分类，将农村居民按照月均收入水平分成月收入 2000 元以下、2001～4000 元、4001～8000 元和 8000 元以上 4 个类别。调查结果显示，2017 年，农村居民与城市居民对政府质量工作的满意度有所不同，对质量总体满意度最高的是月收入 4001～8000 元的居民，满意度最低的是月收入 2001～4000 元的居民，农村居民并不是收入越高满意度越高。农村居民中对工程质量、服务质量和环境质量满意度最高的是月收入 8000 元以上的居民；对产品质量和质量意识满意度最高的是月收入4001～8000元的收入。对产品质量满意度最低的是月收入8000元以上的居民；对工程质量和环境质量满意度最低的是月收入2001～4000元的居民，对服务质量和质量意识满意度最低的是月收入2000元以下的居民（图5-5）。

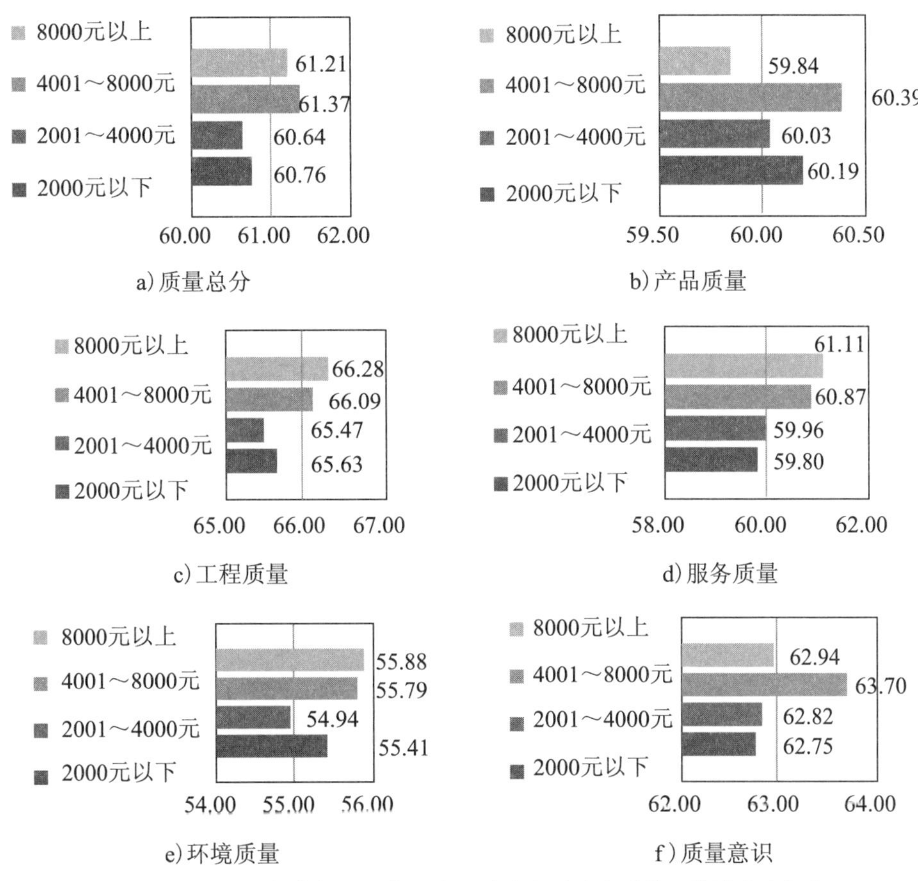

图5-5　2017年农村不同收入水平受访者对政府质量工作满意度评分

1. 产品质量

农村不同收入水平受访居民对产品质量的满意度调查结果显示，农村不同收入水平的居民对农产品质量的满意度不存在明显差异。对食品质量最高的是月收入8000元以上居民；对药品质量、进口产品质量和特种设备质量满意度最高的是月收入4001～8000元的居民；对耐用品质量满意度最高的2001～4000元的居民；对快速消费品满意度最高的是月收入2000元以下的居民。对进口产品质量和特种设备质量满意度最低的是月收入8000元以上的居民；对耐用消费品和快速消费品满意度最低的是月收入4001～8000元的居民；对农产品质量和食品质量满意度最低的是月收入2001～4000元的居民，对药品质量满意度最低的是月收入2000元以下的居民（表5-25）。

表 5-25　2017 年农村不同收入水平受访者对产品质量满意度评分　单位：分

月均收入水平	药品	农产品	食品	耐用消费品	快速消费品	进口产品	特种设备
2000 元以下	50.46	56.37	57.47	64.85	63.24	66.68	62.28
2001～4000 元	51.31	55.63	56.68	64.52	63.02	66.93	62.14
4001～8000 元	52.64	56.51	56.83	64.25	61.52	67.80	63.16
8000 元以上	51.68	56.47	57.63	63.77	61.76	66.25	61.34

2. 工程质量

农村不同收入水平受访居民对工程质量的满意度调查结果显示，对住宅建筑满意度最高的是月收入 8000 元以上的居民；对交通建设工程满意度最高的是月收入 4001～8000 元的居民。对住宅建筑满意度最低的是月收入 4001～8000 元的居民，对交通建设工程满意度最低的是月收入 8000 元以上的居民（表 5-26）。

表 5-26　2017 年农村不同收入水平受访者对工程质量满意度评分　单位：分

月均收入水平	住宅建筑	交通建设工程
2000 元以下	65.53	65.74
2001～4000 元	65.52	65.42
4001～8000 元	64.18	67.99
8000 元以上	67.23	65.34

3. 服务质量

生产性服务方面，农村不同收入水平受访居民对生产性服务质量的满意度调查结果显示，农村不同收入水平居民对通讯和网络服务、保险服务、物流快递服务的满意度不存在明显差异。对短途公交服务满意度最高的是月收入 4001～8000 元的居民；对长途公交服务、银行服务和电子商务服务满意度最高的是月收入 8000 元以上的居民。对短途公交服务满意度最低的是月收入 8000 元以上的居民；对长途公交服务和银行服务满意度最低的是月收入 2000 元以下的居民；对电子商务服务满意度最低的是月收入 2001～4000 元的居民（表 5-27）。

表 5-27 2017 年农村不同收入水平受访者对生产性服务质量满意度评分 单位：分

月收入水平	短途公交	长途公交	通讯和网络	银行	保险	电子商务	物流及快递
2000 元以下	64.53	62.61	60.92	60.80	59.69	57.70	63.43
2001～4000 元	64.05	63.02	61.09	61.00	59.83	57.22	63.76
4001～8000 元	65.40	64.54	61.25	62.12	59.05	58.78	64.56
8000 元以上	60.71	66.60	61.55	65.13	60.81	60.04	63.98

在生活性服务质量满意度方面，农村不同收入水平居民对旅游服务和售后服务的满意度不存在显著差异。对中小学教育、医疗服务和公共事业服务满意度最高的是月收入 4001～8000 元的居民；对养老服务、公共文体服务、家政服务和家庭装修服务满意度最高的是月收入 8000 元以上的居民。对中小学教育满意度最低的是月收入 8000 元以上的居民，对医疗服务、养老服务、公共事业服务、公共文体服务、家政服务和家庭装修服务满意度最低的是月收入 2000 元以下的居民（表 5-28）。

表 5-28 2017 年农村不同收入水平受访者对生活性服务质量满意度评分 单位：分

月收入水平	中小学教育	医疗	养老	公共事业	旅游	公共文体	家政	家庭装修	售后服务
2000 元以下	61.85	57.90	59.88	61.83	59.53	61.37	56.95	56.06	51.81
2001～4000 元	61.44	58.24	60.66	62.54	59.89	61.53	57.38	56.43	51.26
4001～8000 元	62.24	59.69	61.42	64.50	60.63	64.27	56.98	57.68	50.87
8000 元以上	58.69	59.66	61.54	64.41	59.11	66.53	58.26	59.11	51.68

4. 环境质量

农村不同收入水平受访居民对环境质量的满意度调查结果显示，不同收入水平居民对水环境质量的满意度不存在显著差异。对大气质量满意度最高的是月收入 8000 元以上的居民，对大气质量满意度最低的是月收入 2001～4000 元的居民（表 5-29）。

表 5-29 2017 年农村不同收入水平受访者对环境质量满意度评分 单位：分

月收入水平	水环境质量	大气质量
2000 元以下	52.61	58.22
2001～4000 元	52.39	57.50
4001～8000 元	52.96	58.63
8000 元以上	52.94	58.82

5. 质量意识

农村居民中，不同收入水平的受访居民对产品质量提升的满意度不存在显著差异。对工程质量提升和环境质量提升满意度最高的是月收入 4001～8000 的居民；对服务质量提升满意度最高的是月收入 2000 元以下的居民；对质量投诉处理和信息公开与宣传满意度最高的是 8000 元以上的居民。对工程质量提升、服务质量提升和环境质量提升满意度最低的是月收入 8000 元以上的居民；对质量投诉处理满意度最低的是月收入 2000 元以下的居民；对信息公开与宣传满意度最低的是月收入 2001～4000 元的居民（表 5－30）。

表 5－30　2017 年农村不同收入水平受访者质量意识评分　　单位：分

月收入水平	产品质量提升	工程质量提升	服务质量提升	环境质量提升	质量投诉处理	信息公开与宣传
2000 元以下	67.06	64.19	68.60	64.79	52.67	59.21
2001～4000 元	66.90	63.50	67.93	65.39	54.06	59.12
4001～8000 元	66.17	64.49	67.77	66.31	55.33	62.12
8000 元以上	67.02	61.13	65.97	63.24	57.35	62.92

六、结果分析

经过对不同性别、年龄、教育水平、城乡分布及收入水平的受访者的社会满意度分析发现，女性比男性对整体质量满意度略高；60～79 周岁的老年受访者总体比其他年龄段居民质量满意度略高；城市受访者政府质量工作满意度明显高于农村受访者，且城市高收入者受访者满意度略高。

（一）女性高满意度彰显社会进步

不同性别的受访者满意度数据结果显示，在物质文明和精神文明高度发展的现代社会中，女性社会地位逐渐提高，社会各方也在为实现男女性别的真正平等做积极努力，女性在社会各种行业各种角色中的参与度逐渐提高，甚至很多行业对女性有一些特别照顾，因此，女性受访者在质量工作满意度上略高于男性。但是，女性由于在一些特殊商品的消费使用方面更注重细节，所以对耐用消费品、快速消费品和特种设备质量方面可能会有特殊要求，满意度略低于男性。另外，女性受访者在短途公交、通信网络、银行服务、医疗服务、旅游服务、家庭装修等方面对细节的关注可能会比较多一些，满意度略低于男性。

（二）老龄化社会隐忧初现端倪

不同年龄段受访者的调查结果显示，60～79 周岁年龄段的老年受访者由于出生年代历经战争、灾荒等充满悲情和痛苦的时代大背景，因此对当前的生活服务环境满意度更高，45～59 周岁的受访者一般处于上有老下有小的现状中，面对生活改善的需求对质量工作的满意度相对低一些。但是，由于 60～79 周岁的老年人受年龄因素影响，使用或体验过更多的药品资源，对药品质量的满意度比较低。此外，国内大多数 60～79 周岁的老年群体处于退休状态，跟子女不一起居住，空闲时间比较多，所以老年群体对公共文体服务的需求更多，所以对公共文体服务的满意度较低。很多处于 18～44 周岁的群体得子女处于义务教育阶段，因此，对义务教育的体验更多，这个群体对中小学义务教育的满意度最低；旅游服务和家政服务也同样如此。

（三）知识累积有利于提高全面质量

读书能够影响一个人的人生，甚至彻底改变一个人的命运；读书能够激发和鞭策我们不断地前进，从而获得幸福的生活。不同文化程度的受访者调查结果显示，高学历者相对低学历者有着更高的收入，且有能力获取并消费更高质量的产品和服务，因此，拥有硕士及以上学历的受访群体在产品和服务等方面的满意度都会高于其他学历的受访者。但是，在环境质量和工程质量方面，高学历者一般更有机会接触不同的环境，有更多见识和对比以后，高学历的受访者对生活环境和工程质量要求更高，所以满意度相对低于其他学历受访者。读书决定一个人的修养和境界，关系一个民族的素质和力量，影响一个国家的前途和命运。

（四）缩减久治不愈的城乡差距成为当务之急

国家统计局发布的《中华人民共和国 2017 年国民经济和社会发展统计公报》显示，2017 年末全国大陆总人口 139008 万人，比上年末增加 737 万人，其中城镇常住人口 81347 万人，占总人口比重（常住人口城镇化率）为 58.52%。随着我国城镇化战略数十年的不断深入实施，各种资源长期向城市倾斜投入使国内城乡二元化结构差距不断扩大，截至 2016 年年底，我国城乡收入倍差仍在 2.7 以上[①]。城乡长时间不同程度的资源投入，使城市和农村的受访者对质量工作的满意度有明显不同。城市受访者，基本上呈现出收入越高越有能力消费优质的产品和服务，对产品、工程、服务质量等方面越满意的趋势；水是生命之源，城市高收入群体对水环境质量要求更高，更注重身体健康，所以对水环境满意度低。农村受访群体对质量工作满意度与收入水平没有太多关系，但是质量工作满意度

① 数据来自 http：//www.chinanews.com/cj/2017/01－20/8130559.shtml 。

总分及各分项分数都比城市居民满意度低。由于各地被调查对象是当地常住居民，农村受访居民也同样在当地居住满两年，而非主要时间在城市打工生活、逢年过节才回农村的群体，因此调查结果更多反映的是农村生活配套设施和服务等方方面面相对城市存在欠缺与不足，城市与农村政府质量工作社会满意度区域不均衡性明显。城乡政府质量工作满意度的差距是城乡二元化结构差距的体现，乡村振兴战略关系到我国是否能从根本上解决城乡差别、乡村发展不平衡、不充分的问题，也关系到中国整体发展是否均衡，是否能实现城乡统筹、农业一体的可持续发展的问题。

第六章　政府质量工作社会满意度政策建议

一、当前存在的主要问题

随着十九大报告明确提出坚持“质量第一”和建设“质量强国”，质量建设已经成为我国经济社会发展的重要战略问题，政府质量工作关系国计民生，高质量发展是解决我国人民日益增长的美好生活需要和不平衡不充分的发展之间的矛盾的重要突破口。本研究从公众视角从产品质量、工程质量、服务质量、环境质量、质量意识等方面对政府质量工作社会满意度进行评测，虽然四年来政府质量工作满意度得分不断提高，但仍反映出很多客观实际问题。

（一）社会满意度测评项的结果存在不均衡

环境质量满意度连续4年提升幅度巨大，但是在产品质量、工程质量、服务质量、环境质量、政府质量意识等五大方面的满意度中，公众对环境质量满意度连续四年均为最低。根据2017年的调查结果，公众满意度最高的工程质量得分为66.48分，而环境质量满意度只有55.82分。综合考察33个细分项指标满意度得分，居民对服务质量意识提升满意度最高，为68.78分；对进口产品满意度排名第二，为67.75分；对产品质量提升满意度排名第三，为67.17分；对交通建设工程质量满意度排名第四，为66.75分；对住宅建筑质量满意度排名第五，为66.21分。居民对药品质量满意度评分最低，为51.67分；其次是售后服务，满意度评分为52.12分；居民对水环境的满意度为倒数第三，评分为53.25分；对质量投诉处理的满意度为倒数第四，评分为54.57；对农产品质量满意度倒数第五，为56.13分。

（二）城乡居民质量满意度存在差异

2017年的调查数据显示，城市居民与农村居民对政府质量工作的满意度存在明显差异。城市居民在质量总分以及产品质量、工程质量、服务质量、环境质量和质量意识五方面的满意度明显高于农村居民，说明城市政府质量工作优于农村政府质量工作（见图6-1）。

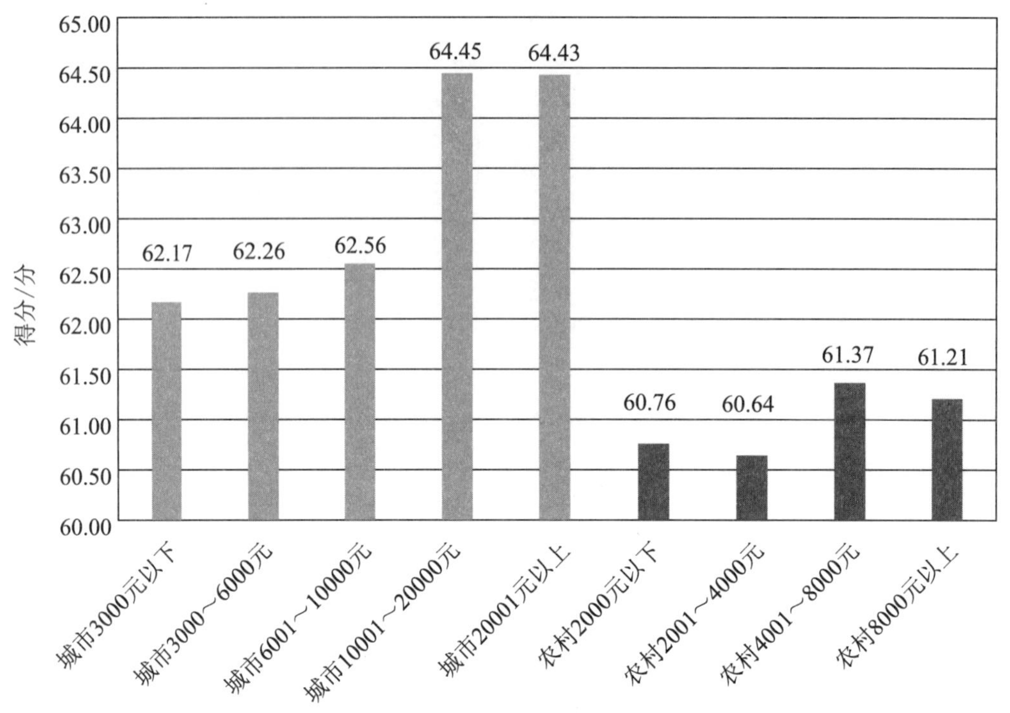

图 6－1　2017 年城市与农村不同收入群体政府质量工作社会满意度

（三）新兴服务产业发展迅速但存在隐忧

随着我国经济结构的不断发展和优化，服务业占 GDP 的比重越来越大。2017 年，我国服务业占 GDP 的比重为 51.6%①，服务业对经济增长的贡献率为 58.8%。随着互联网的发展，居民购物、支付等形式发生了由线下向线上转移的变化，电子商务、家政服务、售后服务等新兴服务产业快速发展壮大。服务业中的家庭医疗服务、养老服务、银行服务、保险服务、物流快递服务、装修服务、家政服务、电子商务、银行服务等在 2015 年被纳入政府质量工作社会满意度评测指标，售后服务 2016 年纳入评测指标。

物流快递服务、保险服务、医疗服务和养老服务近几年发展受互联网发展、人口消费结构等变化迅速发展，而且国家在医疗服务、养老服务、保险服务的支持力度较大，以及大型企业对行业的共建约束，行业竞争等因素，使得居民对医疗服务、养老服务、保险服务、物流及快递服务的满意度逐年上升（图 6－2）。

① 数据来自中国财经网：http：//finance. china. com. cn/news/20180414/4602791. shtml 。

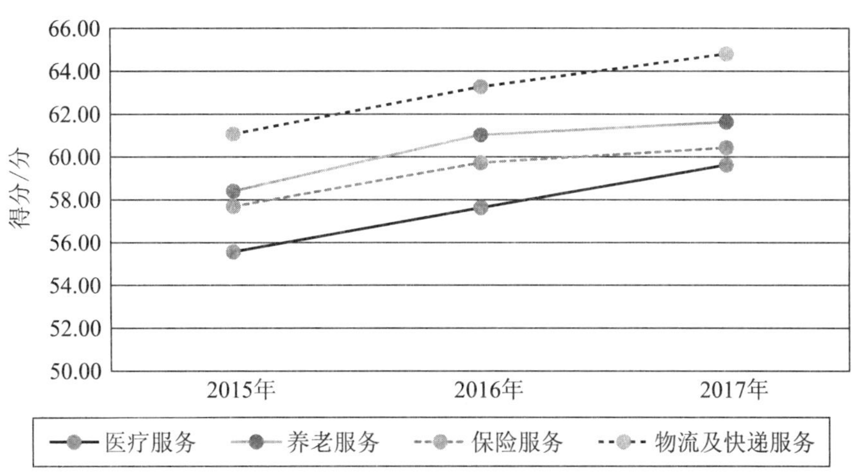

图 6-2　居民对部分服务业满意度呈上升趋势

我国处于人口结构重大变化时期，老年人口占比不断增长，中青年人口兄弟姊妹少，“421”家庭结构众多，中青年工作养家、老人小孩需要照顾，所以家政服务、私人医生等行业快速发展。但是由于很多新兴行业服务规范和标准不完善，导致新兴服务产业存在服务人员素质差、市场规制不明确、市场监管不足、实际服务与承诺不一致等乱象，导致居民对家政服务、电子商务、售后服务、家庭装修等新兴服务业满意度逐年下降趋势（图 6-3）。

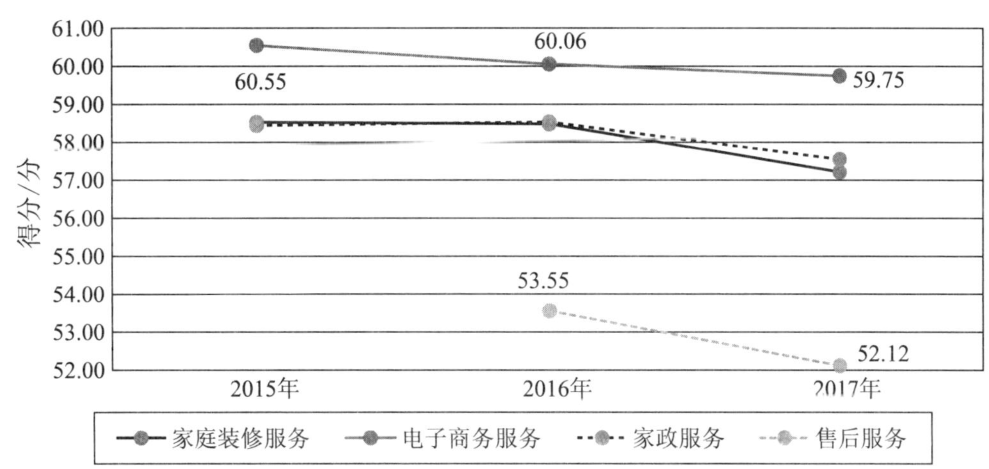

图 6-3　居民对新兴服务业满意度呈下降趋势

二、提升政府质量工作的政策建议

我国经济和地方发展不均衡、不充分的问题尚未解决，经济社会发展处于重要转型过程中，质量和效益发展还有很大提升空间，针对评测当中反映的问题，我们提出如下建议：

（一）政府引导，全面提升产品质量

产品质量满意度与工程质量、服务质量满意度相比尚存在一定差距，建议地方政府以质量供给对接发展需求，紧扣地方经济社会发展大局，着眼于集聚程度高、示范效应强、拉动作用大的重点产业，把服务地方发展需求、产业转型需求、消费升级需求作为开展产品质量提升工作的出发点和落脚点，全面提升产品和服务质量。

1. 增加农产品、食品、药品优质供给

健全农产品质量标准体系，加快推进农业标准化生产和良好农业规范。完善食品、药品安全监管体制，增强统一性、专业性、权威性，为食品、药品安全提供组织和制度保障。持续推动食品安全与国际标准接轨，加快提升营养健康标准水平，加强日常服务消费维权。

2. 提升原材料供给水平，促进消费品提质升级

提高煤炭清洗加工比例和油品供给质量，不断加快高端材料创新，提高质量稳定性，形成高性能、功能化、差别化的先进基础材料供给能力。加快消费品标准和质量提升，推动消费品工业增品种、提品质、创品牌，支撑公众消费升级需求。推动生产企业发展个性定制、规模定制、高端定制，推动产品供给向“产品＋服务”转变、向中高端迈进。

3. 提升装备制造国际竞争力，着力打造中国品牌

加快装备制造业标准化和质量提升，提高关键领域研发制造的核心竞争力，形成自己独有的比较优势。实施工业强基工程，提高核心基础零部件和关键基础材料的产品性能，推广应用先进制造工艺，加强计量测试技术研究和应用。

（二）与时俱进，提高新兴服务产业发展质量

目前，我国经济处于重要转型升级过程，过剩产能主要集中在制造业，但很多服务业有效供给不足，未来需要积极推进服务业供给侧结构性改革，增加服务业有效供给，释放服务业改革红利。从过去制造业的发展经验来看，放松行业进入管制、引入竞争机制、扩大开放等措施能有效提高制造业劳动生产率，服务业的改革发展可以汲取制造业发展经验。

1. 适度放松新兴服务行业进入管制

随着居民消费结构的不断变化，服务业发展潜在需求巨大，借助“互联网＋”“共享”理念的发展，网约车、共享车、网贷、互联网金融、网购、家政等新兴服务业蓬勃发展，虽然存在押金难退、假冒伪劣、服务人员素质低差等乱象，但依然要不断降低准入门槛，

鼓励创新发展。

2. 促进新兴服务内容和模式创新

我国服务特色、服务内容丰富程度、服务人员服务水平等方面相对不高，公众虽然对医疗、养老、保险、物流快递等服务满意度逐年上升，但对电子商务、家政服务和售后服务等满意度下降。政府应该引导和鼓励新兴服务业协调有序发展，鼓励服务内容和模式创新，让服务市场充满活力又有秩序。

3. 加强新兴服务市场标准建设

新兴服务产业需要在政府引导下，将市场竞争、政府监管与企业内控等方面联合起来，明确不同产品和服务的权责归属，强化有效监管，维护正当竞争的市场环境，为行业健康发展注入持续动力。

（三）立足新时代，补环境质量短板

社会满意度调查结果显示，公众对政府质量工作的改善和提升给予肯定，近 4 年来无论是总体质量满意度还是各一级指标，均呈现逐年上升趋势。政府质量工作社会满意度五项考核指标中，工程质量社会满意度连续 4 年均为最高，环境质量社会满意度连续 4 年均为最低分，尤其是多年环境问题的累积与环境群体性事件的爆发，显示地方政府环境治理的决心和能力不足，建议政府从以下几方面提高环境质量。

1. 健全环境治理法律法规建设

不断加快绿色生产和消费的法律制度和政策导向，健全绿色低碳循环发展的经济体系。在现有行政问责基础之上合理界定重大环境决策终身责任追究的范围和对象、明确重大决策追责标准、严格执行和遵守法定程序、明确重大环境决策终身追责时效、加强重大环境决策问责制度建设，将重大环境决策终身责任进一步制度化、规范化和法律化。

2. 加强环境治理重点工程实施

建议地方政府以推进生态文明建设为主线，以改善环境质量为核心，以打好大气、水、土壤污染防治“三大战役”为重点，以中央、省环保督查为契机，着力抓好污染防治、总量减排、环境监管等工作，达到控污减排目的，通过“蓝天”“碧水”“净土”等工程建设，切实解决环境突出问题。

3. 加大大数据等智能技术在环境治理体系建设中的研发应用力度

健全河流、空气、环境应急专业人员全量数据库，完善环境应急预案和应急体系，坚持全民共治、源头防治、持续实施大气污染防治行动，加快水污染防治，实施流域环境和近岸海域综合治理，加大生态系统保护力度，深化改革生态环境监管体系，制止和惩处破坏生态环境行为，坚决杜绝年年污染年年查的怪象。

（四）统一市场监管，营造公平有序市场环境

从质量工作社会公众满意度调查情况可以看出，广大消费者维权意识逐渐增加，对公平竞争的市场环境的需求更加迫切，从维护全国统一大市场出发，深化市场监管体制改革势在必行。

1. 加快深化商事制度改革

在新时代中国特色社会主义时期，政府应该按照“放管服”改革的要求，做好简政放权的“减法”、加强监管的“加法”和优化服务的“乘法”，以完善市场监管体制机制为着力点，不断提升市场监管的现代化水平，不断提升政府执政效率。提高质量技术监督能力，加强知识产权保护力度，解决食品非法添加、农药和抗生素滥用、遇到质量问题不知道投诉举报途径、举报后部门之间相互推诿等久治不愈的老问题，积极预防、发现、解决新时代新环境中出现的新问题，切实提高产品质量、服务质量、环境质量和工程质量。

2. 营造公平有序的市场竞争环境

改革各种审批限制，建立统一公开透明的市场准入环境，为投资创业创造公平的准入环境。改革“审批经济”的传统观念，最大限度缩减政府审批范围，改革多部门对市场主体的重复审批和管理，提高社会投资创业效率。提高便利化服务水平，支持创业创新发展，尊重企业自主经营的权利，配合去产能、去库存，加大对“僵尸企业”的清理力度，简化和完善小微企业、个体商户注销流程，构建便捷有序的市场退出机制，释放社会资源，为企业优胜劣汰和产业转型升级做好保障。

附录A 调查内容

2017 年，政府质量工作社会公众满意度调查内容涵盖产品质量、工程质量、服务质量、环境质量以及质量意识等方面，选取居民易于感受、与日常生活密切相关的内容作为测评指标，具体指标见表 A-1。

表 A-1 政府质量工作社会公众满意度调查指标

一级指标	二级指标
产品质量	食品药品质量
	农产品质量
	消费品质量
	进口产品质量
	特种设备质量
工程质量	建筑工程质量
	交通工程质量
服务质量	生产性服务质量
	生活性服务质量
环境质量	水环境质量
	大气质量
质量意识	质量投诉
	信息公开与宣传
	质量提升

附录B　样本量及其分配

政府质量工作社会公众满意度问卷调查采用分层多阶抽样方法，以社区/村入户的形式开展调查。

第一阶，将省会城市（或核心区）作为必调查城市（区）。根据各省每个地级行政区划的经济发展水平，将地级行政区划分为高、中、低3组，从每组中随机抽取1个样本市（区），根据各省样本总量，按平均比例确定4个样本市（区）的样本数量。

第二阶，在每个样本市（区）中随机抽取3个区（县），按平均比例确定3个区（县）的样本数量。

第三阶，在每个样本区（县）内，按平均比例随机选取3个街道（乡镇），并在每个街道（乡镇）内抽取1个社区（村）。

按照“95%的置信度和5%的误差限”的统计精度要求，在简单随机抽样的条件下，调查每个省（市、区）需要至少384个有效样本数。根据2014年和2015年的调查数据信度和效度检验，相对于简单随机抽样，抽样设计效率约为3。因此，本次调查将各省（市、区）的最小样本量确定为1152。按照概率与规模成比例的原则，样本数量低于1152的省（市、区）按照1152的标准抽样，高于1152的省（市、区）按照十位数四舍五入的标准取整数确定样本量，调查实际样本量为44884个。各省（直辖市、自治区）的具体样本量见表B-1。

表B-1　各省（直辖市、自治区）2016年调查样本量分布表

省（直辖市、自治区）	人口总量/人	人口数占比/%	按人口比例样本量/人	调整样本量/人
北京	19612368	1.47	526	1152
天津	12938693	0.97	347	1152
河北	71854210	5.39	1925	1900
山西	35712101	2.68	957	1152
内蒙古	24706291	1.85	662	1152
辽宁	43746323	3.28	1172	1200
吉林	27452815	2.06	736	1152

表B-1（续）

省（直辖市、自治区）	人口总量/人	人口数占比/%	按人口比例样本量/人	调整样本量/人
黑龙江	38313991	2.87	1027	1152
上海	23019196	1.73	617	1152
江苏	78660941	5.90	2108	2100
浙江	54426891	4.08	1458	1500
安徽	59500468	4.46	1594	1600
福建	36894217	2.77	989	1152
江西	44567797	3.34	1194	1200
山东	95792719	7.19	2567	2600
河南	94029939	7.06	2519	2500
湖北	57237727	4.29	1534	1500
湖南	65700762	4.93	1760	1800
广东	104320459	7.83	2795	2800
广西	46023761	3.45	1233	1200
海南	8671485	0.65	232	1152
重庆	28846170	2.16	773	1152
四川	80417528	6.03	2155	2200
贵州	34748556	2.61	931	1152
云南	45966766	3.45	1232	1200
西藏	3002165	0.23	80	1152
陕西	37327379	2.80	1000	1152
甘肃	25575263	1.92	685	1152
青海	5626723	0.42	151	1152
宁夏	6301350	0.47	169	1152
新疆	21815815	1.64	585	1152
合计	1332810869	100	35712	44884

注：各省（区、市）人口总量为2010年全国人口普查数据。

表 B-2 第一次调查各省（直辖市、自治区）分配样本量

省（直辖市、自治区）	样本总量/人	调查地区	样本量	街道/乡镇	社区/村	样本量/人
北京市	576	西城区	144	什刹海街道	西什库社区	16
					旧鼓楼社区	16
					兴华社区	16
				金融街街道	二龙路社区	16
					温家街社区	16
					文昌社区	16
				新街口街道	富国里社区	16
					大觉社区	16
					西里二区社区	16
		昌平区	144	回龙观街道	龙博社区	16
					万润社区	16
					龙城社区	16
				天通苑北街道	天通东苑第三社区	16
					天通西苑第二社区	16
					天通西苑第三社区	16
				南邵镇	南邵村	16
					姜屯村	16
					张各庄村	16
		大兴	144	采育镇	宁家湾村	16
					南辛店二村	16
					南辛店一村	16
				天宫院街道	海子角社区	16
					天堂河社区	16
					矿林庄社区	16
				黄村镇	李营村	16
					长丰园社区	16
					西芦城村	16
		朝阳区	144	朝外街道	吉庆里社区	16
					芳草地社区	16
					雅宝里社区	16
				呼家楼街道	呼南里社区	16
					金台里社区	16
					人民日报社区	16
				高碑店地区	甘露园南里一区社区	16
					通惠家园社区	16
					高碑店村	16

表B-2（续）

省（直辖市、自治区）	样本总量/人	调查地区	样本量	街道/乡镇	社区/村	样本量/人
上海市	576	黄浦区	144	外滩街道	汉口路居委会	16
					金陵居委会	16
					东风居委会	16
				小东门街道	新码居委会	16
					阳光居委会	16
					府谷居委会	16
				五里桥街道	桥一居委会	16
					铁一居委会	16
					斜土居委会	16
		虹口区	144	欧阳路街道	欧二居委会	16
					建设新村	16
					祥德路居委会	16
				曲阳路街道	玉一社区	16
					曲一社区	16
					东二社区	16
				嘉兴路街道	宝元社区	16
					北街社区	16
					临平社区	16
		普陀区	144	曹杨新村街道	源园居委会	16
					花溪园居委会	16
					金岭园居委会	16
				长风新村街道	曹家巷居委会	16
					新渡口居委会	16
					中山桥居委会	16
				长寿路街道	澳门路居委会	16
					陕北居委会	16
					正红里居委会	16
		浦东新区	144	塘桥街道	茂兴居委会	16
					塘桥居委会	16
					南浦居委会	16
				浦兴街道	凌河路四社区	16
					荷泽路五社区	16
					浦兴路第二社区	16
				川沙新镇	黄楼社区学桥村委会	16
					城厢社区新川居委会	16
					城南社区桃园居委会	16

表 B-2（续）

省（直辖市、自治区）	样本总量/人	调查地区	样本量	街道/乡镇	社区/村	样本量/人
天津市	576	滨海新区	144	大沽街道	新桥里社区	16
					远景社区	16
					河南里社区	16
				新河街道	湘江里社区	16
					新建里社区	16
					岷江里社区	16
				古林街道	世纪花园社区	16
					欣欣里社区	16
					马棚口一村	16
		河西区	144	下瓦房街道	福建路社区	16
					南华里社区	16
					云景大厦社区	16
				越秀路街道	红波里社区	16
					珠海里社区	16
					爱国里社区	16
				友谊路街道	文苑楼社区	16
					宾西楼社区	16
					平江南里社区	16
		河东区	144	大王庄街道	诚厚里社区	16
					麟祥里社区	16
					积善里社区	16
				大直沽街道	文华里社区	16
					和进里社区	16
					津塘村社区	16
				中山门街道	互助西里社区	16
					和睦北里社区	16
					互助南里社区	16
		北辰区	144	果园新村街道	果园里社区	16
					朝阳里社区	16
					新华里社区	16
				普东街道	普兴里社区	16
					秋怡家园社区	16
					都市桃源社区	16
				北仓镇	北仓村	16
					刘园村	16
					下辛庄村	16

表B-2（续）

省（直辖市、自治区）	样本总量/人	调查地区	样本量	街道/乡镇	社区/村	样本量/人
重庆市	576	沙坪坝区	144	小龙坎街道	嘉新社区	16
					快乐里社区	16
					解放坡社区	16
				沙坪坝街道	欣阳社区	16
					沙正街社区	16
					饮水村社区	16
				回龙坝镇	大桥村委会	16
					回龙坝村委会	16
					真武山村委会	16
		黔江区	144	城东街道	文汇社区	16
					石城社区	16
					下坝社区	16
				城南街道	黑山社区	16
					南家社区	16
					南沟社区	16
				正阳街道	团结社区	16
					群力社区	16
					积富社区	16
		梁平县	144	梁山街道	南华社区	16
					大众社区	16
					北池社区	16
				双桂街道	大河坝社区	16
					皂角村	16
					张桥村	16
				云龙镇	云龙街道社区	16
					东平村	16
					红旗村	16
		石柱县	144	悦崃镇	悦崃村	16
					密红村	16
					寺院村	16
				鱼池镇	鱼池村	16
					水田村	16
					团结村	16
				万朝镇	滨江社区	16
					静观村	16
					清明村	16

表 B-2（续）

省（直辖市、自治区）	样本总量/人	调查地区		样本量	街道/乡镇	社区/村	样本量/人
河北省	950	石家庄	长安区		建北街道	光华居委会	26
					五星街道	跃进社区	27
					太乙宫街道	新街南村	27
			桥西区		东里街道	铁苑社区	26
					维明街道	维明南大街社区	27
					新石街道	南二环社区	27
			正定县		正定镇	西关村委会	27
					诸福屯镇	蟠桃村委会	27
					西平乐乡	西平乐村	26
		保定	清苑区		清苑镇	西城社区	26
					魏村镇	王罗侯村	27
					冉庄镇	蒋庄村	27
			满城区		满城镇	柳家佐村	26
					神星镇	神星村	27
					大册营镇	王辛庄	27
			竞秀区		建设南路街道	向阳南社区	26
					东风街道	话剧院社区	26
					韩村北路街道	新一代社区	26
		秦皇岛	海港区		文化路街道	红旗里社区	26
					海滨路街道	铁路里社区	27
					北环路街道	新世纪社区	27
			北戴河区		海滨镇	刘庄村	26
					戴河镇	谢李庄村	26
					东山街道	东山社区	27
			山海关区		南关街道	兴隆街居委会	26
					东街街道	东九条居委会	27
					路南街道	长城西街社区	26
		邯郸	丛台区		人民路	黎明街社区	26
					和平街道	新华街社区	26
					光明桥街	地质局社区	26
			复兴区		胜利桥街道	人民路邯钢居委会	26
					户村镇	户村	26
					康庄乡	康庄村	26
			涉县		河南店镇	王堡村	26
					固新镇	原曲村	26
					龙虎乡	落沟村	26

表B-2（续）

省（直辖市、自治区）	样本总量/人	调查地区		样本量	街道/乡镇	社区/村	样本量/人
内蒙古	576	呼和浩特	新城区		锡林路街道	车站西街社区	16
					东街街道	党委社区	16
					海拉尔东路街道	公安厅社区	16
			玉泉区		大南街街道	小西街社区	16
					兴隆巷街道	西三里社区	16
					小召前街街道	五塔北街社区	16
			土默特左旗		察素齐镇	西园村	16
					善岱镇	五里桥村	16
					白庙子镇	得胜营村	16
		呼伦贝尔	海拉尔区		正阳街道	天润社区	16
					健康街道	东海社区	16
					靠山街道	芳园社区	16
			鄂温克族自治旗		巴彦托海镇	安门社区	16
					大雁镇	兴华社区	16
					巴彦塔拉达斡尔族乡	巴彦布拉尔嘎查村	16
			陈巴尔虎旗		巴彦库仁镇	多蓝社区	16
					宝日希勒镇	胜利居委会	16
					呼和诺尔镇	呼和诺尔社区	16
		乌海	乌达区		新达街道	胜利社区	16
					五虎山街道	铁西社区	16
					巴音赛街道	先锋社区	16
			海勃湾区		新华街道	和谐社区	16
					新华西街道	盛世社区	16
					凤凰岭街道	和平社区	16
			海南区		拉僧仲街道	新桥社区	16
					西卓子山街道	祥苑社区	16
					拉僧庙镇	常青社区	16
		通辽	霍林郭勒市		莫斯台街道	友谊社区	16
					宝日呼吉尔街道	红石社区	16
					沙尔呼热街道	南苑社区	16
			开鲁县		开鲁镇	永富村	16
					建华镇	富隆村	16
					北清河乡	双井子村	16
			库伦旗		库伦镇	福源寺村	16
					六家子镇	六家子村	16
					茫汗苏木	朝鲁门村	16

表 B-2（续）

省（直辖市、自治区）	样本总量/人	调查地区		样本量	街道/乡镇	社区/村	样本量/人
辽宁	600	沈阳	沈河区		皇城街道	平顺社区	17
					五里河街道	总院社区	17
					大西街道	志新社区	17
			辽中县		蒲西街道	回民村	17
					满都户镇	满东村	17
					杨士岗镇	杨士岗社区	17
			于洪区		陵西街道	龙腾社区	17
					迎宾路街道	于洪社区	16
					平罗街道	北三台子村	17
		抚顺	望花区		和平街道	开源社区	16
					建设街道	油院社区	17
					工农街道	北厚社区	17
			新抚区		新抚街道	广厦社区	16
					福民街道	千抚社区	16
					千金街道	千金社区	17
			顺城区		长春街道	安居社区	16
					河东街道	东方社区	16
					抚顺城街道	北关社区	17
		葫芦岛	龙港区		滨海街道	翠海花园社区	16
					双龙街道	海燕社区	16
					连湾街道	都市花园社区	17
			连山区		站前街道	市场社区	17
					石油街道	东门社区	17
					连山街道	华怡园社区	17
			南票区		虹螺岘镇	虹螺岘社区	16
					金星镇	网户村	16
					大兴乡	东青堡村	17
		鞍山	铁东区		山南街道	新立社区	17
					和平街道	金井建制村	17
					对炉街道	长虹居委会	17
			立山区		立山街道	万平社区	16
					双山街道	双胜社区	16
					深北街道	平园社区	17
			台安县		台东街道	龙城社区	17
					八角台街道	十里行政村	17
					新开河镇	北河港子村	17

表B-2（续）

省（直辖市、自治区）	样本总量/人	调查地区		样本量	街道/乡镇	社区/村	样本量/人
吉林	576	长春	九台区		营城街道	前进社区	16
					九郊街道	团结社区	16
					九台街道	平安社区	16
			南关区		南岭街道	华阳社区	16
					民康街道	健康胡同社区	16
					永吉街道	吉顺社区	16
			绿园区		西新镇	开源村	16
					普阳街道	龙泉社区	16
					合心镇	三间村	16
		四平	铁东区		平东街道	风光社区	16
					北市场街道	广兴茂社区	16
					四马路街道	东星社区	16
			铁西区		仁兴街道	电业社区	16
					北沟街道	北河社区	16
					英雄街道	丰茂社区	16
			梨树县		梨树镇	奉义社区	16
					十家堡镇	太阳沟村	16
					白山乡	裴家村	16
		白山	浑江区		新建街道	宜宾社区	16
					通沟街道	金昌社区	16
					东兴街道	东山社区	16
			江源区		孙家堡子街道	江南社区	16
					江源街道	江北社区	16
					正岔街道	正岔社区	16
			抚松县		抚松镇	东北社区	16
					松江河镇	工农社区	16
					泉阳镇	江东村	16
		吉林	丰满区		红旗街道	榆树村	16
					旺起镇	小石村	16
					小白山乡	温德村	16
			蛟河市		河南街道	居安社区	16
					天岗镇	窝集口村	16
					庆岭镇	葡萄沟村	16
			永吉县		口前镇	玉关村	16
					西阳镇	西阳社区	16
					黄榆乡	茶壶嘴村	16

表 B-2（续）

省（直辖市、自治区）	样本总量/人	调查地区		样本量	街道/乡镇	社区/村	样本量/人
黑龙江	576	哈尔滨	道里区		建国街道	建国公园社区	16
					新阳路街道	银都社区	16
					尚志街道	中央大街社区	16
			尚志市		尚志镇	纺织社区	16
					苇河镇	尚志村	16
					庆阳镇	庆阳村	16
			通河县		通河镇	长安街一居委会	16
					乌鸦泡镇	乌鸦泡村	16
					凤山镇	和平村	16
		佳木斯	郊区		沿江乡	黑通村	16
					大来镇	庆丰村	16
					敖其镇	长春村	16
			东风区		造纸街道	南兴社区	16
					晓云街道	丰登社区	16
					建国街道	五彩社区	16
			向阳区		西林街道	热源社区	16
					保卫街道	青云社区	16
					桥南街道	南湖社区	16
		黑河	爱辉区		海兰街道	温馨社区	16
					花园街道	长海社区	16
					兴安街道	金融社区	16
			孙吴县		孙吴镇	河北村	16
					辰清镇	春清村	16
					西兴乡	西兴村	16
			嫩江县		嫩江镇	邮政社区	16
					伊拉哈镇	兴隆村	16
					双山镇	双山村	16
		大庆	龙凤区		兴化街道	街心社区	16
					三永街道	东岗社区	16
					龙凤镇	久青村	16
			肇州县		永乐镇	新乐村	16
					双发乡	万宝公社	16
					兴城镇	兴城乡村	16
			杜尔伯特蒙古族自治县		胡吉吐莫镇	马铁匠村	16
					连环湖镇	九河渔村	16
					巴彦查干乡	巴彦查干乡政府	16

表 B-2（续）

省（直辖市、自治区）	样本总量/人	调查地区		样本量	街道/乡镇	社区/村	样本量/人
江苏	1050	南京	溧水区		永阳镇	中山东路社区	29
					白马镇	白马桥社区	29
					东屏镇	方边社区	29
			浦口区		秦山街道	津浦社区	29
					顶山街道	大新社区	29
					桥林街道	百合社区	30
			秦淮区		红花街道	果园村	29
					中华门街道	雨花路社区	29
					五老村街道	淮海路社区	30
		常州	天宁区		红梅街道	红梅新村社区	29
					茶山街道	朝阳新村一社区	29
					天宁街道	后北岸社区	30
			武进区		横山桥镇	横山桥村	29
					郑陆镇	三皇庙村	29
					戚墅堰街道	花苑社区	29
			新北区		河海街道	富都社区	29
					三井街道	巢湖社区	29
					新桥镇	新龙湖社区	29
		宿迁	宿城区		幸福街道	凤凰社区	29
					项里街道	果园社区	29
					河滨街道	约材社区	30
			宿豫区		顺河镇	顺河社区	29
					晓店镇	晓店社区	29
					蔡集镇	蔡集社区	29
			沭阳县		沭城镇	健康社区	29
					陇集镇	陇集社区	29
					胡集镇	胡集社区	30
		苏州	相城区		元和街道	朱巷社区	29
					黄桥街道	黄桥村	29
					北桥街道	漕湖村	29
			姑苏区		双塔街道	锦帆路社区	29
					沧浪街道	金狮社区	29
					苏锦街道	光华社区	29
			吴中区		长桥街道	新南社区	29
					郭巷街道	姜庄社区	29
					香山街道	蒋墩村	30

表 B-2（续）

省（直辖市、自治区）	样本总量/人	调查地区		样本量	街道/乡镇	社区/村	样本量/人
浙江	750	杭州	滨江区		长河街道	天官社区	20
					西兴街道	西陵社区	21
					浦沿街道	西浦社区	21
			余杭区		南苑街道	新城社区	21
					临平街道	蓝庭社区	21
					东湖街道	桂芳桥社区	21
			建德市		更楼街道	张家村	20
					新安江镇	新蓬村	21
					航头镇	东村村	21
		嘉兴	南湖区		建设街道	南杨社区	20
					新兴街道	松鹤社区	21
					城南街道	禾源社区	21
			秀洲区		新城街道	亚都社区	21
					嘉北街道	常秀社区	21
					高照街道	象贤村	21
			嘉善县		魏塘街道	车站社区	21
					罗星街道	魏南社区	21
					大云镇	江家村	21
		舟山	定海区		昌国街道	西安社区	20
					盐仓街道	兴舟社区	21
					城东街道	东湾社区	21
			普陀区		沈家门街道	墩头社区	21
					东港街道	葫芦社区	21
					朱家尖街道	南沙社区	21
			岱山县		高亭镇	沙涂村	21
					衢山镇	枕头山村	21
					东沙镇	东沙村	21
		宁波	江东区		百丈街道	七塔社区	20
					白鹤街道	周宿渡社区	21
					福明街道	戚隘桥	21
			镇海区		招宝山街道	胜利路社区	21
					骆驼街道	董家畈社区	20
					九龙湖镇	西经堂村	21
			慈溪市		浒山街道	上叶家社区	21
					龙山镇	云上村	21
					长河镇	贤江村	21

表B-2（续）

省（直辖市、自治区）	样本总量/人	调查地区		样本量	街道/乡镇	社区/村	样本量/人
山西	576	太原	杏花岭区		鼓楼街道	东缉虎营社区	16
					巨轮街道	北大街中社区	16
					中涧河乡	东涧河村	16
			小店区		坞城街道	师范街社区	16
					北格镇	北格镇	16
					西温庄乡	东温庄村	16
			阳曲县		黄宅镇	黄寨村	16
					商贸新街社区居委会	商贸新街社区	16
					西凌井乡	西凌井乡	16
		运城	盐湖区		中城街道	解放路社区	16
					东城街道	东阜居委会	16
					西城街道	韩家营村	16
			临猗县		猗氏镇	里寺村	16
					嵋阳镇	下朝村	16
					临晋镇	北大村	16
			夏县		瑶峰镇	大侯村	16
					庙前镇	南岭村	16
					裴介镇	石桥庄村	16
		阳泉	城区		上站街道	金三角社区	16
					下站街道	河边街社区	16
					北大街街道	古城社区	16
			矿区		平潭街街道	西山社区	16
					沙坪街道	蒙北社区	16
					桥头街道	桥头社区	16
			郊区		荫营镇	马庄村	16
					河底镇	河南村	16
					义井镇	义东沟村	16
		临汾	尧都区		辛寺街	粮局小区	16
					乔李镇	北麻村	16
					贾得乡	柏比村	16
			襄汾县		汾城镇	孝村	16
					邓庄镇	席村	16
					大邓乡	范村	16
			霍州市		南环路街道办事处	红崖堡	16
					大张镇	靳壁镇	16
					师庄乡	蔡家沟	16

表 B-2（续）

省（直辖市、自治区）	样本总量/人	调查地区		样本量	街道/乡镇	社区/村	样本量/人
甘肃	576	兰州	西固区		临洮街街道	康乐路社区	16
					新城镇	青石台社区	16
					金沟乡	马家山村	16
			红古区		窑街街道	窑街和平社区	16
					红古乡	新庄村	16
					平安镇	仁和村	16
			榆中县		夏官营镇	大兴营村	16
					城关镇	文成路	16
					新营乡	杨家营	16
		陇南	武都区		城关镇	西关街社区	16
					汉王镇	汉王街社区	16
					东江镇	东江水村	16
			成县		城关镇	东街社区	16
					红川镇	红川社区	16
					小川镇	小川社区	16
			文县		城关镇	东坝社区	16
					碧口镇	上街社区	16
					尚德镇	水坝村	16
		武威	凉州区		东大街街道	南苑社区	16
					西大街街道	达府社区	16
					火车站街街道	火车站社区	16
			民勤县		泉山镇	永宁村	16
					东湖镇	正新村	16
					西渠镇	东胜村	16
			古浪县		城关街道	上城社区	16
					古浪镇	小桥村	16
					泗水镇	三坝村	16
		酒泉	敦煌市		沙州镇	梨园社区	16
					郭家堡乡	梁家堡	16
					阳关镇	营盘村	16
			金塔县		中东镇	三湾沟村	16
					金塔镇	鸳鸯街	16
					西坝乡	新民乡	16
			肃州区		东北街街道	汉唐街北社	16
					上坝镇	新上村	16
					下河清乡	陈家楼庄	16

表B-2（续）

省（直辖市、自治区）	样本总量/人	调查地区		样本量	街道/乡镇	社区/村	样本量/人
宁夏	576	银川	金凤区		满城北街街道	中强巷社区	16
					良田镇	园子村	16
					北京中路街道	锦绣苑	16
			西夏区		西花园路街道	福利巷社区	16
					朔方路街道	同心苑社区	16
					镇北堡镇	三闸村	16
			永宁县		杨和镇	惠丰村委会	16
					杨和街道	宁和街	16
					望远镇	高桥村委会	16
		吴中	利通区		金星镇	金星花园居委会	16
					东塔寺乡	白寺滩村	16
					孙家滩开发区	石家窑大队村	16
			青铜峡市		小坝镇	小坝村委会	16
					裕民街道	怡园社区	16
					陈袁滩镇	柳条滩村	16
			红寺堡区		红寺堡镇	第一居委会	16
					新庄集乡	中川村	16
					大河乡	龙兴村	16
		固原	原州区		新区街道	西环路社区	16
					张易镇	南湾村	16
					寨科乡	新塘村	16
			西吉县		吉强镇	团结村	16
					马莲乡	上磨里村	16
					红耀乡	南湾村	16
			泾源县		香水镇	思源村	16
					六盘山镇	拐巴沟村	16
					黄花镇	白洋坪村	16
		石嘴山	大武口区		长胜街道	奔牛社区	16
					朝阳街道	东胜社区	16
					人民路街道	建设社区	16
			惠农区		北街街道	公园社区	16
					南街街道	春晖社区	16
					中街街道	金融社区	16
			平罗县		城关镇	前西社区	16
					黄渠桥镇	红光村	16
					宝丰镇	宝丰村	16

表 B-2（续）

省（直辖市、自治区）	样本总量/人	调查地区		样本量	街道/乡镇	社区/村	样本量/人
青海	576	西宁	城西区		虎台街道	海晏路社区	16
					南川西路街道	沈家寨	16
					彭家寨镇	张家湾村	16
			城中区		南滩街道	农建社区	16
					礼让街街道	自新巷	16
					总寨镇	清水河村	16
			湟中县		鲁沙尔镇	东山村	16
					升平乡	下细沟村	16
					李家山乡	汉水沟村	16
		黄南州	同仁县		隆务镇	隆务村	16
					保安镇	群吾村	16
					加吾乡	加吾岗村	16
			尖扎县		马克唐镇	黄河路社区	16
					康杨镇	上庄村	16
					坎布拉镇	德洪村	16
			泽库县		泽曲镇	俄日果牧委会	16
					麦秀镇	龙藏牧委会	16
					西卜沙乡	团结牧委会	16
		果洛州	玛沁县		拉加镇	黄河路社区	16
					大武镇	雪山路社区	16
					大武乡	江前牧委会	16
			班玛县		江日堂乡	多日麻牧委会	16
					达卡乡	多娘牧委会	16
					吉卡乡	东坝牧委会	16
			甘德县		柯曲镇	当成牧委会	16
					上贡麻乡	旺日乎牧委会	16
					下贡麻乡	俄尔金牧委会	16
		海东	乐都区		碾伯镇	徐家沙沟村	16
					中岭乡	吴家洼村	16
					古城回族乡	角加村	16
			民和回族土族自治县		川口镇	史纳村	16
					满坪镇	大滩村	16
					核桃庄乡	钟家村	16
			循化撒拉族自治县		积石镇	上草滩坝村	16
					白庄镇	塘乐尕村	16
					查汗都斯乡	哈大亥村	16

表B-2（续）

省（直辖市、自治区）	样本总量/人	调查地区		样本量	街道/乡镇	社区/村	样本量/人
湖南	900	长沙	雨花区		雨花亭街道	自然社区	25
					圭塘街道	体院路	25
					左家塘街道	长岭	25
			长沙县		星沙街道	牛角冲社区	25
					暮云镇	暮云村	25
					干杉乡	长安村	25
			浏阳市		官渡镇	田郊村	25
					杨花乡	华园村	25
					蕉溪乡	金云村	25
		湘潭	雨湖区		雨湖路街道	和平桥社区	25
					城正街街道	观湘门社区	25
					中山路街道	鲁班殿社区	25
			岳塘区		岳塘街道	大板房社区	25
					东坪街道	万福社区	25
					中洲路街道	长城社区	25
			湘潭县		易俗河镇	高桥社区	25
					射埠镇	方上桥村	25
					谭家山镇	高山村	25
		湘西州	吉首市		峒河街道	向阳社区	25
					乾州街道	漩潭社区	25
					镇溪街道	马坡岭社区	25
			泸溪县		白沙镇	沅江社区	25
					浦市镇	十字街社区	25
					达岚镇	达岚坪社区	25
			花垣县		花垣镇	城南社区	25
					边城镇	小桥社区	25
					龙潭镇	龙潭社区	25
		岳阳	岳阳县		城关镇	庆丰居委会	25
					相思乡	杨山村	25
					东洞庭湖管委会	飘尾	25
			湘阴县		文星镇	黄金村	25
					湘滨镇	古塘村	25
					石塘乡	长田坝村	25
			岳阳楼区		三眼桥	三眼桥	25
					梅溪	马润镇	25
					城陵矶	城陵矶	25

表 B-2（续）

省（直辖市、自治区）	样本总量/人	调查地区		样本量	街道/乡镇	社区/村	样本量/人
广东	1400	广州	天河区		五山街道	茶山社区	38
					员村街道	新村社区	39
					石牌街道	绿荷社区	39
			番禺区		桥南街道	绣品社区	39
					洛浦街道	珠江花园社区	39
					大石街道	大石社区	39
			增城区		中心镇	中新村	39
					荔城街道	湘江社区	39
					朱村街道	梅苑社区	39
		湛江	赤坎区		中华街道	南方社区	39
					寸金街道	寸金社区	39
					民主街道	三民社区	39
			坡头区		南三镇	南三居委会	38
					坡头镇	新塘村	39
					麻斜街道	麻斜居委会	39
			麻章区		麻章镇	福民居委会	39
					湖光镇	铺居居委会	39
					太平镇	新联村	39
		韶关	浈江区		车站街道	建设社区	39
					南门街道	河滨社区	39
					和平街道	建国路社区	39
			武江区		西联镇	西联村	38
					西河镇	向阳村	39
					惠民街道	黄田坝社区	39
			仁化县		闻韶镇	白竹村	39
					扶溪镇	左龙村	39
					长江镇	油洞村	39
		东莞	万江区		石碣镇	刘屋村	39
					中堂镇	中堂社区	39
					道滘镇	永庆	39
			莞城区		南城街道	篁村社区	38
					大朗镇	水口村	39
					寮步镇	塘边社区	39
			虎门镇		虎门镇	则徐社区	39
					长安镇	长盛社区	39
					沙田镇	福禄沙村	39

表B-2（续）

省（直辖市、自治区）	样本总量/人	调查地区		样本量	街道/乡镇	社区/村	样本量/人
广西	600	南宁	西乡塘区		衡阳街道	中华中路社区	17
					金陵镇	南岸行政村	17
					安宁街道	北湖村	17
			青秀区		中山街道	八一社区	17
					南湖街道	金洲社区	17
					伶俐乡	石塘行政村	17
			宾阳县		宾州镇	陆村委会	17
					黎塘镇	永安东社区	16
					陈平乡	高田社区	17
		钦州	钦南区		沙埠镇	大石古村	16
					向阳街道	沙坡社区	17
					文峰街道	东风社区	17
			钦北区		大寺镇	大寺社区	16
					大垌镇	大垌村	16
					平吉镇	平吉社区	17
			灵山县		灵城镇	十里村	16
					丰塘镇	丰塘社区	16
					平山镇	平山社区	17
		防城港	港口区		渔州坪街道	渔州社区	16
					白沙万街道	沙万社区	16
					企沙镇	簕山村	17
			防城区		防城镇	珠河社区	17
					华石镇	华石村	17
					那梭镇	那梭社区	17
			上思县		思阳镇	东湖社区	16
					在妙镇	在妙村	16
					叫安乡	提高村	17
		玉林	玉州区		玉城街道	东明社区	17
					茂林镇	泉东村	17
					石和镇	大义村	17
			容县		杨梅镇	杨梅镇	16
					十里镇	十里镇	16
					罗江镇	罗江镇	17
			兴业县		蒲塘镇	凤文村	17
					北市镇	院垌村	17
					大平山镇	江下村	17

表B-2（续）

省（直辖市、自治区）	样本总量/人	调查地区		样本量	街道/乡镇	社区/村	样本量/人
福建	576	福州	鼓楼区		鼓西街道	保定社区	16
					南街街道	柳河社区	16
					洪山镇	兴园社区	16
			仓山区		金山街道	香江社区	16
					仓前街道	麦园社区	16
					城门镇	浚边村	16
			闽侯县		白沙镇	马坑村委会	16
					鸿尾乡	南下行政村	16
					江洋农场	江洋农场村	16
		龙岩	上杭县		临江镇	镇东社区	16
					临城镇	城东社区	16
					白砂镇	中洋村	16
			永定县		凤城街道	龙角社区	16
					金砂乡	上金村	16
					西溪乡	富家村	16
			新罗区		东城街道	东门社区	16
					南城街道	溪南社区	16
					中城街道	凤凰社区	16
		南平	延平区		梅山街道	解放社区	16
					黄墩街道	黄墩村	16
					紫云街道	文体社区	16
			建阳区		潭城街道	南阳社区	16
					童游街道	南林村	16
					将口镇	将口村	16
			顺昌县		双溪街道	建光社区	16
					建西镇	元峰村	16
					洋口镇	田坪村	16
		厦门	思明区		厦港街道	福海居委会	16
					鹭江街道	道平居委会	16
					莲前街道	观音山社区	16
			海沧区		海沧街道	海发社区	16
					新阳街道	霞阳社区	16
					东孚镇	天竺社区	16
			翔安区		大嶝街道	阳塘社区	16
					马巷镇	五美社区	16
					新店镇	新兴社区	16

表B-2（续）

省（直辖市、自治区）	样本总量/人	调查地区		样本量	街道/乡镇	社区/村	样本量/人
江西	600	南昌	青山湖区		青山路街道	塘山南社区	17
					塘山镇	燕鸣社区	17
					扬子洲乡	三联村	17
			青云谱区		京山街道	象湖社区	17
					洪都街道	洪东社区	17
					青云谱镇	城南村	17
			进贤县		民和镇	云桥社区	17
					三里乡	三里村	16
					池溪乡	池溪村	17
		鹰潭	月湖区		江边街道	公园社区	16
					交通街道	商城社区	17
					东湖街道	双水坑社区	17
			余江县		邓埠镇	站前社区	16
					锦江镇	流源村	16
					中童镇	乘龙村	17
			贵溪市		花园街道	白果区	16
					雄石街道	北街居委会	16
					东门街道	信江区	17
		宜春	袁州区		灵泉街道	灵泉社区	16
					秀江街道	下水关社区	16
					珠泉街道	半边山社区	17
			万载县		康乐街道	西门社区	17
					高城镇	南庙村	17
					白良乡	白良街居委会	17
			宜丰县		新昌镇	大桥村	16
					棠浦镇	高家村	16
					澄塘镇	黄坪村	17
		九江	庐山区		十里街道	土岭村	17
					姑塘镇	谷山村	17
					海会镇	五星村	17
			武宁县		豫宁街道	白石岭	16
					泉口镇	路口村	16
					大洞乡	彭坪村	17
			瑞昌市		桂林街道	潘家堡居委会	17
					南义镇	南兴居委会	17
					黄金乡	金岭村	17

表 B-2（续）

省（直辖市、自治区）	样本总量/人	调查地区		样本量	街道/乡镇	社区/村	样本量/人
海南	576	海口	秀英区		秀英街道	秀华社区	16
					长流镇	长丰村	16
					东山镇	紫罗村	16
			龙华区		滨海街道	八灶社区	16
					城西镇	丁村	16
					金宇街道	金坡社区	16
			美兰区		三江镇	三江社区	16
					蓝天街道	万华社区	16
					白沙街道	岭下社区	16
		万宁	万城镇		万城镇	镇南社区	16
					万城镇	朝阳社区	16
					万城镇	裕光社区	16
			后安镇		后安镇	潮港村	16
					后安镇	曲冲村	16
					后安镇	曙光村	16
			大茂镇		大茂镇	联益村	16
					大茂镇	袁水村	16
					大茂镇	龙尾村	16
		定安	定城镇		定城镇	东北门社区	16
					定城镇	春内村	16
					定城镇	罗温村	16
			龙门镇		龙门镇	英湖村	16
					龙门镇	石坡村	16
					龙门镇	水竹村	16
			富文镇		富文镇	石门村	16
					富文镇	大里村	16
					富文镇	白鹤村	16
		白沙	牙叉镇		牙叉镇	桥南社区	16
					牙叉镇	城东社区	16
					牙叉镇	城西社区	16
			七坊镇		七坊镇	高石村	16
					七坊镇	木棉村	16
					七坊镇	高地村	16
			邦溪镇		邦溪镇	孟果村	16
					邦溪镇	邦新村	16
					邦溪镇	南班村	16

表B-2（续）

省（直辖市、自治区）	样本总量/人	调查地区		样本量	街道/乡镇	社区/村	样本量/人
云南	600	昆明	官渡区		关上街道	关上社区	17
					吴井街道	五里多社区	17
					金马街道	金马社区	17
			呈贡区		大渔街道	大渔村	17
					龙城街道	龙街社区	17
					斗南街道	江尾社区	17
			嵩明县		嵩阳镇	杨桥村	17
					小街镇	小街村	16
					杨林镇	杨林村	17
		红河州	个旧市		城区街道	青杉里社区	16
					锡城镇	锡城社区	17
					沙甸镇	沙甸村	17
			蒙自市		文澜镇	碧云村	16
					草坝镇	前进村	16
					雨过铺镇	雨过铺村	17
			开远市		乐白道街道	临江社区	16
					泉灵街道	南正街社区	16
					中和营镇	桥头村	17
		保山	隆阳区		金鸡乡	金鸡村	16
					辛街乡	辛街村	16
					丙麻乡	丙麻村	17
			施甸县		甸阳镇	文武社区	17
					由旺镇	杨家村	17
					姚关镇	姚关村	17
			腾冲市		腾越镇	热海社区	16
					固东镇	河头村	16
					滇滩镇	联族村	17
		玉溪	红塔区		玉兴路街道	荷花池社区	17
					北城街道	午尚洋村	17
					春和街道	王大户社区	17
			华宁县		宁州街道	城关社区	16
					青龙镇	落梅村	16
					盘溪镇	下街社区	17
			峨山彝族自治县		双江镇	兴隆村	17
					岔河乡	恰西区	17
					大龙潭乡	鱼塘村	17

表B-2（续）

省（直辖市、自治区）	样本总量/人	调查地区		样本量	街道/乡镇	社区/村	样本量/人
四川	1100	成都	锦江区		督院街街道	青石桥社区	30
					盐市口街道	青年路社区	30
					春熙路街道	总府路社区	30
			金牛区		西安路街道	青羊北路社区	30
					茶店子街道	锦城社区	31
					九里堤街道	九里堤北路社区	31
			彭州市		新兴镇	君山村	31
					天彭街道	东大街社区	31
					牡丹街道	光明社区	31
		泸州	纳溪区		安富街道	顺江街社区	30
					永宁街道	胜利街社区	30
					大渡口镇	锦衣社区	30
			合江县		合江镇	马街社区	30
					望龙镇	望龙社区	31
					白沙镇	中孝村	31
			江阳区		南城街道	上平远路社区	31
					北城街道	东门口社区	31
					大山坪街道	麻柳湾社区	31
		雅安	雨城区		东城街道	东大街社区	31
					西城街道	飞机坝社区	31
					河北街道	挺进路社区	31
			名山区		百丈镇	千尺村	31
					车岭镇	水月村	30
					永兴镇	三岔村	30
			汉源县		大田乡	木林村	30
					唐家乡	集贤村	30
					富春乡	黎家村	31
		绵阳	涪城区		城厢街道	南河路社区	31
					关帝镇	猫林村	31
					石洞乡	天池山村	31
			盐亭县		云溪镇	云溪镇	31
					永泰乡	永泰乡	30
					大兴回族乡	大兴回族乡	30
			江油市		长钢街道	长钢区委会	30
					战旗镇	海棠村	30
					重兴乡	火花村	31

表B-2（续）

省（直辖市、自治区）	样本总量/人	调查地区		样本量	街道/乡镇	社区/村	样本量/人
新疆	576	乌鲁木齐	天山区		新华南路街道	南公园社区	16
					燕儿窝街道	十七户社区	16
					团结路街道	团结社区	16
			米东区		铁厂沟镇	天山村委会	16
					地磅街道	东山社区	16
					卡子湾街道	育林社区	16
			沙依巴克区		长江路街道	长江南路社区	16
					友好南路街道	友好社区	16
					友好北路街道	宝地社区	16
		喀什地区	疏勒县		疏勒镇	城关社区	16
					罕南力克镇	博热其一村	16
					牙甫泉镇	库木什拉克一村	16
			喀什市		恰萨街道	塔吾古孜社区	16
					亚瓦格街道	布拉克贝希社区	16
					吾斯塘博依街道	齐尼瓦克社区	16
			疏附县		托克扎克镇	新区社区	16
					乌帕尔乡	喀拉巴什村	16
					塔石米里克乡	尤喀克阿萨艾日克村	16
		和田	和田县		巴格其镇	肖尔巴格村	16
					罕艾日克镇	吉格代艾日克村	16
					英阿瓦提乡	吐格曼贝什村	16
			墨玉县		喀拉喀什镇	其尼巴格社区	16
					扎瓦镇	阔坎村	16
					喀尔赛镇	阿热勒村	16
			皮山县		固玛镇	尼向达村	16
					杜瓦镇	亚克尔村	16
					阔什塔格乡	阔什塔格村	16
		克拉玛依市	克拉玛依区		天山路街道	天山社区	16
					银河路街道	向阳北社区	16
					金龙镇街道	友谊新村	16
			独山子区		金山路街道	二区社区	16
					西宁路街道	三区社区	16
					新北区街道	新北村社区	16
			乌尔禾区		乌尔禾镇	查干草村	16
					柳树街道	柳园社区	16
					新市区	百口泉社区	16

表 B-2（续）

省（直辖市、自治区）	样本总量/人	调查地区		样本量	街道/乡镇	社区/村	样本量/人
河南	1250	郑州	中原区		石佛镇	陈庄村	35
					林山寨街道	邮电院社区	35
					建设路街道	省五建社区	35
			巩义市		竹林镇	竹林街社区	35
					永安路街道	后泉沟村	34
					回郭镇	清东村	35
			金水区		文化路街道	文丰社区	35
					未来路街道	海燕花园社区	34
					南阳新村街道	三北社区	34
		焦作	解放区		民生街道	学苑社区	35
					新华街道	鑫源社区	34
					焦西街道	园林社区	35
			山阳区		东方红街道	文化巷社区	35
					焦东街道	东花园社区	35
					太行街道	宏兴社区	35
			博爱县		清化镇	八街居委会	35
					柏山镇	柏山村	34
					许良镇	许良村	34
		濮阳	华龙区		中原路街道	京东社区	35
					胜利路街道	金联华社区	35
					建设路街道	开西社区	35
			清丰县		城关镇	西关村	35
					马庄桥镇	中原油田勘探局第五社区	35
					瓦屋头镇	瓦南街村	35
			南乐县		城关镇	昌州路社区	35
					韩张镇	西北街村	34
					元村镇	后什固村	34
		新乡	凤泉区		宝东街道	宝中居委会	35
					潞王坟乡	五陵村	35
					耿黄乡	耿庄村	35
			辉县市		孟庄村	孟庄村	35
					上八里	上八里	35
					张村	张村	35
			封丘县		城关镇	东坝社区	35
					城关乡	师寨村	34
					黄陵镇	庄呼村	34

表B-2（续）

省（直辖市、自治区）	样本总量/人	调查地区		样本量	街道/乡镇	社区/村	样本量/人
湖北	750	武汉	江汉区		民族街道	和平社区	20
					花楼街道	武汉关社区	21
					满春街道	大夹社区	21
			江岸区		上海街道	铜仁社区	21
					人智街道	吉庆社区	21
					一元街道	同福社区	21
			青山区		白玉山街道	五一村	20
					红钢街道	临江港湾社区	21
					新沟桥街道	临江社区	21
		咸宁	咸安区		温泉街道	希望桥居委会	20
					浮山街道	双泉村	21
					汀泗桥镇	古田村	21
			嘉鱼县		陆溪镇	界石村	21
					高铁岭镇	高铁岭	21
					官桥镇	官桥村	21
			通城县		隽水镇	银城社区	21
					麦市镇	向阳社区	21
					塘湖镇	塘湖社区	21
		仙桃	城区西部		干河街道	石码头社区	20
						好义街居委会	21
						军垦路居委会	21
			城区南部		沙嘴街道	王市口社区	21
						沙嘴社区	21
						青青家园社区	21
			城区东部		龙华山街道	解放街社区	21
						华山里社区	21
						新生社区	21
		宜昌	远安县		鸣凤镇	航天社区	20
					洋坪镇	洋坪村	21
					河口乡	张桥村	21
			长阳土家族自治县		龙舟坪镇	湖口居委会	21
					资丘镇	椰坪村	20
					大堰乡	三洞水村	21
			夷陵区		小溪塔街道	兴安村	21
					乐天溪镇	乐天溪村	21
					黄花乡	黄花场村	21

表 B-2（续）

省（直辖市、自治区）	样本总量/人	调查地区		样本量	街道/乡镇	社区/村	样本量/人
山东	1300	济南	历下区		趵突泉街道	朝山街社区	36
					文化东路街道	师东新村社区	36
					解放路街道	十亩园社区	36
			天桥区		无影山街道	无影潭社区	36
					制锦市街道	营市街社区	36
					工人新村北街街道	标山社区	36
			长清区		文昌街道	杨庄村	36
					平安街道	大于村	36
					马山镇	郭庄村	37
		日照	东港区		日照街道	日升社区	36
					石臼街道	振兴社区	36
					奎山街道	平台村	36
			岚山区		岚山头街道	杨家庄子村	36
					安东卫街道	汾水村	36
					前三岛乡	秦官庄村	36
			五莲县		汪湖镇	东南岭村	36
					于里镇	于里村	36
					中至镇	峨庄村	37
		德州	德城区		天衢街道	于赵社区	36
					新华街道	振华社区	36
					新湖街道	丰华社区	36
			陵城区		安德街道	芦家坊社区	36
					临齐街道	马厂街社区	36
					郑家寨镇	王家庄村	36
			宁津县		宁城街道	后林村	36
					津城街道	周庄村	36
					长官镇	长官街社区	37
		淄博	张店区		南定镇	翟家村	36
					车站街道办事处	兴学街居委会	36
					湖田街道办事处	杏园居委会	36
			周村区		王村镇	苏李村	36
					青年路街道	东街社区	36
					北郊镇	前沟村	36
			沂源县		南麻镇	西儒林村	36
					燕崖镇	燕崖村	36
					石桥镇	魏家村	37

表B-2（续）

省（直辖市、自治区）	样本总量/人	调查地区		样本量	街道/乡镇	社区/村	样本量/人
安徽	800	合肥	包河区		常青街道	姚公社区	22
					芜湖路街道	太湖新村社区	22
					包公街道	包河社区	22
			瑶海区		胜利路街道	凤凰桥社区	22
					明光路街道	全椒路社区	22
					车站街道	建设社区	22
			蜀山区		小庙镇	新民村	22
					荷叶地街道	金荷社区	23
					井岗镇	卫楼社区	23
		阜阳	颍州区		文峰街道	顺昌社区	22
					鼓楼街道	青云社区	22
					王店镇	十二里村	22
			颍东区		河东街道	大桥社区	22
					新华街道	李洼村	22
					老庙镇	向阳村	22
			颍泉区		中市街道	商贸城社区	22
					周棚街道	许庄社区	23
					伍明镇	齐营村	23
		黄山	屯溪区		昱东街道	荷花池社区	22
					老街街道	五福街社区	22
					屯光镇	社屋前社区	22
			徽州区		徽州街道	丰乐社区	22
					岩寺镇	信行村	22
					西溪南镇	西溪南村	22
			黄山区		新城街道	芙蓉社区	22
					甘棠镇	玉河村	23
					仙源镇	龙山村	23
		芜湖	镜湖区		东门街道	大磨坊社区	22
					赭山街道	小赭山社区	22
					方村街道	腰埂村	22
			鸠江区		四褐山街道	曹姑社区	22
					万春街道	代垛社区	22
					汤沟镇	三汊河社区	22
			繁昌县		繁阳镇	高安村	22
					孙村镇	卢家寨村	23
					峨山镇	石拉村	23

表 B-2（续）

省（直辖市、自治区）	样本总量/人	调查地区		样本量	街道/乡镇	社区/村	样本量/人
陕西	576	西安	碑林区		南院门街道	辖竹笆市社区	16
					柏树林街道	三学街社区	16
					长乐坊街道	兴庆社区	16
			阎良区		凤凰路街道	凤凰街社区	16
					新华路街道	胜利街社区	16
					振兴街道	皇冠社区	16
			长安区		兴隆街道	张王村	16
					韦曲街道	青年街社区	16
					斗门街道	斗门北街村	16
		商洛	商州区		陈塬街道	王塬社区	16
					大赵峪街道	卢河涧村	16
					夜村镇	高桥村	16
			洛南县		城关街道	西街社区	16
					景村镇	景村街社区	16
					古城镇	古城街社区	16
			丹凤县		龙驹寨镇	凤麓社区	16
					庾岭镇	街坊村	16
					蔡川镇	太子庙村	16
		延安	宝塔区		宝塔山街道	向阳社区	16
					南市街道	南关居委会	16
					凤凰山街道	凤凰村	16
			延长县		黑家堡镇	黑家堡村	16
					郭旗乡	郭旗村	16
					张家滩镇	张家滩村	16
			甘泉县		城关镇	曲里村	16
					道镇镇	三岔口村	16
					石门乡	王坪村	16
		咸阳	秦都区		人民路街道	乐于北路	16
					西兰路街道	滨河西路社区	16
					渭滨街道	陈南村	16
			兴平市		东城街道	兴化社区	16
					西城街道	秦岭社区	16
					桑镇镇	三台村	16
			长武县		昭仁镇	建苑居委会	16
					洪家镇	高家山居委会	16
					枣元镇	牛王村	16

表B-2（续）

省（直辖市、自治区）	样本总量/人	调查地区		样本量	街道/乡镇	社区/村	样本量/人
贵州	576	贵阳	南明区		市府路街道	市府路社区	16
					兴关路街道	环南巷社区	16
					遵义路街道	遵义街社区	16
			白云区		艳山红镇	鸡场社区	16
					麦架镇	麦架村	16
					沙文镇	沙文村	16
			修文县		谷堡乡	红焰村	16
					久长镇	久长村	16
					六广镇	滨江村	16
		黔南州	都匀市		广惠办事处	广惠社区	16
					文峰办事处	文峰社区	16
					新华办事处	石板街社区	16
			福泉市		金山街道	沙坪村	16
					陆坪镇	松江村	16
					凤山镇	文昌社区	16
			荔波县		玉屏街道	城西社区	16
					朝阳镇	山江村	16
					茂兰镇	立化村	16
		安顺	西秀区		南街街道	图书社区	16
					东街街道	东街社区	16
					西街街道	西街社区	16
			平坝区		城关镇	顺城村	16
					白云镇	肖家村	16
					高峰镇	毛昌村	16
			普定县		城关镇	文明社区	16
					马官镇	小河村	16
					化处镇	熊家林村	16
		毕节	七星关区		市西街道	徐家居委会	16
					对坡镇	新门村	16
					野角乡	西桥村	16
			黔西县		雨朵镇	雨朵村	16
					大关镇	银河村	16
					莲城街道	莲城社区	16
			赫章县		白果镇	七里店村	16
					达依乡	银庄村	16
					平山乡	平山村	16

表 B-2（续）

省（直辖市、自治区）	样本总量/人	调查地区		样本量	街道/乡镇	社区/村	样本量/人
西藏	576	拉萨	城关区		八廓街道	绕赛社区	16
					吉日街道	八朗学社区	16
					公德林街道	加措社区	16
			曲水县		曲水镇	曲水村	16
					南木乡	仓朗村	16
					聂唐乡	德吉村	16
			当雄县		羊八井镇	桑巴萨村	16
					纳木湖乡	拉跟多村	16
					宁中乡	多木村	16
		山南	乃东县		泽当镇	郭沙居委会	16
					昌珠镇	昌珠居委会	16
					结巴乡	结巴村	16
			扎囊县		扎塘镇	桑玉村	16
					桑耶镇	松卡村	16
					吉汝乡	吉汝村	16
			贡嘎县		吉雄镇	扎青居委会	16
					岗堆镇	岗堆村	16
					江塘镇	娘索村	16
		昌都	卡若区		昌都镇	嘎东街社区	16
					俄洛镇	俄洛村	16
					卡若镇	休索村	16
			江达县		江达镇	瓦许村	16
					岗托镇	矮拉村	16
					邓柯乡	青稞村	16
			贡觉县		莫洛镇	登卡社区	16
					敏都乡	敏都村	16
					则巴乡	则普村	16
		林芝	巴宜区		双拥路街道	仲沙	16
					布久乡	珠曲登	16
					鲁朗镇	扎西岗	16
			米林县		米林镇	米林村	16
					卧龙镇	卧龙村	16
					羌纳乡	米尼村	16
			朗县		朗镇	朗巴居委会	16
					洞嘎镇	滚村	16
					登木乡	如子村	16

表 B-3　第二次调查各省（直辖市、自治区）分配样本量

省（直辖市、自治区）	样本总量/人	调查地区	样本量	街道/乡镇	社区/村	样本量/人
北京市	576	西城区	144	什刹海街道	西什库社区	16
					旧鼓楼社区	16
					兴华社区	16
				金融街街道	二龙路社区	16
					温家街社区	16
					文昌社区	16
				新街口街道	富国里社区	16
					大觉社区	16
					西里二区社区	16
		通州区	144	北苑街道	锦园社区	16
					五里店社区	16
					西关社区	16
				梨园镇	梨园东里社区	16
					云景里社区	16
					群芳园社区	16
				台湖镇	前营村	16
					窑上村	16
					桑元村	16
		大兴	144	采育镇	宁家湾村	16
					南辛店二村	16
					南辛店一村	16
				天宫院街道	海子角社区	16
					天堂河社区	16
					矿林庄社区	16
				黄村镇	李营村	16
					长丰园社区	16
					西芦城村	16
		朝阳区	144	朝外街道	吉庆里社区	16
					芳草地社区	16
					雅宝里社区	16
				呼家楼街道	呼南里社区	16
					金台里社区	16
					人民日报社区	16
				高碑店地区	甘露园南里一区社区	16
					通惠家园社区	16
					高碑店村	16

表 B-3（续）

省（直辖市、自治区）	样本总量/人	调查地区	样本量	街道/乡镇	社区/村	样本量/人
上海市	576	黄浦区	144	外滩街道	汉口路居委会	16
					金陵居委会	16
					东风居委会	16
				小东门街道	新码居委会	16
					阳光居委会	16
					府谷居委会	16
				五里桥街道	桥一居委会	16
					铁一居委会	16
					斜土居委会	16
		虹口区	144	欧阳路街道	欧二居委会	16
					建设新村	16
					祥德路居委会	16
				曲阳路街道	玉一社区	16
					曲一社区	16
					东二社区	16
				嘉兴路街道	宝元社区	16
					北街社区	16
					临平社区	16
		松江区	144	岳阳街道	龙潭社区	16
					太平社区	16
					白洋社区	16
				中山街道	北门社区	16
					方东社区	16
					蓝天一村社区	16
				石湖荡镇	新姚村	16
					新源村	16
					新中村	16
		浦东新区	144	塘桥街道	茂兴居委会	16
					塘桥居委会	16
					南浦居委会	16
				浦兴街道	凌河路四社区	16
					荷泽路五社区	16
					浦兴路第二社区	16
				川沙新镇	黄楼社区学桥村委会	16
					城厢社区新川居委会	16
					城南社区桃园居委会	16

表 B-3（续）

省（直辖市、自治区）	样本总量/人	调查地区	样本量	街道/乡镇	社区/村	样本量/人
天津市	576	滨海新区	144	大沽街道	新桥里社区	16
					远景社区	16
					河南里社区	16
				新河街道	湘江里社区	16
					新建里社区	16
					岷江里社区	16
				古林街道	世纪花园社区	16
					欣欣里社区	16
					马棚口一村	16
		河西区	144	下瓦房街道	福建路社区	16
					南华里社区	16
					云景大厦社区	16
				越秀路街道	红波里社区	16
					珠海里社区	16
					爱国里社区	16
				友谊路街道	文苑楼社区	16
					宾西楼社区	16
					平江南里社区	16
		宝坻区	144	宝平街道	新苑小区社区	16
					中保社区	16
					岳园社区	16
				周良庄街道	周良庄村	16
					大庄子村	16
					孝庄子村	16
				大白庄街道	大白庄村	16
					八道沽村	16
					田家桥村	16
		北辰区	144	果园新村街道	果园里社区	16
					朝阳里社区	16
					新华里社区	16
				普东街道	普兴里社区	16
					秋怡家园社区	16
					都市桃源社区	16
				北仓镇	北仓村	16
					刘园村	16
					下辛庄村	16

表 B-3（续）

省（直辖市、自治区）	样本总量/人	调查地区	样本量	街道/乡镇	社区/村	样本量/人
重庆市	576	沙坪坝区	144	小龙坎街道	嘉新社区	16
					快乐里社区	16
					解放坡社区	16
				沙坪坝街道	欣阳社区	16
					沙正街社区	16
					饮水村社区	16
				回龙坝镇	大桥村	16
					回龙坝村	16
					真武山村	16
		黔江区	144	城东街道	文汇社区	16
					石城社区	16
					下坝社区	16
				城南街道	黑山社区	16
					南家社区	16
					南沟社区	16
				正阳街道	团结社区	16
					群力社区	16
					积富社区	16
		梁平县	144	梁山街道	南华社区	16
					大众社区	16
					北池社区	16
				双桂街道	大河坝社区	16
					皂角村	16
					张桥村	16
				云龙镇	云龙街道社区	16
					东平村	16
					红旗村	16
		合川区	144	云门街道	云龙社区	16
					石门村	16
					龙塘村	16
				古楼镇	摇金村	16
					骑龙村	16
					古楼社区	16
				双凤镇	双凤居委会	16
					黄桥村	16
					南圩村	16

表 B-3（续）

省（直辖市、自治区）	样本总量/人	调查地区		样本量	街道/乡镇	社区/村	样本量/人
河北省	950	石家庄	长安区		建北街道	光华居委会	26
					五星街道	跃进社区	27
					太乙宫街道	新街南村	27
			桥西区		东里街道	铁苑社区	26
					维明街道	维明南大街社区	27
					新石街道	南二环社区	27
			正定县		正定镇	西关村	27
					诸福屯镇	蟠桃村	27
					西平乐乡	西平乐村	26
		保定	清苑区		清苑镇	西城社区	26
					魏村镇	王罗侯村	27
					冉庄镇	蒋庄村	27
			满城区		满城镇	柳家佐村	26
					神星镇	神星村	27
					大册营镇	王辛庄村	27
			竞秀区		建设南路街道	向阳南社区	26
					东风街道	话剧院社区	26
					韩村北路街道	新一代社区	26
		承德	滦平县		滦平镇	北大街社区	26
					金沟屯镇	三道弯村	27
					张百湾镇	五道岭村	27
			兴隆县		兴隆镇	东关社区	26
					六道河镇	五道河村	26
					北营房镇	李家庄村	27
			围场县		围场镇	木兰社区	26
					四合永镇	营子村	27
					朝阳地镇	北道村	26
		邯郸	丛台区		人民路	黎明街社区	26
					和平街道	新华街社区	26
					光明桥街	地质局社区	26
			复兴区		胜利桥街道	人民路邯钢居委会	26
					户村镇	户村	26
					康庄乡	康庄村	26
			涉县		河南店镇	王堡村	26
					固新镇	原曲村	26
					龙虎乡	落沟村	26

表 B-3（续）

省（直辖市、自治区）	样本总量/人	调查地区		样本量	街道/乡镇	社区/村	样本量/人
内蒙古	576	呼和浩特	新城区		锡林路街道	车站西街社区	16
					东街街道	党委社区	16
					海拉尔东路街道	公安厅社区	16
			玉泉区		大南街街道	小西街社区	16
					兴隆巷街道	西三里社区	16
					小召前街街道	五塔北街社区	16
			土默特左旗		察素齐镇	西园村	16
					善岱镇	五里桥村	16
					白庙子镇	得胜营村	16
		呼伦贝尔	海拉尔区		正阳街道	天润社区	16
					健康街道	东海社区	16
					靠山街道	芳园社区	16
			鄂温克族自治旗		巴彦托海镇	安门社区	16
					大雁镇	兴华社区	16
					巴彦塔拉达斡尔族乡	巴彦布拉尔嘎查村	16
			陈巴尔虎旗		巴彦库仁镇	多蓝社区	16
					宝日希勒镇	胜利居委会	16
					呼和诺尔镇	呼和诺尔社区	16
		兴安盟	乌兰浩特市		爱国街道	万佳社区	16
					胜利街道	东方社区	16
					都林街道	腾飞社区	16
			科尔沁右翼前旗		科尔沁镇	兴科社区	16
					归流河镇	敖家店村	16
					大石寨镇	永新村	16
			突泉县		突泉镇	建国村	16
					六户镇	繁荣居委会	16
					永安镇	永发村	16
		通辽	霍林郭勒市		莫斯台街道	友谊社区	16
					宝日呼吉尔街道	红市社区	16
					沙尔呼热街道	南苑社区	16
			开鲁县		开鲁镇	永富村	16
					建华镇	富隆村	16
					北清河乡	双井子村	16
			库伦旗		库伦镇	福源寺村	16
					六家子镇	六家子村	16
					茫汗苏木	朝鲁门村	16

表B-3（续）

省（直辖市、自治区）	样本总量/人	调查地区		样本量	街道/乡镇	社区/村	样本量/人
辽宁	600	沈阳	沈河区		皇城街道	平顺社区	17
					五里河街道	总院社区	17
					大西街道	志新社区	17
			辽中县		蒲西街道	回民村	17
					满都户镇	满东村	17
					杨士岗镇	杨士岗社区	17
			于洪区		陵西街道	龙腾社区	17
					迎宾路街道	于洪社区	16
					平罗街道	北三台子村	17
		抚顺	望花区		和平街道	开源社区	16
					建设街道	油院社区	17
					工农街道	北厚社区	17
			新抚区		新抚街道	广厦社区	16
					福民街道	千抚社区	16
					千金街道	千金社区	17
			顺城区		长春街道	安居社区	16
					河东街道	东方社区	16
					抚顺城街道	北关社区	17
		朝阳	双塔区		南塔街道	塔院社区	16
					北塔街道	轻工社区	16
					红旗街道	大兴社区	17
			龙城区		马山街道	飞马社区	17
					向阳街道	华南社区	17
					新华街道	建设社区	17
			北票市		南山街道	上园村	16
					城关街道	西大桥村	16
					三宝街道	文化社区	17
		鞍山	铁东区		山南街道	新立社区	17
					和平街道	金井建制村	17
					对炉街道	长虹居委会	17
			立山区		立山街道	万平社区	16
					双山街道	双胜社区	16
					深北街道	平园社区	17
			台安县		台东街道	龙城社区	17
					八角台街道	十里行政村	17
					新开河镇	北河港子村	17

表 B-3（续）

省（直辖市、自治区）	样本总量/人	调查地区		样本量	街道/乡镇	社区/村	样本量/人
吉林	576	长春	九台区		营城街道	前进社区	16
					九郊街道	团结社区	16
					九台街道	平安社区	16
			南关区		南岭街道	华阳社区	16
					民康街道	健康胡同社区	16
					永吉街道	吉顺社区	16
			绿园区		西新镇	开源村	16
					普阳街道	龙泉社区	16
					合心镇	三间村	16
		四平	铁东区		平东街道	风光社区	16
					北市场街道	广兴茂社区	16
					四马路街道	东星社区	16
			铁西区		仁兴街道	电业社区	16
					北沟街道	北河社区	16
					英雄街道	丰茂社区	16
			梨树县		梨树镇	奉义社区	16
					十家堡镇	太阳沟村	16
					白山乡	裴家村	16
		白城	洮北区		长庆街道	安居社区	16
					铁东街道	明珠社区	16
					新立街道	长富社区	16
			镇赉县		镇赉县	正阳社区	16
					东屏镇	洋沙村	16
					五棵树镇	正义村	16
			通榆县		开通镇	工商新村	16
					乌兰花镇	乌兰花村	16
					兴隆山镇	后聚宝山村	16
		吉林	丰满区		红旗街道	榆树行政村	16
					旺起镇	小石村	16
					小白山乡	温德村	16
			蛟河市		河南街道	居安社区	16
					天岗镇	窝集口村	16
					庆岭镇	葡萄沟村	16
			永吉县		口前镇	玉关村	16
					西阳镇	西阳社区	16
					黄榆乡	茶壶嘴村	16

表 B-3（续）

省（直辖市、自治区）	样本总量/人	调查地区		样本量	街道/乡镇	社区/村	样本量/人
黑龙江	576	哈尔滨	道里区		建国街道	建国公园社区	16
					新阳路街道	银都社区	16
					尚志街道	中央大街社区	16
			尚志市		尚志镇	纺织社区	16
					苇河镇	尚志村	16
					庆阳镇	庆阳村	16
			通河县		通河镇	长安街一居委会	16
					乌鸦泡镇	乌鸦泡村	16
					凤山镇	和平村	16
		佳木斯	郊区		沿江乡	黑通村	16
					大来镇	庆丰村	16
					敖其镇	长春村	16
			东风区		造纸街道	南兴社区	16
					晓云街道	丰登社区	16
					建国街道	五彩社区	16
			向阳区		西林街道	热源社区	16
					保卫街道	青云社区	16
					桥南街道	南湖社区	16
		伊春	伊春区		红升街道	普新社区	16
					旭日街道	繁荣社区	16
					前进街道	新园社区	16
			友好区		友好街道	先锋社区	16
					双子河街道	双红社区	16
					铁林街道	向阳社区	16
			铁力市		铁力镇	五一村	16
					双丰镇	顾家炉村	16
					桃山镇	西庙村	16
		大庆	龙凤区		兴化街道	街心社区	16
					三永街道	东岗社区	16
					龙凤镇	久青村	16
			肇州县		永乐镇	新乐村	16
					双发乡	万宝公社	16
					兴城镇	兴城乡村	16
			杜尔伯特蒙古族自治县		胡吉吐莫镇	马铁匠村	16
					连环湖镇	九河渔村	16
					巴彦查干乡	巴彦查干乡政府	16

表 B-3（续）

省（直辖市、自治区）	样本总量/人	调查地区		样本量	街道/乡镇	社区/村	样本量/人
江苏	1050	南京	溧水区		永阳镇	中山东路社区	29
					白马镇	白马桥社区	29
					东屏镇	方边社区	29
			浦口区		秦山街道	津浦社区	29
					顶山街道	大新社区	29
					桥林街道	百合社区	30
			秦淮区		红花街道	果园村	29
					中华门街道	雨花路社区	29
					五老村街道	淮海路社区	30
		常州	天宁区		红梅街道	红梅新村社区	29
					茶山街道	朝阳新村一社区	29
					天宁街道	后北岸社区	30
			武进区		横山桥镇	横山桥村	29
					郑陆镇	三皇庙村	29
					戚墅堰街道	花苑社区	29
			新北区		河海街道	富都社区	29
					三井街道	巢湖社区	29
					新桥镇	新龙湖社区	29
		镇江	润州区		宝塔路街道	电力路社区	29
					和平路街道	桃园第一社区	29
					七里甸街道	金星社区	30
			丹徒区		宜城街道	西麓村	29
					辛丰镇	辛丰村	29
					谷阳镇	谷阳村	29
			京口区		正东路街道	贺家弄社区	29
					健康路街道	健康社区	29
					象山街道	民主村	30
		苏州	相城区		元和街道	朱巷社区	29
					黄桥街道	黄桥村	29
					北桥街道	漕湖村	29
			姑苏区		双塔街道	锦帆路社区	29
					沧浪街道	金狮社区	29
					苏锦街道	光华社区	29
			吴中区		长桥街道	新南社区	29
					郭巷街道	姜庄社区	29
					香山街道	蒋墩村	30

表B-3（续）

省（直辖市、自治区）	样本总量/人	调查地区		样本量	街道/乡镇	社区/村	样本量/人
浙江	750	杭州	滨江区		长河街道	天官社区	20
					西兴街道	西陵社区	21
					浦沿街道	西浦社区	21
			余杭区		南苑街道	新城社区	21
					临平街道	蓝庭社区	21
					东湖街道	桂芳桥社区	21
			建德市		更楼街道	张家村	20
					新安江镇	新蓬村	21
					航头镇	东村	21
		嘉兴	南湖区		建设街道	南杨社区	20
					新兴街道	松鹤社区	21
					城南街道	禾源社区	21
			秀洲区		新城街道	亚都社区	21
					嘉北街道	常秀社区	21
					高照街道	象贤村	21
			嘉善县		魏塘街道	车站社区	21
					罗星街道	魏南社区	21
					大云镇	江家村	21
		衢州	柯城区		航埠镇	下淤头村	20
					信安街道	书院社区	21
					双港街道	河西苑社区	21
			衢江区		樟潭街道	沈家社区	21
					浮石街道	王家村	21
					高家镇	高家村	21
			常山县		天马镇	金川村	21
					辉埠镇	上辉埠村	21
					招贤镇	招贤村	21
		宁波	江东区		百丈街道	七塔社区	20
					白鹤街道	周宿渡社区	21
					福明街道	戚隘桥居委会	21
			镇海区		招宝山街道	胜利路社区	21
					骆驼街道	董家畈社区	20
					九龙湖镇	西经堂村	21
			慈溪市		浒山街道	上叶家社区	21
					龙山镇	云上村	21
					长河镇	贤江村	21

表B-3（续）

省（直辖市、自治区）	样本总量/人	调查地区		样本量	街道/乡镇	社区/村	样本量/人
山西	576	太原	杏花岭区		鼓楼街道	东缉虎营社区	16
					巨轮街道	北大街中社区	16
					中涧河乡	东涧河村	16
			小店区		坞城街道	师范街社区	16
					北格镇	北格镇	16
					西温庄乡	东温庄村	16
			阳曲县		黄宅镇	黄寨村	16
					商贸新街社区居委会	商贸新街社区	16
					西凌井乡	西凌井乡	16
		运城	盐湖区		中城街道	解放路社区	16
					东城街道	东阜居委会	16
					西城街道	韩家营村	16
			临猗县		猗氏镇	里寺村	16
					嵋阳镇	下朝村	16
					临晋镇	北大村	16
			夏县		瑶峰镇	大侯村	16
					庙前镇	南岭村	16
					裴介镇	石桥庄村	16
		大同	城区		南关街道	福康里社区	16
					开源街道	民泰社区	16
					东街街道	御锦源社区	16
			南郊区		云冈镇	云冈村	16
					平旺乡	平旺村	16
					水泊寺乡	石家寨村	16
			灵丘县		武灵镇	城内古城社区	16
					白崖台乡	长城村	16
					红石塄乡	龙玉池村	16
		临汾	尧都区		辛寺街	粮局小区	16
					乔李镇	北麻村	16
					贾得乡	柏比村	16
			襄汾县		汾城镇	孝村	16
					邓庄镇	席村	16
					大邓乡	范村	16
			霍州市		南环路街道办事处	红崖堡	16
					大张镇	靳壁镇	16
					师庄乡	蔡家沟	16

表 B-3（续）

省（直辖市、自治区）	样本总量/人	调查地区		样本量	街道/乡镇	社区/村	样本量/人
甘肃	576	兰州	西固区		临洮街街道	康乐路社区	16
					新城镇	青石台社区	16
					金沟乡	马家山村	16
			红古区		窑街街道	窑街和平社区	16
					红古乡	新庄村	16
					平安镇	仁和村	16
			榆中县		夏官营镇	大兴营村	16
					城关镇	文成路	16
					新营乡	杨家营	16
		金昌	金川区		金川路街道	金阳里社区	16
					宁远堡镇	西湾村	16
					桂林路街道	双桥洞居委会	16
					北京路街道	三山里社区	16
					滨河路街道	龙岗里社区	16
			永昌县		新城子镇	小城子村	16
					城关镇	韩家坝村	16
					朱王堡镇	下汤村	16
					东寨镇	张新庄村	16
		武威	凉州区		东大街街道	南苑社区	16
					西大街街道	达府社区	16
					火车站街街道	火车站社区	16
			民勤县		泉山镇	永宁村	16
					东湖镇	正新村	16
					西渠镇	东胜村	16
			古浪县		城关街道	上城社区	16
					古浪镇	小桥村	16
					泗水镇	三坝村	16
		酒泉	敦煌市		沙州镇	梨园社区	16
					郭家堡乡	梁家堡	16
					阳关镇	营盘村	16
			金塔县		中东镇	三湾沟行政村	16
					金塔镇	鸳鸯街	16
					西坝乡	新民乡	16
			肃州区		东北街街道	汉唐街北社	16
					上坝镇	新上村	16
					下河清乡	陈家楼庄	16

表 B-3（续）

省（直辖市、自治区）	样本总量/人	调查地区		样本量	街道/乡镇	社区/村	样本量/人
宁夏	576	银川	金凤区		满城北街街道	中强巷社区	16
					良田镇	园子村	16
					北京中路街道	锦绣苑	16
			西夏区		西花园路街道	福利巷社区	16
					朔方路街道	同心苑社区	16
					镇北堡镇	三闸村	16
			永宁县		杨和镇	惠丰村	16
					杨和街道	宁和街	16
					望远镇	高桥村	16
		吴中	利通区		金星镇	金星花园居委会	16
					东塔寺乡	白寺滩村	16
					孙家滩开发区	石家窑大队村	16
			青铜峡市		小坝镇	小坝村委会	16
					裕民街道	怡园社区	16
					陈袁滩镇	柳条滩村	16
			红寺堡区		红寺堡镇	第一居委会	16
					新庄集乡	中川村	16
					大河乡	龙兴村	16
		固原	原州区		新区街道	西环路社区	16
					张易镇	南湾村	16
					寨科乡	新塘村	16
			西吉县		吉强镇	团结村	16
					马莲乡	上磨里村	16
					红耀乡	南湾村	16
			泾源县		香水镇	思源村	16
					六盘山镇	拐巴沟村	16
					黄花镇	白洋坪村	16
		中卫	沙坡头区		滨河镇	向阳巷居委会	16
					文昌镇	团结巷居委会	16
					东园镇	八字渠村	16
			中宁县		宁安镇	郭庄村	16
					鸣沙镇	薛营村	16
					石空镇	张台村	16
			海原县		海城镇	东街居委会	16
					李旺镇	杨堡村	16
					西安镇	白吉村	16

表 B-3（续）

省（直辖市、自治区）	样本总量/人	调查地区		样本量	街道/乡镇	社区/村	样本量/人
青海	576	西宁	城西区		虎台街道	海晏路社区	16
					南川西路街道	沈家寨居委会	16
					彭家寨镇	张家湾村	16
			城中区		南滩街道	农建社区	16
					礼让街街道	自新巷居委会	16
					总寨镇	清水河行政村	16
			湟中县		鲁沙尔镇	东山村	16
					升平乡	下细沟村	16
					李家山乡	汉水沟行政村	16
		黄南州	同仁县		隆务镇	隆务村	16
					保安镇	群吾村	16
					加吾乡	加吾岗村	16
			尖扎县		马克唐镇	黄河路社区	16
					康杨镇	上庄村	16
					坎布拉镇	德洪村	16
			泽库县		泽曲镇	俄日果牧委会	16
					麦秀镇	龙藏牧委会	16
					西卜沙乡	团结牧委会	16
		玉树	玉树市		结古镇	镇东居委会	16
					西杭街道	扎西大同社区	16
					安冲乡	布郎牧委会	16
			囊谦县		香达镇	青土村	16
					毛庄乡	孜荣牧委会	16
					东坝乡	东坝牧委会	16
			称多县		称文镇	上庄牧委会	16
					珍秦乡	扎马牧委会	16
					拉布乡	德达牧委会	16
		海东	乐都区		碾伯镇	徐家沙沟村	16
					中岭乡	吴家洼村	16
					古城回族乡	角加村	16
			民和回族土族自治县		川口镇	史纳村	16
					满坪镇	大滩村	16
					核桃庄乡	钟家村	16
			循化撒拉族自治县		积石镇	上草滩坝村	16
					白庄镇	塘乐尕村	16
					查汗都斯乡	哈大亥村	16

表 B-3（续）

省（直辖市、自治区）	样本总量/人	调查地区		样本量	街道/乡镇	社区/村	样本量/人
湖南	900	长沙	雨花区		雨花亭街道	自然社区	25
					圭塘街道	体院路	25
					左家塘街道	长岭	25
			长沙县		星沙街道	牛角冲社区	25
					暮云镇	暮云村	25
					干杉乡	长安村	25
			浏阳市		官渡镇	田郊村	25
					杨花乡	华园村	25
					蕉溪乡	金云村	25
		湘潭	雨湖区		雨湖路街道	和平桥社区	25
					城正街街道	观湘门社区	25
					中山路街道	鲁班殿社区	25
			岳塘区		岳塘街道	大板房社区	25
					东坪街道	万福社区	25
					中洲路街道	长城社区	25
			湘潭县		易俗河镇	高桥社区	25
					射埠镇	方上桥村	25
					谭家山镇	高山村	25
		怀化	鹤城区		城中街道	新街社区	25
					坨院街道	学院岭社区	25
					盈口乡	黄家山村	25
			洪江市		黔城镇	均田村委会	25
					硖州乡	扶车村	25
					龙船塘瑶族乡	小熟坪村	25
			中方县		中方镇	龙井村	25
					铜湾镇	兴华村	25
					蒿吉坪瑶族乡	洞门口村	25
		岳阳	岳阳县		城关镇	庆丰居委会	25
					相思乡	杨山村	25
					东洞庭湖管委会	飘尾	25
			湘阴县		文星镇	黄金村	25
					湘滨镇	古塘村	25
					石塘乡	长田坝村	25
			岳阳楼区		三眼桥	三眼桥	25
					梅溪	马涧镇	25
					城陵矶	城陵矶	25

表B-3（续）

省（直辖市、自治区）	样本总量/人	调查地区		样本量	街道/乡镇	社区/村	样本量/人
广东	1400	广州	天河区		五山街道	茶山社区	38
					员村街道	新村社区	39
					石牌街道	绿荷社区	39
			番禺区		桥南街道	绣品社区	39
					洛浦街道	珠江花园社区	39
					大石街道	大石社区	39
			增城区		中心镇	中新村	39
					荔城街道	湘江社区	39
					朱村街道	梅苑社区	39
		湛江	赤坎区		中华街道	南方社区	39
					寸金街道	寸金社区	39
					民主街道	三民社区	39
			坡头区		南三镇	南三居委会	38
					坡头镇	新塘村	39
					麻斜街道	麻斜居委会	39
			麻章区		麻章镇	福民居委会	39
					湖光镇	铺居居委会	39
					太平镇	新联村	39
		梅州	梅江区		江南街道	路心社区	39
					西郊街道	月影塘社区	39
					长沙镇	老塘村	39
			梅县区		松源镇	圩镇社区	38
					隆文镇	岩前村	39
					桃尧镇	圩镇社区	39
			兴宁市		福兴街道	福兴社区	39
					刁坊镇	长征村	39
					宁中镇	宝丰昌村	39
		东莞	万江区		石碣镇	刘屋村	39
					中堂镇	中堂社区	39
					道滘镇	永庆	39
			莞城区		南城街道	篁村社区	38
					大朗镇	水口村	39
					寮步镇	塘边社区	39
			虎门镇		虎门镇	则徐社区	39
					长安镇	长盛社区	39
					沙田镇	福禄沙村	39

表 B-3（续）

省（直辖市、自治区）	样本总量/人	调查地区		样本量	街道/乡镇	社区/村	样本量/人
广西	600	南宁	西乡塘区		衡阳街道	中华中路社区	17
					金陵镇	南岸行政村	17
					安宁街道	北湖村	17
			青秀区		中山街道	八一社区	17
					南湖街道	金洲社区	17
					伶俐乡	石塘行政村	17
			宾阳县		宾州镇	陆村委会	17
					黎塘镇	永安东社区	16
					陈平乡	高田社区	17
		钦州	钦南区		沙埠镇	大石古村	16
					向阳街道	沙坡社区	17
					文峰街道	东风社区	17
			钦北区		大寺镇	大寺社区	16
					大垌镇	大垌村	16
					平吉镇	平吉社区	17
			灵山县		灵城镇	十里村	16
					丰塘镇	丰塘社区	16
					平山镇	平山社区	17
		贺州	八步区		城东街道	建中社区	16
					莲塘镇	江莲塘村	16
					黄洞瑶族乡	黄洞村	17
			平桂管理区		黄田镇	安山村	17
					鹅塘镇	厦岛村	17
					大平瑶族乡	里头村	17
			钟山县		回龙镇	回龙村	16
					红花镇	红花埠	16
					花山瑶族乡	宝鹿村	17
		玉林	玉州区		玉城街道	东明社区	17
					茂林镇	泉东村	17
					石和镇	大义村	17
			容县		杨梅镇	杨梅镇	16
					十里镇	十里镇	16
					罗江镇	罗江镇	17
			兴业县		蒲塘镇	凤文村	17
					北市镇	院垌村	17
					大平山镇	江下村	17

表B-3（续）

省（直辖市、自治区）	样本总量/人	调查地区		样本量	街道/乡镇	社区/村	样本量/人
福建	576	福州	鼓楼区		鼓西街道	保定社区	16
					南街街道	柳河社区	16
			仓山区		洪山镇	兴园社区	16
					金山街道	香江社区	16
					仓前街道	麦园社区	16
					城门镇	浚边村	16
			闽侯县		白沙镇	马坑村	16
					鸿尾乡	南下村	16
					江洋农场	江洋农场村	16
		龙岩	上杭县		临江镇	镇东社区	16
					临城镇	城东社区	16
					白砂镇	中洋村	16
			永定县		凤城街道	龙角社区	16
					金砂乡	上金村	16
					西溪乡	富家村	16
			新罗区		东城街道	东门社区	16
					南城街道	溪南社区	16
					中城街道	凤凰社区	16
		宁德	蕉城区		蕉南街道	海滨社区	16
					城南镇	福洋村	16
					洪口乡	花兰村	16
			福安市		城阳镇	王湾村	16
					城南街道	莲池社区	16
					穆阳镇	西城街居委会	16
			古田县		平湖镇	平湖村	16
					城东街道	前山村	16
					凤都镇	双珠村	16
		厦门	思明区		厦港街道	福海居委会	16
					鹭江街道	道平居委会	16
					莲前街道	观音山社区	16
			海沧区		海沧街道	海发社区	16
					新阳街道	霞阳社区	16
					东孚镇	天竺社区	16
			翔安区		大嶝街道	阳塘社区	16
					马巷镇	五美社区	16
					新店镇	新兴社区	16

表 B-3（续）

省（直辖市、自治区）	样本总量/人	调查地区		样本量	街道/乡镇	社区/村	样本量/人
江西	600	南昌	青山湖区		青山路街道	塘山南社区	17
					塘山镇	燕鸣社区	17
					扬子洲乡	三联村	17
			青云谱区		京山街道	象湖社区	17
					洪都街道	洪东社区	17
					青云谱镇	城南村	17
			进贤县		民和镇	云桥社区	17
					三里乡	三里村	16
					池溪乡	池溪村	17
		景德镇	昌江区		西郊街道	森林社区	16
					竟成镇	樊家井村	17
					吕蒙乡	官庄村	17
			浮梁县		浮梁镇	大洲村	16
					鹅湖镇	鹅湖村	16
					黄坛乡	黄坛村	17
			珠山区		石狮埠街道	通津桥社区	16
					珠山街道	龙珠阁	16
					竟成镇	通津桥	17
		宜春	袁州区		灵泉街道	灵泉社区	16
					秀江街道	下水关社区	16
					珠泉街道	半边山社区	17
			万载县		康乐街道	西门社区	17
					高城镇	南庙村	17
					白良乡	白良街居委会	17
			宜丰县		新昌镇	大桥村	16
					棠浦镇	高家村	16
					澄塘镇	黄坪村	17
		九江	庐山区		十里街道	土岭村	17
					姑塘镇	谷山村	17
					海会镇	五星村	17
			武宁县		豫宁街道	白石岭居委会	16
					泉口镇	路口村	16
					大洞乡	彭坪村	17
			瑞昌市		桂林街道	潘家堡居委会	17
					南义镇	南兴居委会	17
					黄金乡	金岭村	17

表B-3（续）

省（直辖市、自治区）	样本总量/人	调查地区		样本量	街道/乡镇	社区/村	样本量/人
海南	576	海口	秀英区		秀英街道	秀华社区	16
					长流镇	长丰村	16
					东山镇	紫罗村	16
			龙华区		滨海街道	八灶社区	16
					城西镇	丁村	16
					金宇街道	金坡社区	16
			美兰区		三江镇	三江社区	16
					蓝天街道	万华社区	16
					白沙街道	岭下社区	16
		万宁	万城镇		万城镇	镇南社区	16
					万城镇	朝阳社区	16
					万城镇	裕光社区	16
			后安镇		后安镇	潮港村	16
					后安镇	曲冲村	16
					后安镇	曙光村	16
			大茂镇		大茂镇	联益村	16
					大茂镇	袁水村	16
					大茂镇	龙尾村	16
		定安	定城镇		定城镇	东北门社区	16
					定城镇	春内村	16
					定城镇	罗温村	16
			龙门镇		龙门镇	英湖村	16
					龙门镇	石坡村	16
					龙门镇	水竹村	16
			富文镇		富文镇	石门村	16
					富文镇	大里村	16
					富文镇	白鹤村	16
		文昌	重兴镇		重兴镇	重兴墟社区	16
					重兴镇	加昌村	16
					重兴镇	东风村	16
			潭牛镇		潭牛镇	潭牛墟社区	16
					潭牛镇	新桥墟社区	16
					潭牛镇	二公堆村	16
			蓬莱镇		蓬莱镇	蓬莱墟社区	16
					蓬莱镇	桃仁村	16
					蓬莱镇	大杨村	16

表 B-3（续）

省（直辖市、自治区）	样本总量/人	调查地区		样本量	街道/乡镇	社区/村	样本量/人
云南	600	昆明	官渡区		关上街道	关上社区	17
					吴井街道	五里多社区	17
					金马街道	金马社区	17
			呈贡区		大渔街道	大渔村	17
					龙城街道	龙街社区	17
					斗南街道	江尾社区	17
			嵩明县		嵩阳镇	杨桥村	17
					小街镇	小街村	16
					杨林镇	杨林村	17
		红河州	个旧市		城区街道	青杉里社区	16
					锡城镇	锡城社区	17
					沙甸镇	沙甸村	17
			蒙自市		文澜镇	碧云村	16
					草坝镇	前进村	16
					雨过铺镇	雨过铺村	17
			开远市		乐白道街道	临江社区	16
					泉灵街道	南正街社区	16
					中和营镇	桥头村	17
		临沧	临翔区		凤翔街道	章嘎社区	16
					忙畔街道	忙令社区	16
					博尚镇	博尚村	17
			镇康县		忙丙乡	忙丙村	17
					南伞镇	茶山村	17
					凤尾镇	凤尾村	17
			凤庆县		鲁史镇	鲁史村	16
					凤山镇	太阳宫村	16
					营盘镇	营盘村	17
		玉溪	红塔区		玉兴路街道	荷花池社区	17
					北城街道	午尚洋村	17
					春和街道	王大户社区	17
			华宁县		宁州街道	城关社区	16
					青龙镇	落梅村	16
					盘溪镇	下街社区	17
			峨山彝族自治县		双江镇	兴隆村	17
					岔河乡	恰西区	17
					大龙潭乡	鱼塘村	17

表 B-3（续）

省（直辖市、自治区）	样本总量/人	调查地区		样本量	街道/乡镇	社区/村	样本量/人
四川	1100	成都	锦江区		督院街街道	青石桥社区	30
					盐市口街道	青年路社区	30
					春熙路街道	总府路社区	30
			金牛区		西安路街道	青羊北路社区	30
					茶店子街道	锦城社区	31
					九里堤街道	九里堤北路社区	31
			彭州市		新兴镇	君山村	31
					天彭街道	东大街社区	31
					牡丹街道	光明社区	31
		泸州	纳溪区		安富街道	顺江街社区	30
					永宁街道	胜利街社区	30
					大渡口镇	锦衣社区	30
			合江县		合江镇	马街社区	30
					望龙镇	望龙社区	31
					白沙镇	中孝村	31
			江阳区		南城街道	上平远路社区	31
					北城街道	东门口社区	31
					大山坪街道	麻柳湾社区	31
		广元	利州区		嘉陵街道	将军桥社区	30
					荣山镇	雷坝社区	30
					宝轮镇	花园社区	30
			昭化区		元坝镇	胜利村	30
					昭化镇	城关村	31
					文村乡	前进村	31
			旺苍县		东河镇	凤阳村	31
					黄洋镇	黄洋村	31
					金溪镇	中坝村	31
		绵阳	涪城区		城厢街道	南河路社区	31
					关帝镇	猫林村	31
					石洞乡	天池山村	31
			盐亭县		云溪镇	云溪镇	31
					永泰乡	永泰乡	30
					大兴回族乡	大兴回族乡	30
			江油市		长钢街道	长钢区委会	30
					战旗镇	海棠村	30
					重兴乡	火花村	31

表 B-3（续）

省（直辖市、自治区）	样本总量/人	调查地区		样本量	街道/乡镇	社区/村	样本量/人
新疆	576	乌鲁木齐	天山区		新华南路街道	南公园社区	16
					燕儿窝街道	十七户社区	16
					团结路街道	团结社区	16
			米东区		铁厂沟镇	天山村	16
					地磅街道	东山社区	16
					卡子湾街道	育林社区	16
			沙依巴克区		长江路街道	长江南路社区	16
					友好南路街道	友好社区	16
					友好北路街道	宝地社区	16
		喀什地区	疏勒县		疏勒镇	城关社区	16
					罕南力克镇	博热其一村	16
					牙甫泉镇	库木什拉克一村	16
			喀什市		恰萨街道	塔吾古孜社区	16
					亚瓦格街道	布拉克贝希社区	16
					吾斯塘博依街道	齐尼瓦克社区	16
			疏附县		托克扎克镇	新区社区	16
					乌帕尔乡	喀拉巴什村	16
					塔石米里克乡	尤喀克阿萨艾日克村	16
		阿勒泰	阿勒泰市		团结路街道	团结路社区	16
					北屯镇	天山路社区	16
					红墩镇	乌图布拉克村	16
			布尔津县		布尔津镇	津河社区	16
					窝依莫克乡	窝依莫克村	16
					杜来提乡	杜来提村	16
			吉木乃县		吉木乃镇	别勒阿热克村	16
					托斯特乡	托斯特村	16
					恰勒什海乡	冷海齐村	16
		克拉玛依市	克拉玛依区		天山路街道	天山社区	16
					银河路街道	向阳北社区	16
					金龙镇街道	友谊新村	16
			独山子区		金山路街道	二区社区	16
					西宁路街道	三区社区	16
					新北区街道	新北村社区	16
			乌尔禾区		乌尔禾镇	查干草村	16
					柳树街街道	柳园社区	16
					新市区	百口泉社区	16

表B-3（续）

省（直辖市、自治区）	样本总量/人	调查地区		样本量	街道/乡镇	社区/村	样本量/人
河南	1250	郑州	中原区		石佛镇	陈庄村	35
					林山寨街道	邮电院社区	35
					建设路街道	省五建社区	35
			巩义市		竹林镇	竹林街社区	35
					永安路街道	后泉沟村	34
					回郭镇	清东村	35
			金水区		文化路街道	文丰社区	35
					未来路街道	海燕花园社区	34
					南阳新村街道	三北社区	34
		焦作	解放区		民生街道	学苑社区	35
					新华街道	鑫源社区	34
					焦西街道	园林社区	35
			山阳区		东方红街道	文化巷社区	35
					焦东街道	东花园社区	35
					太行街道	宏兴社区	35
			博爱县		清化镇	八街居委会	35
					柏山镇	柏山村	34
					许良镇	许良村	34
		漯河	源汇区		老街街道	滨西社区	35
					大刘镇	大陈村委会	35
					干河陈街道	干西社区	35
			郾城区		城关镇	董庄村	35
					孟庙镇	三周村	35
					商桥镇	商南村	35
			召陵区		召陵镇	齐庄村	35
					翟庄街道	东方社区	34
					万金镇	万金村	34
		新乡	凤泉区		宝东街道	宝中居委会	35
					潞王坟乡	五陵村	35
					耿黄乡	耿庄村	35
			辉县市		孟庄村	孟庄村	35
					上八里	上八里	35
					张村	张村	35
			封丘县		城关镇	东坝社区	35
					城关乡	师寨村	34
					黄陵镇	庄呼村	34

表 B－3（续）

省（直辖市、自治区）	样本总量/人	调查地区		样本量	街道/乡镇	社区/村	样本量/人
湖北	750	武汉	江汉区		民族街道	和平社区	20
					花楼街道	武汉关社区	21
					满春街道	大夹社区	21
			江岸区		上海街道	铜仁社区	21
					大智街道	吉庆社区	21
					一元街道	同福社区	21
			青山区		白玉山街道	五一村	20
					红钢街道	临江港湾社区	21
					新沟桥街道	临江社区	21
		咸宁	咸安区		温泉街道	希望桥居委会	20
					浮山街道	双泉村	21
					汀泗桥镇	古田村	21
			嘉鱼县		陆溪镇	界石村	21
					高铁岭镇	高铁岭村	21
					官桥镇	官桥村	21
			通城县		隽水镇	银城社区	21
					麦市镇	向阳社区	21
					塘湖镇	塘湖社区	21
		潜江	熊口镇		熊口镇	新桥社区	20
						邓家垱村	21
						邓倪家台村	21
			园林街道		园林街道	光明村	21
						东方村	21
						管家岭村	21
			广华街道		广华街道	青龙村	21
						广化寺社区	21
						广南一站社区	21
		宜昌	远安县		鸣凤镇	航天社区	20
					洋坪镇	洋坪村	21
					河口乡	张桥村	21
			长阳土家族自治县		龙舟坪镇	湖口居委会	21
					资丘镇	榔坪村	20
					大堰乡	三洞水村	21
			夷陵区		小溪塔街道	兴安村	21
					乐天溪镇	乐天溪村	21
					黄花乡	黄花场村	21

表B-3（续）

省（直辖市、自治区）	样本总量/人	调查地区		样本量	街道/乡镇	社区/村	样本量/人
山东	1300	济南	历下区		趵突泉街道	朝山街社区	36
					文化东路街道	师东新村社区	36
					解放路街道	十亩园社区	36
			天桥区		无影山街道	无影潭社区	36
					制锦市街道	营市街社区	36
					工人新村北街街道	标山社区	36
			长清区		文昌街道	杨庄村	36
					平安街道	大于村	36
					马山镇	郭庄村	37
		菏泽	单县		南城街道	南关社区	36
					园艺街道	单庄村	36
					时楼镇	西平楼村	36
			牡丹区		万福街道	曹庄村	36
					牡丹街道	赵楼村	36
					李村镇	李村集村	36
			成武县		文亭街道	孙庄村	36
					苟村集镇	吴庄村	36
					大田集镇	田集村	37
		德州	德城区		天衢街道	于赵社区	36
					新华街道	振华社区	36
					新湖街道	丰华社区	36
			陵城区		安德街道	芦家坊社区	36
					临齐街道	马厂街社区	36
					郑家寨镇	王家庄村	36
			宁津县		宁城街道	后林村	36
					津城街道	周庄村	36
					长官镇	长官街社区	37
		淄博	张店区		南定镇	翟家村	36
					车站街道办事处	兴学街居委会	36
					湖田街道办事处	杏园居委会	36
			周村区		王村镇	苏李村	36
					青年路街道	东街社区	36
					北郊镇	前沟村	36
			沂源县		南麻镇	西儒林村	36
					燕崖镇	燕崖村	36
					石桥镇	魏家村	37

表 B-3（续）

省（直辖市、自治区）	样本总量/人	调查地区		样本量	街道/乡镇	社区/村	样本量/人
安徽	800	合肥	包河区		常青街道	姚公社区	22
					芜湖路街道	太湖新村社区	22
					包公街道	包河社区	22
			瑶海区		胜利路街道	凤凰桥社区	22
					明光路街道	全椒路社区	22
					车站街道	建设社区	22
			蜀山区		小庙镇	新民村	22
					荷叶地街道	金荷社区	23
					井岗镇	卫楼社区	23
		阜阳	颍州区		文峰街道	顺昌社区	22
					鼓楼街道	青云社区	22
					王店镇	十二里村	22
			颍东区		河东街道	大桥社区	22
					新华街道	李洼村	22
					老庙镇	向阳村	22
			颍泉区		中市街道	商贸城社区	22
					周棚街道	许庄社区	23
					伍明镇	齐营村	23
		铜陵	铜官区		西湖镇	联合村	22
					东郊街道	双龙居委会	22
					铜霞社区	铜霞新村	22
			义安区		东联乡	毛桥村	22
					西联乡	观兴村	23
					天门镇	双龙村	23
			枞阳县		枞阳镇	湖滨社区	22
					汤沟镇	造福社区	22
					老洲镇	老洲村	22
		芜湖	镜湖区		东门街道	大磨坊社区	22
					赭山街道	小赭山社区	22
					方村街道	腰埂村	22
			鸠江区		四褐山街道	曹姑社区	22
					万春街道	代垛社区	22
					汤沟镇	三汊河社区	22
			繁昌县		繁阳镇	高安村	22
					孙村镇	卢家寨村	23
					峨山镇	石拉村	23

表B-3（续）

省（直辖市、自治区）	样本总量/人	调查地区		样本量	街道/乡镇	社区/村	样本量/人
陕西	576	西安	碑林区		南院门街道	辖竹笆市社区	16
					柏树林街道	三学街社区	16
					长乐坊街道	兴庆社区	16
			阎良区		凤凰路街道	凤凰街社区	16
					新华路街道	胜利街社区	16
					振兴街道	皇冠社区	16
			长安区		兴隆街道	张王村	16
					韦曲街道	青年街社区	16
					斗门街道	斗门北街村	16
		渭南	华阴市		玉泉街道	药厂社区	16
					岳庙街道	西岳社区	16
					太华路街道	华城社区	16
			韩城市		芝川镇	城北村	16
					新城区街道	状元街社区	16
					金城区街道	象山矿社区	16
			潼关县		秦东镇	南街村	16
					太要镇	窑上村	16
					桐峪镇	桐峪村	16
		延安	宝塔区		宝塔山街道	向阳社区	16
					南市街道	南关居委会	16
					凤凰山街道	凤凰村	16
			延长县		黑家堡镇	黑家堡村	16
					郭旗乡	郭旗村	16
					张家滩镇	张家滩村	16
			甘泉县		城关镇	曲里村	16
					道镇镇	三岔口村	16
					石门乡	王坪村	16
		咸阳	秦都区		人民路街道	乐于北路	16
					西兰路街道	滨河西路社区	16
					渭滨街道	陈南村	16
			兴平市		东城街道	兴化社区	16
					西城街道	秦岭社区	16
					桑镇镇	三台村	16
			长武县		昭仁镇	建苑居委会	16
					洪家镇	高家山居委会	16
					枣元镇	牛王村	16

表 B-3（续）

省（直辖市、自治区）	样本总量/人	调查地区		样本量	街道/乡镇	社区/村	样本量/人
贵州	576	贵阳	南明区		市府路街道	市府路社区	16
					兴关路街道	环南巷社区	16
					遵义路街道	遵义街社区	16
			白云区		艳山红镇	鸡场社区	16
					麦架镇	麦架村	16
					沙文镇	沙文村	16
			修文县		谷堡乡	红焰村	16
					久长镇	久长村	16
					六广镇	滨江村	16
		黔南州	都匀市		广惠办事处	广惠社区	16
					文峰办事处	文峰社区	16
					新华办事处	石板街社区	16
			福泉市		金山街道	沙坪村	16
					陆坪镇	松江村	16
					凤山镇	文昌社区	16
			荔波县		玉屏街道	城西社区	16
					朝阳镇	山江村	16
					茂兰镇	立化村	16
		铜仁	碧江区		河西街道	新华社区	16
					坝黄镇	龙井村	16
					云场坪镇	枫木坪村	16
			万山区		茶店镇	茶店村	16
					万山镇	土坪社区	16
					谢桥街道	唐家寨村	16
			松桃县		蓼皋镇	大坝村	16
					盘石镇	臭脑村	16
					盘信村	大告村	16
		毕节	七星关区		市西街道	徐家居委会	16
					对坡镇	新门村	16
					野角乡	西桥村	16
			黔西县		雨朵镇	雨朵村	16
					大关镇	银河村	16
					莲城街道	莲城社区	16
			赫章县		白果镇	七里店村	16
					达依乡	银庄村	16
					平山乡	平山村	16

表B-3（续）

省（直辖市、自治区）	样本总量/人	调查地区		样本量	街道/乡镇	社区/村	样本量/人
西藏	576	拉萨	城关区		八廓街道	绕赛社区	16
					吉日街道	八朗学社区	16
					公德林街道	加措社区	16
			曲水县		曲水镇	曲水村	16
					南木乡	仓朗村	16
					聂唐乡	德吉村	16
			当雄县		羊八井镇	桑巴萨村	16
					纳木湖乡	拉跟多村	16
					宁中乡	多木村	16
		山南	乃东县		泽当镇	郭沙居委会	16
					昌珠镇	昌珠居委会	16
					结巴乡	结巴村	16
			扎囊县		扎塘镇	桑玉村	16
					桑耶镇	松卡村	16
					吉汝乡	吉汝村	16
			贡嘎县		吉雄镇	扎青居委会	16
					岗堆镇	岗堆村	16
					江塘镇	娘索村	16
		那曲	那曲县		那曲镇	巴如村	16
					罗玛镇	罗马村	16
					古露镇	唐布拉村	16
			比如县		比如镇	玉贡村	16
					达塘乡	玛龙村	16
					良曲乡	多卡村	16
			双湖县		措折罗玛镇	克那村	16
					巴岭乡	达威村	16
					雅曲乡	度日村	16
		林芝	巴宜区		双拥路街道	仲沙	16
					布久乡	珠曲登	16
					鲁朗镇	扎西岗	16
			米林县		米林镇	米林村	16
					卧龙镇	卧龙村	16
					羌纳乡	米尼村	16
			朗县		朗镇	朗巴居委会	16
					洞嘎镇	滚村	16
					登木乡	如子村	16

附录C　数据质量控制

为确保项目执行全过程各阶段的科学性和规范性，项目组制定了严格的质量控制方案，同步开展方案设计、调查执行、执行后审查全过程质量控制。

根据全过程质量控制要求，方案设计阶段以科学、有效原则为指导，通过前期背景资料查询和组内讨论，初步确定工作方案。工作方案确定后，通过内部专家审核及召开专家会等形式就工作方案的评价指标、抽样方案及样本轮换方式等方面征集专家意见，修改项目工作方案，最终确定科学、高效的工作方案。

执行阶段按照统一的工作流程及标准开展调研执行。同时，各地将配备专项质控人员，负责掌握各区总体工作进度及实地调查质量控制。项目所有现场执行人员定期对现场执行情况进行总结汇报，以便总控人员把握项目整体进度。

为了确保调查质量，数据回收阶段将综合运用逻辑检验、数据复核等方法进行质量控制。逻辑检验即对数据库进行检查，并且编辑问卷编号，同时对数据库进行清洗与整理，确保样本配额、数据字段和调查问卷逻辑等技术指标符合调查要求设定，逻辑矛盾的问卷将被判为废卷。数据复核即随机选择10%的调查问卷，根据调查对象留下的电话、电子邮件等联系方式进行数据复核，如果某一访问员的问卷经复核出现5%不合格，则该访问员的所有问卷均被复核，若发现超过15%不合格，则对应访问员的所有问卷作为废卷处理，详细标准如表C-1所示。

附表 C-1　调查问卷复核情况与处理措施

<table>
<tr><th>数据质量情况Ⅰ</th><th>对应措施Ⅰ</th><th>数据质量情况Ⅱ</th><th>对应措施Ⅱ</th><th>数据质量情况Ⅲ</th><th>对应措施Ⅲ</th></tr>
<tr><td>全部合格</td><td>全部合格</td><td></td><td></td><td></td><td></td></tr>
<tr><td rowspan="6"><5%</td><td rowspan="6">继续抽 20%，扩大到 40%</td><td>合格</td><td>对复核中出现不合格的问卷进行作废补访</td><td></td><td></td></tr>
<tr><td rowspan="2"><5%</td><td rowspan="2">继续抽取 20%，扩大到 60%</td><td><15%</td><td>扩大到 100%，对复核中出现不合格的问卷进行作废补访，并且多做 5 份问卷作为备份</td></tr>
<tr><td>≥15%</td><td>作废剩余的 40%，对不合格问卷进行补访，并且多做 5 份问卷作为备份</td></tr>
<tr><td rowspan="2">≥5%
并且
<15%</td><td rowspan="2">继续抽取 30%，扩大到 70%</td><td><15%</td><td>扩大至 100% 复核，对复核中出现不合格的问卷进行作废补访，并且多做 5 份问卷作为备份</td></tr>
<tr><td>≥15%</td><td>作废剩余 30%，对不合格问卷进行补访，并且多做 5 份问卷作为备份</td></tr>
<tr><td>≥15%</td><td>扩大到 100%</td><td>对复核中出现不合格的问卷进行作废补访，并且多做 5 份问卷作为备份</td><td></td></tr>
<tr><td rowspan="5">≥5%
并且
<15%</td><td rowspan="5">继续抽取 30%，扩大到 50%</td><td>合格</td><td>对复核中出现不合格的问卷进行作废补访，多做 10 份问卷作为备份</td><td></td><td></td></tr>
<tr><td rowspan="2"><5%</td><td rowspan="2">继续抽取 30%，扩大到 80%</td><td><15%</td><td>扩大至 100% 复核，补访不合格样本，并且多做 10 份问卷作为备份</td></tr>
<tr><td>≥15%</td><td>作废剩余的 20% 与扩展的 30% 问卷，对不合格问卷进行补访，并且多做 10 份问卷作为备份</td></tr>
<tr><td>≥5%
并且
<15%</td><td>扩大到 100%</td><td>任何情况</td><td>对复核中出现不合格的问卷进行作废补访，并且多做 10 份问卷作为备份</td></tr>
<tr><td>≥15%</td><td>作废剩余问卷，进行问卷补访，并且多做 10 份问卷作为备份</td><td></td><td></td></tr>
<tr><td>≥15%</td><td>问卷全部作废</td><td></td><td></td><td></td><td></td></tr>
</table>

附件 D　调查问卷

您的联系方式：____________________

调查地点：________省______市/区__________街道/乡镇______社区/村

门牌：________________

政府质量工作社会公众满意度调查问卷

N1 问卷编号					

问卷复核	一审	二审	复核	录入
日期				
签字				

【请访问员记录】被访者基本信息：

尊敬的女士/先生：

您好！我们正在全国范围内开展质量工作研究，希望能够听取您的意见和建议。访问大约会耽误您 20 分钟左右的时间。我们对您所提供的意见将全部保密，在任何情况下都不会提及您的个人信息，感谢您对我们工作的支持！

甄别问卷

Z1. 请问您在本市/本地居住多长时间了？

□2 年以下【终止访问】　　□2 年以上【继续访问】

Z2. 请问您的年龄是？【先在横线上填写具体年龄，再在下面选项中圈划】

□18 岁以下未满 18 岁【终止访问】

□18～44 岁【继续访问】

□45～59 岁【继续访问】

□60～79 岁【继续访问】

□80 岁及以上【终止访问】

主体问卷

无特殊标明均为单选

Ⅰ 产品质量

W1. 您对本地的药品质量满意吗？请评价。

1. 很不满意　2. 不太满意　3. 一般　4. 比较满意　5. 非常满意

[选择1和2的追问] 您认为最不满意的是：

□虚假宣传　□假药多　□药品疗效差　□药品说明不清　□其他：______

W2. 您对本地农产品的质量满意吗？请评价。

1. 很不满意　2. 不太满意　3. 一般　4. 比较满意　5. 非常满意

[选择1和2的追问] 您认为最不满意的是哪类（些）商品：

□粮食产品　□水果　□蔬菜　□肉类　□水产品　□其他：______

[追问] 您认为该农产品质量不好的原因是：

□有农药残留　□滥用激素或抗生素　□不够新鲜　□其他：______

W3. 您对日常食品质量的满意吗？请评价。

1. 很不满意　2. 不太满意　3. 一般　4. 比较满意　5. 非常满意

[选择1和2的追问] 您认为最不满意的是：

□乳制品　□饼干、膨化食品　□软饮料　□速冻食品　□其他：______

[追问] 您对该类食品质量不满意的原因是：

□食品添加剂多　□加工卫生差　□假冒产品多　□虚假标注保质期　□其他：______

W4. 您对生活耐用品如家用电器、手机电脑等的质量满意吗？请评价。

1. 很不满意　2. 不太满意　3. 一般　4. 比较满意　5. 非常满意

[选择1和2的追问] 您不满意的原因是：

□不够安全　□能耗高　□不耐用　□其他：______

W5. 您对服装、日化等日常用品的质量满意吗？请评价。

1. 很不满意　2. 不太满意　3. 一般　4. 比较满意　5. 非常满意

[选择1和2的追问] 您认为不满意的主要原因是：

□含有毒有害物质　□假冒产品多　□虚假成分标注　□其他：______

W6. 您是否购买过进口商品？

□是【下一题】　□否【跳答 W8】

W7. 您对进口商品的质量满意么？请评价。

1. 很不满意　2. 不太满意　3. 一般　4. 比较满意　5. 非常满意

[选择 1 和 2 的追问] 您对哪些进口商品的质量不满意：

□食品 □数码电器 □家居用品 □汽车 □日化用品 □服装箱包 □其他：______

W8. 您认为本地公共设施，如公园健身器材、游乐场设施、公共电梯等的质量如何？请评价。

1. 很差　2. 比较差　3. 一般　4. 比较好　5. 很好

[选择 1 和 2 的追问] 您认为不满意的主要原因是：

□设施存在故障 □有安全隐患 □缺乏定期检修 □维护人员不到位 □其他：______

W9. 综合来讲，您对最近一年来本地各种产品质量的提升程度满意吗？请评价。

1. 很不满意　2. 不太满意　3. 一般　4. 比较满意　5. 非常满意

Ⅱ　工程质量

W10. 您觉得您住的房子质量如何？请评价。

1. 很差　2. 比较差　3. 一般　4. 比较好　5. 很好

[选择 1 和 2 的追问] 您不满意的主要原因是：

□房屋存在安全隐患　□房屋存在漏水、裂缝等质量问题　□消防通道缺失或堵塞

□隔音隔热效果差　□其他：______

W11. 您对本地交通类工程如道路、桥梁、公共车站等的质量满意吗？请评价。

1. 很不满意　2. 不太满意　3. 一般　4. 比较满意　5. 非常满意

[选择 1 和 2 的追问] 您不满意的主要原因是：

□指示标志不清 □主体结构质量差 □存在偷工减料现象 □存在安全隐患 □其他：____

W12. 总体上讲，您对近一年来本地工程质量的提升程度满意吗？

1. 很不满意　2. 不太满意　3. 一般　4. 比较满意　5. 非常满意

Ⅲ 服务质量

W13. 您对本地短途公共交通（公交、地铁、城际公交等）服务质量是否满意？请评价。

1. 很不满意　2. 不太满意　3. 一般　4. 比较满意　5. 非常满意

[选择1和2的追问]您不满意的最主要原因是：

□不够便捷　□消防设施缺失　□等待时间过长　□过于拥挤　□卫生条件差

□其他：______

W14. 您对本地长途交通（铁路、民航）的服务质量是否满意？请评价。

1. 很不满意　2. 不太满意　3. 一般　4. 比较满意　5. 非常满意

[选择1和2的追问]您最不满意的方面是：

□不准点、经常延误　□价格太高　□存在安全隐患

□工作人员服务态度差　□其他：______

W15. 您对本地通讯和网络服务质量是否满意？请评价。

1. 很不满意　2. 不太满意　3. 一般　4. 比较满意　5. 非常满意

[选择1和2的追问]您认为最不满意的是：

□信号强度差　□网络速度慢　□资费过高　□信息不安全　□其他：______

W16. 您对本地银行服务质量整体水平是否满意？请评价。

1. 很不满意　2. 不太满意　3. 一般　4. 比较满意　5. 非常满意

[选择1和2的追问]您不满意的主要原因是：

□网点分布不合理　□服务态度差　□办业务等待时间长

□ATM机可靠性、安全性差　□其他：______

W17. 您对本地保险服务质量整体水平是否满意？请评价。

1. 很不满意　2. 不太满意　3. 一般　4. 比较满意　5. 非常满意

[选择1和2的追问]您不满意的主要原因是：

□理赔困难　□夸大收益　□从业人员素质差　□退保困难

□骚扰电话多　□其他：______

W18. 您对本地电子商务服务质量是否满意？请评价。

1. 很不满意　2. 不太满意　3. 一般　4. 比较满意　5. 非常满意

[选择1和2的追问]您认为最不满意的是：

□交易安全性　□商品质量　□商家诚信　□服务态度　□其他：______

W19. 您对本地物流及快递的服务质量满意么？请评价。

1. 很不满意　2. 不太满意　3. 一般　4. 比较满意　5. 非常满意

[选择 1 和 2 的追问] 您不满意的主要原因是：

□送达不及时　□送达不准确　□快递员态度差　□物品损伤　□其他：______

W20. 您对本地中小学校教育服务质量整体水平是否满意？请评价。

1. 很不满意　2. 不太满意　3. 一般　4. 比较满意　5. 非常满意

[选择 1 和 2 的追问] 您认为不满意的主要原因是：

□教师素质低　□校园环境差　□教育资源分布不均　□缺少学生人身保护

□其他：______

W21. 您对本地医疗行业服务质量整体水平是否满意？请评价。

1. 很不满意　2. 不太满意　3. 一般　4. 比较满意　5. 非常满意

[选择 1 和 2 的追问] 您认为不满意的主要原因是：

□就医环境　□就医便捷性　□医疗水平　□收费合理性　□医务人员素质

□其他：______

W22. 您对本地养老服务质量是否满意？请评价。

1. 很不满意　2. 不太满意　3. 一般　4. 比较满意　5. 非常满意

[选择 1 和 2 的追问] 您认为最不满意的是：

□服务短缺　□护理设施不足　□护理人员素质低　□收费不合理　□其他：______

W23. 您对当地的供水、管道燃气等市政公共事业服务质量是否满意？请评价。

1. 很不满意　2. 不太满意　3. 一般　4. 比较满意　5. 非常满意

[选择 1 和 2 的追问] 您认为最不满意的是：

□安全保障　□服务便利性　□服务态度　□收费定价　□其他：______

W24. 您对本地旅游服务质量感受如何？请评价。

1. 很不满意　2. 不太满意　3. 一般　4. 比较满意　5. 非常满意

[选择 1 和 2 的追问] 您认为最不满意的是：

□硬件设施　□景区卫生　□服务人员态度　□便民服务　□其他：______

W25. 您对本地公共文体服务质量感受如何？请评价。

1. 很不满意　2. 不太满意　3. 一般　4. 比较满意　5. 非常满意

［选择1和2的追问］您不满意的主要原因是：
□缺少图书馆、体育场等设施　□缺少有组织的文体活动　□公共设施长期被占用
□缺少公益宣传　□其他：______

W26. 您对本地家政服务业满意吗？请评价。
1. 很不满意　2. 不太满意　3. 一般　4. 比较满意　5. 非常满意

［选择1和2的追问］您不满意的主要原因是：
□缺少服务规范 □服务人员素质差 □市场秩序混乱 □服务监管缺位 □其他：______

W27. 您认为本地家庭装修行业的服务质量如何？请评价。
1. 很不满意　2. 不太满意　3. 一般　4. 比较满意　5. 非常满意

［选择1和2的追问］您不满意的主要原因是：
□收费不合理　□施工人员技术差　□存在偷工减料等不诚信现象
□私自变更修建项目　□其他：______

W28. 您对售后服务质量满意吗？请评价。
1. 很不满意　2. 不太满意　3. 一般　4. 比较满意　5. 非常满意

［选择1和2的追问］您不满意的主要原因是：
□售后服务内容与承诺不符　□售后服务收费混乱、不透明
□售后服务响应慢
□工作人员态度差 □根本没有售后服务　□其他：______

W29. 总体上讲，您对近一年来本地服务业质量的提升程度满意吗？
1. 很不满意　2. 不太满意　3. 一般　4. 比较满意　5. 非常满意

Ⅳ 环境质量

W30. 您对本地的河流湖泊水质满意吗？请评价。
1. 很不满意　2. 不太满意　3. 一般　4. 比较满意　5. 非常满意

［选择1和2的追问］您不满意的主要原因是：
□工业排污　□农业污染　□生活垃圾　□生物污染　□其他：______

W31. 你对本地的空气质量满意吗？请评价。
1. 很不满意　2. 不太满意　3. 一般　4. 比较满意　5. 非常满意

[选择 1 和 2 的追问] 您不满意的主要原因是：

□工业废气　□秸秆燃烧　□汽车尾气　□生活废气排放　□其他：______

W32. 总体上讲，您对近一年来本地环境质量的提升程度满意吗？

1. 很不满意　2. 不太满意　3. 一般　4. 比较满意　5. 非常满意

Ⅴ 质量意识

W33. 您在生活中遇到过质量问题吗？

□有（答下题）□无（跳答 W30）

W34. 遇到质量问题，您会选择向有关部分投诉举报吗？

□会（答下题）□不会（追问）

[选择 1 和 2 的追问] 您不满意的主要原因是：

□不知道投诉途径　□害怕打击报复　□嫌麻烦　□预计得不到好的处理结果

□其他：______

W35. 您对投诉举报的处理结果满意吗？请评价。

1. 很不满意　2. 不太满意　3. 一般　4. 比较满意　5. 非常满意

[选择 1 和 2 的追问] 您不满意的主要原因是：

□没有得到处理结果　□等待结果时间太长　□各个部分相互推诿

□没有得到应有的赔偿 □其他：______

W36. 您觉得本地政府的质量宣传、信息公开工作做得如何？请评价。

1. 很差　2. 比较差　3. 一般　4. 比较好　5. 很好

[选择 1 和 2 的追问] 您不满意的主要原因是：

□宣传活动少、规模小　□质量安全信息公开不及时、不准确

□宣传或公开信息渠道少，受惠群众少　□其他：______

W37. 您认为当前质量问题是值得全社会重点关注的问题吗？

□非常值得　□比较值得　□一般　□不太值得　□非常不值得

W38. 近一年来，当地发什么过质量安全事故吗？

□没发生　□发生过（追问）

[追问]：发生了什么质量事故？请详细谈谈：

______

______

W39. 您对政府改进质量工作有哪些意见和建议吗？

____

____

____

W40. 您是政府部门（或事业单位）的从业人员吗？

1. 是　2. 不是

［选择1的追问］您对政府质量工作的评价是：

□很不满意　□不太满意　□一般　□比较满意　□非常满意

受访者信息

S1. 被访者性别：

□男　□女

S2. 请问您的受教育程度是？

□小学及以下　□初中　□高中/中专/技校

□大专　□大学本科　□硕士及以上

S3. 请问您家庭的平均月收入是多少（包括各类奖金、补贴和福利）？

【城市居民】

□3000元以下　□3001～6000元　□6001～10000元

□10001～20000元　□20001～50000元　□50001元以上

【农村居民】

□2000元以下　□2001～4000元　□4001～8000元

□8001～10000元　□10001～20000元　□20001元以上

S4. 请问您工作所属行业？

□农、林、牧、渔业 □采矿业 □制造业 □电力、热力、燃气及水生产和供应业

□建筑业 □批发和零售业 □交通运输、仓储和邮政业 □住宿和餐饮业 □信息传输、软件和信息技术服务业 □金融业 □房地产业 □租赁和商务服务业 □科学研究和技术服务业 □水利、环境和公共设施管理业 □居民服务、修理和其他服务业 □教育

□卫生和社会工作 □文化、体育和娱乐业 □公共管理、社会保障和社会组织 □国际组织 □无业

附件 E　计算方法

（一）调查问卷赋值

调查问卷采取五级量表进行赋值，即选项 1（很不满意/很不好/很不安全）赋值 0 分、选项 2（不太满意/不太好/不太安全）赋值 25 分、选项 3（一般）赋值 50 分、选项 4（比较满意/比较好/比较安全）赋值 75 分，选项 5（非常满意/非常好/非常安全）赋值 100 分。对选择"不知道/不清楚"的题目进行本题样本剔除。

（二）调查得分计算

1. 问题得分如公式 E-1：

$$T=\sum_{t=1}^{5}m_t\cdot S_t \quad \text{(E-1)}$$

式中：

T——单个问题的得分；

$$m_t=\frac{n_t}{N}$$

N——有效样本总量；

n_t——选择每级评价的样本数量；

s_t——5 级量表每个选项对应的百分制分值。

2. 二级指标得分如公式 E-2：

$$B_{ij}=\sum_{k=1}^{n_{ij}}r_{ijk}\cdot T_{ijk} \quad \text{(E-2)}$$

式中：

B_{ij}——单个二级指标的得分；

r_{ijk}——问题得分的权重，根据历史调查数据和德尔菲法确定，权重满足：$\sum_{k=1}^{n_{ij}}r_{ijk}=1$；

T_{ijk}——单个二级指标下各个问题的得分；

n_{ij}——单个二级指标包含问题的个数。

3. 一级指标得分如公式 E-3：

$$A_i=\sum_{j=1}^{n_i}q_{ij}\cdot B_{ij} \quad \text{(E-3)}$$

式中：

A_i——单个一级指标的得分；

q_{ij}——二级指标的权重，根据历史调查数据和德尔菲法确定，权重满足：$\sum_{j=1}^{n_i} q_{ij} = 1$；

B_{ij}——单个一级指标下各个二级指标的得分；

n_i——单个一级指标包含二级指标的个数。

4. 总体得分如公式E-4：

$$S = \sum_{i=1}^{5} p_i \cdot A_i \tag{E-4}$$

式中：

S——政府质量工作满意度总得分；

p_i——各一级指标的权重，根据历史调查数据和德尔菲法确定，权重满足：$\sum_{i=1}^{5} p_i = 1$；

A_i——各一级指标得分。